선배
수업

선배 수업

먼저 산 자, '선배시민'의 단단한 인생 2막을 위하여

초판 1쇄 인쇄 2017년 1월 13일 **초판 1쇄 발행** 2017년 1월 20일

지은이 김찬호 전호근 황현산 박경미 김융희 심보선 **펴낸이** 이영선 **편집 이사** 강영선
주간 김선정 **편집장** 김문정 **편집** 임경훈 김종훈 하선정 유선 **디자인** 김회량 정경아
마케팅 김일신 이호석 김연수 **관리** 박정래 손미경 김동욱

펴낸곳 서해문집 **출판등록** 1989년 3월 16일(제406-2005-000047호)
주소 경기도 파주시 광인사길 217(파주출판도시) **전화** (031)955-7470 **팩스** (031)955-7469
홈페이지 www.booksea.co.kr **이메일** shmj21@hanmail.net

김찬호 전호근 황현산 박경미 김융희 심보선 ⓒ 2017
ISBN 978-89-7483-828-7 03300
값 14,500원

이 도서의 국립중앙도서관 출판시도서목록(CIP)은 e-CIP 홈페이지(http://www.nl.go.kr/ecip)에서
이용하실 수 있습니다.(CIP제어번호: CIP2016032284)

이 책은 문화체육관광부, 한국문화예술위원회가 후원하는 "2016 문화다양성 증진을 위한 무지개다리 지원사업" 중
안양문화예술재단의 〈세대문화다양성 발굴 및 교류 프로젝트 '오버 더 시니어 레인보우 ver.3'〉의 일환으로 출간되
었습니다.

강연기획 안양문화예술재단
총괄 정재왈 **기획운영** 조성호 강주희 정승용 이미형 **기획자문위원회** 김찬호 고영직 서해문집

선배수업

먼저 산 자,
'선배시민'의

단단한
인생 2막을
위하여

김찬호
전호근
황현산
박경미
김융희
심보선

서해문집

선배가 돌아왔다

홍시여 잊지 말게
너도 젊었을 때는
무척 떫었다는 것을
- 나쓰메 소세키

다른 동물들과 달리 인간은 앞선 세대가 만들어놓은 환경 속에서 삶을 영위한다. 그리고 살아가는 동안 연장자의 영향을 크게 받는다. 영유아기에 보육자의 돌봄이 절대적일 뿐 아니라, 성년이 되어가는 과정에서도 어른의 보살핌과 가르침이 불가결하다. 그래서 생산력이나 생식력이 없어진 노인에게도 자신의 경험과 지식 및 지혜를 후손에게 전수하고 이끌어주는 역할이 주어지는 것이다. 그것은 가족의 범위를 넘어선 공동체 차원에서 이뤄져왔다.

산업화와 도시화가 진행되면서 노인의 사회적 위상은 희미해졌다. 일터의 비중이 커지고 삶터가 점점 위축되는 세상에서 퇴직 이후의 생활은 황량해지기 일쑤다. 경제적인 궁핍만큼이나 견디기 힘든 것이 존재 가치의 쇠락이다. 다른 이들에게 '의미 있는 타자(significant other)'가 되지 못하는 데서 비롯되는 자괴감 말이다. 특히 자기보다 나이 어린 사람들 앞에서 투명인간처럼 취급되는 현실이 삶을 초라하게 만든다.

한국은 전통적으로 윗사람에 대한 예우가 깍듯한 사회였다. 그 문화가 지금까지 이어져 조직이나 공동체에서 나이에 따른 위계서열은 엄격하게 지켜진다. 그러나 마음에서 우러나오는 공경이라기보다는 권력에 대한 두려움이 더 중요하게 작동하는 듯하다. 그렇다면 그런 권력을 더 이상 발휘할 수 없는 처지가 되어도 인간적으로 존중받고 연장자로서 위엄을 유지할 수 있을까? 아래 세대와 충실하게 연결되는 통로는 어디에 있을까?

안양문화예술재단은 그런 문제의식을 가지고 세대문화 대중 강좌를 마련하였고, 그 결과물을 이 책으로 묶었다. 2016년 10월 6회에 걸쳐 서울과 안양에서 진행하였는데, 매회 200여 명의 청중이 참석해 성황을 이루었다. 이 강좌는 2015년에 열린 '나이듦 수업'(그 내용이 정리되어 같은 제목의 단행본으로 출간되었다)에 이어지는 시즌 2 프로젝트였다. 2015년의 기획이 '중년 이후의 존엄한 삶은 어떻게 가능한가'라는 포괄적 주제로 구성되었다면, 이번에는 '선배'를 키워드로 논의를 확장시켜 개인을 넘어서 공동체에 기여하는 나이듦이란 무엇일까에 초점을 맞춰보았다.

'선배'는 흔히 '자신의 출신 학교를 먼저 졸업한 사람'을 뜻하지만, 요즘에는 학연과 관계없이 직장에서 나이가 많은 사람들을 친근하게 부르는 호칭으로도 자주 쓰인다. 그런데 국어사전을 찾아보면, '지위, 나이, 덕행, 경험 등이 자기보다 앞서거나 높은 사람'이라는 풀이가 먼저 올라와 있다. 외형적인 높이가 아니라 덕행과 경험에서 앞서는 사람이 '선배'인 것이다. 나이가 들면서 인생의 후배들에게 그런 존재가 될 수 있다면 보람차고 뿌듯한 노년을 맞이할 수 있으리라.

그런 선배는 저절로 되지 않는다. 나이가 많으면 무조건 부여되는 자격이 아니라, 스스로를 닦고 내적인 성장을 기하면서 형성해가는 품성이다. 자신의 일과 삶에서 '멋'을 빚어낼 수 있는 내공이다. 그런데 그 경지에 이르는 길은 각자 고독하게 걸어가는 오솔길이 아니다. 더 나은 세상을 만들어가고자 하는 시민들이 손을 잡고 행진하는 대로(大路)다. 폐쇄적인 인연의 틀을 넘어서 공공선을 위해 연대하는 운동 속에서 우리는 삶을 고양시킬 수 있다. 사회의 진보를 위해 기여하고 후배의 성장을 위해 헌신하면서 자기 존재를 확장할 수 있다. 그렇게 하여 '선배시민'으로 나아갈 때, 상처와 얼룩투성이의 생애도 다음 세대를 위한 밑거름이요 선물이 될 것이다. 그러한 인식을 바탕으로 노년의 삶을 이야기해줄 여섯 명의 강사를 초대했다.

문화인류학자 김찬호는 한국 사회의 세대 단절 혹은 세대 갈등에 주목하면서 새로운 유대의 가능성을 모색한다. 에릭슨의 발달심리학에서 중년 이후의 과제로 제시된 '생성'이라는 개념을 중심으로, 다음 세대의 성장을 위해 힘쓰는 삶이 구체적으로 무엇이고 어떻게 실현되는지 탐색해본다. 그리고 그 궁극적인 지향점으로서 공공 영역의 의미를 한나 아렌트의 이론에 기대어 설명하면서 거기에서 누리는 자유로움에 대해 생각한다. 아울러 후대에게 봉사하는 것이 자기 내면의 새로운 세계를 창조해가는 작업과 병행하는 것이라는 점도 강조한다.

고전인문학자 전호근 선생은 자신의 정체성을 다시 세우며 '성숙'을 기하는 것이 선배의 소임이라면서, 이를 위해 인생의 목표를 재점검하고 수정할 것을 제안한다. 즉 수기(修己)와 극기(克己)를 통해 나를 바로 세우고, 나의 내면과 대화하면서 내 안에 있는 나를 존경하는 '경(敬)'의 경지에 이르러야 한다는 것이다. 그런 나를 어떻게 만날 수 있을까? 저자는 책 읽는 노년을 무시하는 사회는 아직 오지 않았다면서 끊임없는 배움과 독서를 강조한다. 아울러 자신의 생애를 돌아보면서 기억을 되살려 자신만의 역사를 정리하는 글쓰기를 적극 권장한다.

문학비평가 황현산 선생은 모든 것이 급변하는 사회에서 경험만으로 사태의 본질을 파악하기 어려운 만큼, 노년에는 고정관념에 갇히지 않고 열린 마음과 겸손함을 갖추어야 한다고 말한다. 그러기 위해서는 삶에 어떤 바람직한 원형이 있다는 생각에서 벗어나 새로운 시선으로 세상을 만나는 게 중요하다고 강조한다. 또한 노년이 되면 심신이 쇠약해지고 인간의 한계를 받아들일 수밖에 없는데, 그런 연약함과 불완전함을 자각함으로써 오히려 희망의 실마리를 찾을 수 있다고 위로한다. 그리고 그 희망을 사회적·정치적인 차원으로 확장시켜 행복한 공동체를 위해 자신이 할 수 있는 일에 매진할 것을 당부한다.

신학자 박경미 선생은 '불복종'이라는 키워드로 '노년의 저항'을 이야기하는데, 그 핵심은 '어떻게 하면 내가 내 삶의 주인이 될 수 있는가'이다. 특히 온몸으로 불복종의 삶을 살았던 탈근대 사상가 이반 일리치의 삶과 사상을 조명하면서, 의료·교육·교통 등 현대 사회를 떠받치고 있는 이 거대한 시스템이 우리를 어떻게 노예로 전락시키는지를 드러내 보여준다. 아울러 우리가 살고 있는 장소에 자연스럽게 뿌리 내리고 친밀성을 가지면서 인간관계를 맺었던 전통사회의 삶이 오늘날의 우리에게 어떤 가르침을 주는지, 그 토착적 삶의 방식을 재사유하자고 제안한다.

미학자 김융희 선생은 고대의 다양한 예술작품들을 통해 고대 신화에서 계절의 순환이 지니는 상징을 인생에 연결시킨다. 그리고 카를 구스타프 융의 생각을 빌려서 오십 이후의 인생은 새로운 차원에서 다시 태어난다고, 쇠퇴와 재생은 동시에 일어나는 것이라고 강조한다. 그러므로 우리가 이제까지 외부의 요구에 맞춰서 살아왔다면 이제부터는 내면의 목소리와 직관에 귀 기울이면서 어린아이의 마음을 회복하는 시간이 되어야 한다고 주장한다. 그 전환점에서 우울이 찾아오기 일쑤지만 그것은 오히려 창조성의 꿈틀거림이며, '쓸모없음'의 소중함을 알아차리고 자유로운 창조와 놀이의 세계에 자신을 초대할 때 더 커다란 나를 만날 수 있다고 역설한다.

시인이자 사회학자인 심보선 선생은 문화 생산 주체로서 노년의 다양한 삶의 결에 주목하면서, 그것이 어떻게 '공론장'으로 이어져 사회 참여로 확장되는가를 탐색한다. 인간에게 시간은 관계적인 것으로 누구와 무엇을 하며 어떻게 지낼 것인가를 조정하는 노력으로 채워진 것이며, 민주주의의 기초가 되는 공론장 또한 저 멀리 있는 거창한 것이 아니라 개인의 이야기가 여러 사람의 이야기로 연결될 때 형성되는 공간이라는 것이다. 그러므로 고독한 가운데서도 자기와의 대화를 통해 문화 생산의 주체로서 거듭나야 하며, 공론장에서의 세대 간 만남을 통해 공통의 문제를 논의하고 의사결정이 이뤄질 때 다음 세대와 사회에 기여할 수 있다고 강조한다.

여섯 강좌에 일관되게 흐르는 논지는 자아를 갱신하면서 세상과 새롭게 접속하라는 것, 삶의 주인공으로 중심을 확고히 세우면서도 타인에 대한 감수성을 일깨우라는 것이다. 즉 자신의 진정한 행복을 추구하는 것과 좋은 사회를 만드는 것이 수렴되는 지점에 삶의 초점을 맞추어야 한다는 것이다. 그러기 위해서는 권위주의와 허세의 낡은 굴레를 벗고, 경쾌한 마음과 배움을 향한 열망으로 젊은 세대를 대면해야 한다. 그럼으로써 훈계하거나 직접적인 도움을 주지 않아도 존재 그 자체로 후배들에게 좋은 영향을 줄 수 있다. '선배가 돌아왔다'라는 이번 강좌의 제목은 곧 드높은 덕성과 인격의 회복을 암시하는 것이다.

'벗이 있어 먼 곳에서 찾아오니 또한 즐겁지 않겠는가'라는《논어》의 구절은 다시 해석될 필요가 있다. 교통과 통신이 고도로 발전하여 공간적 거리가 날로 줄어드는 현대 사회에서, 멀리서 찾아오는 것은 옛날만큼 가슴 뭉클하지 않다. 지금은 마음의 거리가 문제다. 함께 살고 있지만 전혀 다른 세계에 살고 있는 사람들이 많으며, 특히 한국에서는 세대 간의 단절이 두드러진다. 나이의 간격을 뛰어넘어 '먼 곳에서' 찾아오는 벗이 참으로 절실하다. 그 길은 어디로 뻗어 있는가. 이 책이 그 지도와 나침반이 되길 소망한다.

2017년 1월

김찬호

머리말 선배가 돌아왔다 • 4

01 생성

생산자로서의 노년,
공공성에 기여하기

김찬호 **문화인류학자**   15

나이 든다는 것
'헬조선'과 세대 갈등
에릭슨의 사회심리 발달 단계와 생성성
인생의 이모작, 아래 세대와 함께 하기
공공 영역의 창조, 그 공적 해방감
내 안의 새로운 존재 탐색하기

02 성숙

정체성을 다시 세우는 노년,
나 자신을 만나는 일

전호근 **고전인문학자**   63

소년의 마음
노인을 혐오하는 시대
삶의 목적을 다시 생각하기
나를 닦고 나를 세우며 나를 존경하라
나를 만나는 방법 하나, 느린 독서
나를 만나는 방법 둘, 기억의 글쓰기

03 겸허   자기를 비우는 노년,
좋은 사회의 희망에 대한 약속

황현산 **문학비평가**   109

삶에 원형이 있다는 오래된 고정관념
한 발 물러서기, 새로운 시선 찾기
내 마음속의 작은 파라다이스 하나
좋은 사회에 대한 희망이야말로 행복한 삶의 출발

04 불복종   저항하는 노년,
시스템의 노예로 살지 않기

박경미 **신학자**   141

이반 일리치, 불복종의 삶
내 몸의 주인은 나다
시스템의 노예로 살게 만드는 현대 사회
우리의 삶을 노예의 삶으로 만드는 것이 무엇인가
자유, 오래된 미래, 그리고 노년의 저항에 대하여

05 창조   **놀이하는 노년,**
쓸모없음의 즐거움에 눈뜨는 시간

김용희 **미학자**   181

봄 꽃 가을 낙엽, 인생의 가을과 겨울에 대하여
마흔아홉 이후, 진짜 나를 발견하는 시간
인생의 저녁, 놀고 창조하고 휴식하는 시간
우울은 창조성을 품고 있다
말하는 나, 어린 나, 깊은 나
놀이와 창조, 쓸모없음에 눈뜨는 시간

06 참여   **연대하는 노년,**
어른의 대안문화를 꿈꾸다

심보선 **시인, 사회학자**   231

'어떤' 시간인가
어른의 말
공론장과 마을
노년의 대안문화는 없는가
고독, 무식한 시인

생산자로서의 노년, 공공성에 기여하기

김찬호

문화인류학자

1962년 출생. 연세대학교에서 사회학을 공부하고 박사 학위를 받았다. 학교 밖에서 사회과학과 인문학을 결합한 대중 강연을 하고 있다. 그는 한국 사회의 세대 단절 혹은 세대 갈등에 주목하면서 새로운 유대의 가능성을 모색한다. 에릭슨의 발달심리학에서 중년 이후의 과제로 제시된 '생성'이라는 개념을 중심으로, 다음 세대의 성장을 위해 힘쓰는 삶이 구체적으로 무엇이고 어떻게 실현되는지 탐색해본다.

그리고 그 궁극적인 지향점으로서 공공 영역의 의미를 성찰하면서, 후대에게 봉사하는 것이 자기 내면의 새로운 세계를 창조해가는 작업과 병행하는 것이라는 점도 강조한다. "자기 이외의 누군가에게 열망과 열의를 기울이고 누군가를 성장시키는 데서 기쁨을 느껴야 합니다. 성장을 돕는 것만큼 즐거운 일은 없을 겁니다. 그것만이 또 보람으로 남고요. 그런 일을 많이 하면 삶이 허무하지 않고 죽음이 두렵지 않겠죠."

반갑습니다. 이곳 대학로에 공연을 보러 자주 오는데, 강의하러 오는 길은 좀 남다르네요. 공연하듯이 강의해야 하나 하는 생각도 들고요. (웃음) 오늘 이 공간에서 첫 강의를 하게 되니 아주 인상적인 시간이 될 것 같습니다.

영국의 옥스퍼드 사전을 만드는 팀에서 조사를 했습니다. 인터넷이 본격적으로 쓰이기 시작한 2000년대 이후에 인터넷 상에서 가장 많이 쓰인 단어가 뭘까 하고요. 그래서 명사, 동사, 형용사를 조사해 봤다고 합니다. 그런데 명사의 경우 가장 많이 쓰인 단어, 가장 빈도가 높은 단어가 뭐였을까요? 네, 바로 'Time', 즉 '시간'입니다. 그런데 꼭 영어가 아니라 우리말로 생각해도 크게 다를까 하는 생각이 들었습니다.

왜 '시간'이 이렇게 많이 이야기될까요? 생각해보면 우리는 살면서 시간을 참 많이 의식합니다. 하루에 시계를 몇 번이나 보세요?

옛날보다 더 자주 보지 않으세요? 생각해보면 시간만큼 절대적인 게 없는 것 같습니다. 아무리 테크놀로지가 발달해도 시간을 더 빨리 가게 한다거나, 오늘과 내일을 바꾼다거나, 우리의 생년월일을 조정한다거나, 나이를 좀 늦게 먹게 한다거나 할 수 없죠. 그게 된다면 얼마나 좋겠습니까.

결국 '시간'만큼은 여전히 불가항력적인 것 아닐까요? 아무리 내가 성형수술을 하고 어쩌고 해도 결국 소멸을 향해 가는 건 어쩔 수 없는 거죠. 예전에 비해서 지금 세상의 속도가 더 빨라지고, 그에 비해 수명은 길어지다 보니까, 우리에게 감당이 안 되는 마음의 짐도 점점 커지는 것 같습니다. 어떠세요? 세상의 변화가 너무 빠르다고 느끼세요? 아니면 적절한 것 같습니까?

그렇죠, 변화가 너무 빠르죠. 그런데 이 변화를 놓고서도 사람에 따라 여러 가지 대응 방식이 있습니다. 변화를 거부하는 사람도 있고, 변화에 끌려가는 사람도 있죠. 또 변화에 적응하는 경우가 있고, 변화를 주도하기도 합니다. 물론 이건 선택입니다. 어떤 변화는 거부해야 해요. 또 어떤 변화에는 끌려갈 수밖에 없죠. 모든 걸 어떻게 다 주도합니까? 물론 적어도 내 삶의 한복판에서 일어나는 주요한 변화들은 어느 정도 내가 주도해야 하는데, 그게 쉽지 않죠. 거기에 우리의 고민이 있습니다.

최승자 시인이 어느 시에서 이런 얘기를 했습니다.

'이렇게 살 수도 없고 이렇게 죽을 수도 없을 때 ○○살은 온다.'

오늘 처음 이 문장을 접하신 분은 이 빈 칸에 몇 살이 와 닿으세요? 여러분 기억을 더듬어보세요. 이런 기분으로 그 나이를 맞이하던 때가 몇 살입니까? 참 절묘한 표현이죠? 이렇게 살 수도, 이렇게 죽을 수도 없는데 그때 그 나이가 몇 살일까요? (청중: 60이요.) 60세요? 네, 이 시에서는 '서른 살'입니다, 서른 살. 30대들한테 이 얘기를 하면 다 맞다고 합니다. 20대에 정신없이 살다가 서른 살 돼서 정신 차렸는데 갑자기 30대에서 40대로 넘어갈 때 한풀 꺾이죠. 여자들은 대개 서른 넘어갈 때, 남자들은 마흔 넘어갈 때 그러지 않나 싶습니다. 저도 마흔 살 때 큰 위기를 한번 겪은 적이 있어요. 그런데 주철환 PD라는 분이 순발력을 발휘해서 이걸 좀 비틀었습니다. '이렇게 살 수도 있고 이렇게 죽을 수도 있을 때 ○○살이 온다'고 그랬죠. 이건 몇 살 같아요? 네, 그분은 '예순'이라고 했어요. 이건 정답이 없습니다.

그런데 왜 죽을 수도 없고 살 수도 없을까요? 그건 무슨 의미일까요? 마치 어딘가 불시착한 것 같은 느낌으로 그 나이를 맞이할 때가 있죠. 내가 갑자기 낯선 곳에 던져진 듯한 느낌…. 소설가 김훈 선생님이 쓰신 어떤 책의 첫 문장입니다. 첫 문장이 참 기가 막혀요.

'내일이 새로울 수 없으리라 확실한 예감에 사로잡히는 중년의 가을은 ○○○○.'

여러분, 이런 예감에 사로잡힐 때가 있습니까? 아무리 수를 써도 내일은 결코 새로울 수 없을 거야, 그런 예감? 중년이 그렇다고 합니다. 그런데 그런 중년에게 요즘 같은 가을은 어때요? (청중: 외롭다!) 네, '외롭다'. 또요? (청중: 쓸쓸하다!) '쓸쓸하다'…. 네, 그분은 '난감하다'라고 했습니다. 역시 글쟁이들은 달라요. (웃음) 여기, 가을이 난감하신 분 계신가요? 예전에는 가을이 그렇게 고와 보였는데 이제 내 거울을 보는 것 같은 느낌이 들 수도 있을 거고요. 자, 이런 식으로 몇몇 분들의 이야기를 통해서 '나이'를 화두처럼 한번 생각해봤습니다.

나이
든다는 것

이 강의 주제가 '나이듦'입니다. 이 표현이 익숙하지는 않죠. '나이든다'는 말은 많이 하지만 '나이듦'이라고 말하지는 않잖아요. 그런데 왜 '노화'라고 하지 않았을까요? 그러면 여러분이 혹시 이 자리에 안 오셨을까요? '노화'라고 하면 '나와는 상관없어'라고 생각하셨을까요? '나이듦'과 '노화' 모두 영어로는 '에이징(aging)'입니다. 그런데 우리는 그걸 분리해서 '나이듦'을 좀 더 폭넓은 개념으로 보는 것 같습니다.

또 이걸 한번 생각해봅시다. '젊다'와 '늙다'는 서로 대비되는 반대말이잖아요. 그런데 재미있게도 품사가 달라요. '젊다'는 형용사인데 '늙다'는 동사입니다. '늙어간다'고는 하지만 '젊어간다'고는 안 하죠. 그러니까 늙는다는 건 진행의 의미를 많이 담고 있습니다. 젊다는 건 상태를 얘기하고요. 이렇게 얘기하니까 또 약간 서러워지죠?

흔히 우리의 연령대 구분이 영아, 유아, 아동, 청소년, 장년, 중년, 노년… 이렇습니다. 그런데 보통 우리 사회에서 '청년'이라고 하면 몇 살부터 몇 살까지일까요? 이게 재미있습니다. 사회학적으로 30년 전에는 '청년' 하면 20대였어요. 30대는 청년에 안 들어갔죠. 웬만하면 그 나이 대에는 이미 다 결혼을 했으니까요. 1960년대 정도만 해도 그랬습니다. 사실 근대 이전에는 10대에 거의 어른이 됐습니다. 일제강점기에 항일 의병 투쟁을 했던 사람들의 평균 나이가 몇 살인지 아세요? 열네 살입니다. 요즘으로 치면 중2죠. 역시 중2는 무서워요. (웃음) 또 내전이 끊이지 않는 아프리카의 소년병들 보세요. 굉장히 어린 아이들입니다. 4·19의 기폭제가 된 것도 중학생들이에요. 대학생이 아니었어요. 1960년대만 하더라도 이미 중학생은 어른이 다 돼 있었던 겁니다. 그 이전 시기는 더 말할 것도 없고요. 그러다가 점점 늦어져서 지금은 '청년 정책'에 30대까지 들어갑니다. 35세까지죠. 교회 청년부는 40대도 있어요. 또 시골에 가보세요. 청년회에 50대도 있습니다. 우리 사회에서 청소년까지는 비교적 명확한데, 청년은 20대부터 확실하게 몇 살까지인지 모르겠어요.

그리고 청년 다음 장년이 있습니다. 장년은 몇 살부터 몇 살까지일까요? 마흔에서 예순까지? 그럼 중년은 어때요? 여기서 굉장히 애매하죠. 우리 느낌에 장년은 30~40세, 중년은 50~60세? 그런데 장년과 중년은 확실하게 나누기가 좀 어려운 것 같습니다. 그리고 노년이 있습니다. 노년은 몇 살부터입니까? (청중: 65세요!) 네, 법적으로는 그렇게 돼 있습니다. 그런데 이것도 비스마르크 때 정해진 게 지금까지 오는 건데요, 그때 독일에서 평균수명이 마흔 몇 살이었습니다. 지금은 평균수명이 여든 몇 살이니 너무 차이가 크죠.

그런데 여러분은 지금까지 죽 돌아봤을 때, 몇 살 때부터 좀 꺾였습니까? 건강이나 신체나이로 보면 노화는 20대 중반부터 시작되고, 척추 노화는 20대 후반부터 시작된다고 합니다. 20대 중반 넘으면 피부가 확실히 달라지죠. 지적 능력은 어떻습니까? 많은 뇌과학자들에 따르면, 지적 능력은 50대가 가장 피크라고 합니다. 저도 그걸 느껴요. 제가 50대 중반이 되니 한 해가 다르게 뭔가 보이고 생산성이 높아지더라고요. 이게 언제까지 갈지는 모르겠지만요. 그런데 어떤 사람은 피크가 60세까지라고도 하고, 더 희망적인 얘기도 있습니다. 요즘 김형석 교수님의《백 년을 살아보니》라는 책이 인기죠. 그분이 라디오에 나와서 말씀하셨는데, 자기랑 김태길 교수랑 안병욱 교수랑 철학자 셋이서 "야, 우리 구십 가까이 살아보니 언제가 피크였던 것 같으냐?" 그러니까 70세에서 85세라고 의견이 모아졌대요. (웃음) 아직 멀었습니다. 미국의 경영학자인 피터 드러커 같은 분은 아흔 넘어서도 계속 저작을 했고, 스페인 출신 첼리스트인 파블로 카자스 같은 분은 연주를 계속하면서, "왜 계속 연주를 하세요?" 하고 물으니까 "계속 실력이 늘거든요"라고 했대요. (웃음) 그러니까 신체적인 능력은 떨어져도 기량이나 안목 등 높아지는 것들이 있는 거죠.

역사 속에서 보면 '노화'라는 건 지금과는 좀 다른 양상이었던 걸 확인하게 됩니다. 예전에는 죽음이 모든 연령대에 다 있었어요. 해방 당시 유아 사망률을 보면, 1948년에 유아 사망률이 40퍼센트 정도였습니다. 10명 중에 4명이 어릴 때 죽은 거예요. 저도 1962년생인데 제 동생이 태어나자마자 죽었죠. 그때는 그런 일이 흔했습니다. 뿐만 아니라, 자라면서 여러 가지 일을 겪습니다. 병 걸리죠. 전쟁 나가죠. 그땐 살인도 많았습니다. 오히려 20세기 들어와서 살인이 확실하게 줄었고, 병도 많이 극복됐죠. 그래서 지금은 많은 사람들이 웬만하면 노년을 맞이하게 되는 시대입니다. 수명은 점점 길어지고 노화도 길어지는, 그런 시간대를 맞이하고 있습니다. 그러다 보니 사회 전체의 양상이 예전과 좀 달라지죠.

단도직입적으로, 여러분은 자신을 기준으로 해서 자기보다 나이 많은 사람이 많은가요, 나이 적은 사람이 많은가요? 재미있는 개념이 있습니다. '중위 연령(median age)'이라는 건데요, 전 국민을 나이 순으로 죽 세웠을 때 한가운데 있는 연령입니다. 인구학에서 이건 중요한 개념이죠. 0세부터 100세까지 줄을 세우면 딱 가운데가 몇 살일까요? 30세? 50세? 네, 2015년 기준으로 41세입니다. 1980년에는 중위 연령이 21세였고, 놀랍게도 1970년대 중반에는 10대 후반이었죠. 10대 후반만 되면 자기보다 어린 사람이 더 많았던 겁니다. 하도 아이를 많이 낳아서요. 그러다 지금은 41세가 됐고, 이대로 가면 2040년이면 52세가 예상됩니다. 대단한 고령 국가가 되는 거죠.

그 핵에 베이비부머 세대가 있습니다. 1956년생부터 1964년생까지 정도의 세대죠. 1970년대만 하더라도 마을마다 아이들이 넘쳐났습니다. 어디서든 빽빽거리는 아이 울음소리가 가득했죠. 마을에서도, 버스에서도. 이때 어린 시절 보낸 분들이 이 자리에도 많으실 거예요. 그런데 여러분, 최근 며칠을 떠올려보세요. 아이 울음소리를 얼마나 들었나요?

지금 베이비부머 세대가 가장 두터운데 요새 죽죽 늙어갑니다. 그래서 현재 노인 인구가 13~14퍼센트쯤 돼요. 그런데 2020년이 넘으면 한 해가 다르게 노인 인구가 확 늘어납니다. 이유는 간단해요. 베이비부머 세대가 노인층에 접어들기 때문입니다. 아직은 그들이 50대 혹은 60대 초반 정도지만 이 세대가 노년이 되기 시작하면 걷잡을 수 없이 노인 인구가 늘어나서, 2025년이면 20퍼센트가 됩니다. 2050년이면 생각만 해도 아찔하죠? 역피라미드가 됩니다. 1970년부터 80년 동안 이렇게 완전히 뒤집어진 거죠. 이런 나라는 현재 한국밖에 없습니다. 문명사적으로도 처음입니다. 이 충격과 고비를 어떻게 감당할 것인가 하는 게 중요하죠.

그런데 우리 사회에서 문제는 단지 인구만 늘어나는 게 아니라, 이 사회 자체에 대한 희망이 점점 희미해진다는 것입니다. '헬조선' 얘기까지 나오는 현실이 된 거예요. 결국 기성세대가 만들어놓은 체제와 삶의 환경에 대해 책임질 수밖에 없는 현실입니다. 적어도 지금의 기성세대가 젊었을 때는 독재정권과 싸우며 분노에 차서 함성을 질렀을지언정 이렇게 저주에 가까운 얘기를 쏟아내지는 않았습니다. 그때는 많은 삶의 기회가 드넓게 펼쳐져 있었으니까요. 그럼 이런 헬조선의 사회에서 세대 간의 관계는 어떻게 나타나고 있을까요?

'헬조선'과
세대 갈등

한국은 나이에 따른 위계서열이 굉장히 엄격한 나라입니다. 세계에서 한국 같은 나라가 없죠. 나이 한 살 차이를 놓고 이렇게 위아래 따지는 나라가 없습니다. 일단 존댓말 없는 나라는 당연하고요, 존댓말이 있는 나라, 예를 들어 일본도 엄격한 존댓말을 씀에도 불구하고, 일본에서 '친구(도모다치ともだち)'는 한국의 '친구'와 다릅니다. 일본에서는 나이 차이가 어느 정도 있어도 다 친구라고 합니다. 그런데 한국에서 친구는 동갑만 가리키죠. 일상에서 "내 친구야" 그러면 남자친구나 여자친구를 빼놓고는 거의 동갑을 얘기합니다. 한 살만 많아도 언니니 형이니 이렇게 부르죠. 그러니까 처음에 나이를 확인해야만 대화에 부팅이 되니까 굉장히 민감하게 나이를 확인하게 되고, 이런 문화가 쉽게 바뀌지 않습니다.

그런데 이렇게 위계서열이 엄격해서 그런지 나이에 따른 긴장이나 갈등이 흔히 일어납니다. 요샌 많이 줄긴 했지만, 전철에서 여전히 경로석을 둘러싸고 그런 갈등이 끊이질 않습니다. 이제는 거의 노-노(老-老) 갈등이더라고요. 젊은이들은 아예 그 자리에 가지를 않으니까 싸울 일도 없는데, 이제 자리가 모자라잖아요. 서울의 경우 전철 내의 노인 비율이 전체 인구 중 노인 인구가 차지하는 비율보다 높습니다. 그러니까 노인분들이 엄청나게 나오신다는 거죠. 그래서 저는 전철을 '모바일 경로당'이라고 부르기도 합니다. (웃음) 그러다 보니 경로석이 늘 만원이죠. 전에 보니까 어떤 할아버지가 막 소리를 질러요. 자리 비키라고요. 자기 옆에 서 있는 할머니한테 자리를 양보하라고요. 그런데 앉아 계신 할머니가 "나도 나이가 칠십이우" 그랬더니, "칠십이든 팔십이든 자기보다 나이가 많으면 양보해야지" 그러시는 거예요.

그리고 또 전철에서 젊은이들의 애정행각이 좀 심하다든지 하면 큰소리로 혼을 내는 걸 종종 볼 수 있습니다. 어떤 할아버지는 빨간 모자를 쓰고 다니면서 눈에 거슬리는 젊은이가 있으면 막 지적을 하는 거예요. 한번은 제가 약간 민망한 장면을 봤습니다. 어떤 청년이 모자를 쓰고 다리를 꼬고 앉아 있는데, 양쪽에 노인분이 앉아 계셨거든요. 그런데 어르신 옆에서 그렇게 다리 꼬고 앉아 있는 게 자기는 못마땅하다는 거죠. 그래서 "이 녀석아, 여기 노인들 계신데…" 처음엔 이렇게 시작했습니다. 그런데 거기서 빨리 자세를 고쳤으면 좋았을 텐데 이 친구도 좀 황당한 거죠. 누가 봐도 그건 오버잖아요. 누구한테 큰 실례를 범한 것도 아닌데 지적질을 당한 거니까요. 그런데 이 친구가 가만히 있으니까 이 노인도 민망해져서인지 소리가 점점 커지는 거예요. "이놈아!" 그러면서 전철 전체가 울리게 소리를 지르는 겁니다. 그래도 이 친구가 끝까지 반응을 안 하니까 이분도 어쩔 줄 몰라 하면서 그냥 가시더라고요.

기성세대와 젊은 세대가 가장 많이 공존하는 공간이 전철인데, 또 가장 격리돼 있기도 하죠. 이렇게 공공장소에서 어르신의 권위를 내세워 자기를 증명하려고 하는 분들이 종종 계십니다. 하지만 옛날 마을에서는 통하던 일이지만 지금은 점점 힘들어지잖아요. 그만큼 예전에 비해 노년이 설 자리가 없고, 그러다 보니 자기가 설 자리를 마련하느라 안간힘을 쓰는 겁니다.

그럼 사적 영역, 예를 들어 가정에서 세대 간의 갈등은 어떻게 나타날까요? 지난 추석 명절에도 신문을 보니까 이런 얘기가 있어요. 여기 시어머니들, 며느리하고 카톡방 같은 거 하지 마세요. (웃음) 어느 며느리가 친구 페이스북에 들어가서, 친구가 이번 명절에 시댁 안 가고 해외여행 간다니까 '대박'을 눌렀거든요. 그런데 시어머니가 그걸 본 거예요. 그래서 며느리한테 전화해서, "이번에 안 와도 된다"고 하셨답니다. 또 어느 시어머니는 며느리들을 모두 단톡방에 초대해서, 이번에 1박을 할지 당일날만 왔다 갈지 토론을 붙였대요. 그런데 며느리 입장에서는, 자기는 하룻밤 잘 생각도 안 하는데 시어머니가 주도해서 그걸 토론 붙이고 해버리니까 카톡 다 닫아버리고 다른 데로 옮기는 거죠. 사이버 망명이라는 게 그런 거예요. (웃음) 사이버 공간이 다 열려 있다 보니까 이런 식으로 갈등이 생깁니다.

그런 가운데 남성들은 많은 경우 사회적 지위, 거기서 맺어진 관계나 성취(이게 자기 정체성의 핵심이죠)가 어느 날 갑자기 싹 없어지는 경험을 합니다(물론 이건 직장에만 매진했던 여성들의 경우도 마찬가지겠죠). 예전에는 그래도 그 이후에 맺어지는 다른 일거리나 관계가 있었는데, 지금은 그게 단절되고 여생이 길어지면서 그야말로 난감해지는 겁니다. 그래서 어떤 신문기자는 이들에게 '애정취약계층'이라고 이름을 붙이면서 그런 칼럼을 썼더라고요. 명함이 인격을 대신했던 삶이 끝나면서 허탈해지는 남성들이 이제는 명함을 주고받지 않는 관계나 공간을 찾기 시작해야 한다는 겁니다. 우리 사회가 그런 것에 굉장히 집착하잖아요. 마을에서 보면 할아버지들이 무슨 배지를 크게 달고 다니시는데, 그런 게 있어야 자기가 존재감이 있다고 느끼는 겁니다. 정체성에 대한 갈구죠.

여러분, '꼰대'가 뭡니까? 꼰대라는 건 여러 가지 지적질하고 가르치려고 하고 그런 거잖아요. 제가 어디서 본 건데, 꼰대는 흔히 이런 말을 한다고 합니다. 이를테면 꼰대의 '육하원칙'이죠. '네가 뭘 안다고?', '어딜 감히', '왕년에 말이야', '어떻게 네가 나한테', '그걸 내가 왜 해?', '내가 누군지 알아?' 이런 말을 자주 하면 꼰대라고 합니다. (웃음) 상징적인 얘기죠. 대개 남자들에 해당하는 얘기인데, 재미있게도 최근에 꼰대와 대비해서 '아재'라는 말이 등장했어요. 이것도 재미있는 현상입니다.

아재는 아저씨의 좀 친근한 호칭이죠. 동네 아재라고 하면 권위주의적이지 않고 약간 부드러운 이미지인데, 왜 아재라는 말이 나오고 아재 개그가 유행할까요? 아재 개그의 특징이 뭐죠? 썰렁하다. 왜 썰렁할까요? 원래 유머라는 게 맥락이 있어야 하거든요. 그런데 맥락 없이 툭툭 던지는 개그가 아재 개그예요. 대개 농담의 80퍼센트는 어떤 특정 맥락에서 나오는 겁니다. '저 사람 참 재미있다, 유머 감각이 뛰어나다' 하는 건, '내가 재미있는 얘기 해줄게' 해서 나오는 게 아니거든요. 그 상황에서 뭔가를 탁 낚아서 연결시키는 게 재치죠. 그런데 아재 개그는 단순해요. 예를 들어 세종대왕이 만든 우유가 뭘까요? 아야어여오요우유. 이런 거예요. (웃음) 이런 걸 자꾸 하면 짜증이 나는 거죠. 화장실에 가서 용 두 마리 있는 거 보셨어요? 남자용, 여자용. 이런 거예요. 다 맥락이 없어요. 그냥 들이대죠. 그럼 경찰서의 반대말이 뭐예요? 경찰앉아. (웃음) 그럼 소금을 가장 비싸게 파는 방법은? 소와 금을 따로따로 팔면 된대요. (웃음)

하여튼 이런 식의 아재 개그가 왜 나올까요? 어떻게 보면 젊은 세대한테 재롱떠는 겁니다. 그런데 그 재롱이 안 받아들여질 때가 많죠. 눈치 없이 계속 연발을 하니까, 외워둔 건 잔뜩 있어서 시도 때도 없이 터뜨리니까 짜증이 나는 거죠. 그럼 그들은 왜 이렇게 안달을 할까요? 어떻게 보면 그만큼 외로워지고, 어떻게든 아래 세대와 접촉을 하고 싶은데 통로는 별로 안 보이고, 자기 경험이나 지식도 그리 효용성이 있어 보이지 않고, 이럴 때 그냥 일단은 재미있고 웃음 터지니까 그런 개그에 매달리는 것 같아요. 이런 아재 현상도 잘 생각해보면 재미있습니다.

에릭슨의 사회심리 발달 단계와
생성성

오늘 제 강연 제목이 '생성(generativity), 생산자로서의 노년'인데요, 이게 번역에 어려움이 많습니다. '생산자'라고 하면 "그동안 그렇게 일을 많이 했는데 또 생산하라고?" 하고 반응하기 쉽죠. 그런데 여기서 '생산'은 'productivity'가 아니라 'generativity'입니다. '생성'이라고 번역하기도 하죠.

먼저 1950년대 아동심리학자인 에릭슨의 사회심리 발달 단계 이야기부터 해보겠습니다. 에릭슨은 인간의 발달 단계를 8단계로 세분화했습니다. 구강기(탄생부터 18개월까지), 항문기(18개월~3세), 운동기(3~6세), 잠재기(6~12세), 사춘기(12~18세)… 벌써 8단계 중 5단계가 20대 이전이네요. 그런데 각 시기별로 발달 과제가 있다고 합니다.

태어나서 18개월까지 시기의 발달 과제는 '신뢰 vs 불신'입니다. 어릴 때는 아무 힘이 없잖아요. 전적으로 부모에게 의지해야 합니다. 부모가 절대자예요. 그런데 부모가 이를 외면한다면 세상을 신뢰할 수 없게 되는 겁니다. 아기는 전적으로 자기를 맡기잖아요. 아기들 공중으로 획 던져서 받으면 깔깔대고 웃습니다. 강아지들은 그렇게 하면 절대 안 웃어요. 그런데 사람은 참 신기하죠. 굉장히 공포스러운 상황인데 왜 웃을까요? 나를 받아줄 거라는 믿음이 있기 때문입니다. 그런데 만약 던져놓고 안 받으면, 쿵 떨어지면 아이는 이제 학습이 돼요. '세상에 믿을 사람 아무도 없구나.' 그러니까 1차 양육자한테 세상을 배우는 겁니다. '세상은 살 만하구나, 믿어도 되는 구나' 하는 신뢰감이 이때 형성됩니다.

그다음 단계가 '자율성 vs 수치심'입니다. 이때는 배변 훈련을 해서 스스로 변을 가려야 해요. 이게 아이의 첫 번째 자율성입니다. 밥은 떠먹여줘도 변은 가려야죠. 어느 문화권에서나 배변 훈련은 아주 엄격합니다. 인간으로서 최소한의 자격 조건이죠. 그걸 못하면 옛날에 키 쓰고 소금 얻으러 다니게 하면서 창피를 줬잖아요. 그래서 수치심을 느끼는 거고요.

그다음에는 '주도성 vs 죄책감'. 아이가 부모 품을 넘어서서 다른 또래 집단도 만나게 되는데, 거기에서 뭔가를 주도하고 자기 과제를 해결해야 합니다. 그리고 그다음 단계에는 '근면성 vs 열등감'이죠. 이런 식으로 단계마다 해결해야 할 과제가 있는데, 사실 우리도 이 시기가 다 지났지만 이러한 과제들이 다 해결됐습니까? 여전히 우리 모두 이런 것들로 고민하죠. 여전히 신뢰와 불신이 문제이고, 자율성과 수치심이 해결 안 됐습니다. 주도성과 죄책감, 근면성과 열등감도 마찬가지고요. 그러니까 이게 발달 단계라고는 하지만 우리 안에 다 축적돼 있어서 공존한다고 봐도 무방합니다.

그러다가 청년기가 되면 '친밀감 vs 고립감', 이때는 연대를 해야 합니다. 그 관계를 잘 못 맺으면 외톨이로 지내면서 혼밥·혼술 뭐 이렇게 되는 거죠. 그리고 이제 중년기, 여기서 바로 '생산성(genera-tivity) vs 침체(stagnation)'가 나옵니다. 'stagnation'은 '정체된다, 물이 흐르지 않고 고인다'는 뜻입니다. 그러니까 중년이 되면 우리는 기로에 서는 겁니다. 내 삶이 정체될 것이냐, 아니면 뭔가 활력이 넘칠 것이냐. 'generativity'라는 단어는 저도 에릭슨을 알기 전엔 만난 적이 없는 단어인데 굉장히 독특한 용어입니다. 'generator'는 '발전기'이고 'generation'은 '세대'를 뜻하니까, 뭔가가 발생하는 그런 이미지예요.

'stagnation'이 '정체'라고 했는데, 그렇다면 왜 정체가 될까요? 체념과 냉소, 그리고 '삶이 다 그런 거지 뭐, 더 나아지는 게 있겠어? 이 나이에 뭘…' 이런 거예요. 결국 그 이면에 깔려 있는 건 초조와 불안입니다. 정말로 자신이 초탈한 건 아니거든요. 왠지 자신이 없는 거죠. 더 나아갈 전망도 안 보이고, 아까 소설가 김훈 선생님의 말씀처럼 내일이 결코 새로워질 수 없을 것 같아서 난감하고 불안한데, 또 그 방어심리로 자기도취에 빠지는 겁니다. 이게 모순되는 것 같지만 모순이 아닙니다. 왜 그렇게 자기를 우상화할까요? 자신이 없으니까. 어떻게든 자기가 갖고 있는 나이, 권위, 돈 등등을 내세워 군림해야만 하는데, 그럴수록 아래 세대와는 더 격리될 수밖에 없는 악순환입니다. 거기에다 한물갔다는 위기감이 있죠. 그 위기감이 일찍 올 수도 있고 늦게 올 수도 있지만, 그것에 솔직하게 직면하지는 못합니다. 자꾸 회피하고 감추죠. 그래서 권위주의로 무장하는 행태가 만연하고 있습니다.

반면 'generativity'에는 '창조성'의 의미가 있습니다. 인간은 육신이 쇠약해져도 내면에서 계속 용솟음치는 샘물 같은 무엇이 있습니다. 기운, 에너지, 발산, 감정 이런 것들이죠. 인간이 이걸 누리지 못하면서 나이가 들면 그냥 사그라질 뿐이지만, 인간에게는 새로운 세상을 창조하는 공동의 능력이 있습니다. 역사를 보더라도, 나이 들어서 세상에 큰 선물을 준 사람이 많지 않습니까? 또한 이 창조성은 자기 혼자서 발동하는 게 아니라, 아래 세대를 향해 뻗어가야 합니다(아까 'generation'이 '세대'라고 했죠). 그러니까 나이가 들면서는 우리의 관심이 달라져야 한다는 거죠. 아래 세대가 인생 항로를 헤쳐가는 데 내가 어떤 도움을 줄 수 있을까? 바로 여기에 '선배'의 자리가 있습니다.

그래서 이 두 가지를 종합하면, '아래 세대를 위한 창조성'이 됩니다. 창조성의 방향이 아래 세대로 향하는 것이 'generativity', 즉 '생성성' 또는 '생산성'의 핵심인 것이죠. 내가 아래 세대를 보살핌으로써 나를 돌보는 것, 후대에 봉사하는 동시에 자신의 안전을 도모하는 방법이니, 그야말로 상생입니다. 그냥 일방적으로 헌신하고 양보하고 희생하는 게 아니라요. 역설이죠. 내줬는데 내 것으로 돌아오는 겁니다. 자기의 삶을 새롭게 하기 위해서 후배들의 통찰과 에너지를 빌려오는 것, 그러니까 '함께 배우는' 것입니다.

이런 태도가 무척 중요합니다. 여러분도 지금의 인간관계를 헤아려보세요. 집에 가셔서 카톡이나 저장된 전화번호를 확인해보세요. 휴대전화에 들어와 있는 인간관계가 가장 정확합니다. 관계 접속의 빈도도 대충 헤아려지거든요. 일단 그 나이 대를 한번 보세요. 잘 사는 분들은 이 나이 대가 굉장히 폭넓게 분포해 있습니다. 사실 나이가 들수록 관계가 폭넓어야 해요. 지금 저희 아버지가 아흔이신데,

창조성의 방향이 아래 세대로 향하는 것이 '생성성' 또는 '생산성'의 핵심인 것이죠. 내가 아래 세대를 보살핌으로써 나를 돌보는 것, 후대에 봉사하는 동시에 자신의 안전을 도모하는 방법이니, 그야말로 상생입니다. 그냥 일방적으로 헌신하고 양보하고 희생하는 게 아니라요. 자기의 삶을 새롭게 하기 위해서 후배들의 통찰과 에너지를 빌려오는 것, 그러니까 '함께 배우는' 것입니다.

나이 들어서 안 좋은 게 만날 사람이 없다는 겁니다. 다 돌아가셨거든요. '27회'라는 모임이 있었는데, 27명 가운데 지금 4명만 남아서 모임도 안 됩니다. 그중 거동이 가능한 분이 아버지하고 단 두 분밖에 없어요. 그나마 교회를 가시면 아래 세대랑 좀 만나는데, 아래 세대랑 어울릴 수 있는 공간이 우리 사회에 별로 없죠. 동호회도 너무 나이가 들면 가기 힘들잖아요. 옛날에 마을은 그 사회를 똑같이 압축했기 때문에 노인이 전혀 세대 단절을 경험하지 못했습니다. 그런데 지금은 다르죠.

그러니까 여러분도 자기 인간관계가 어떤 식으로 배치돼 있는지 한번 보세요. 위아래로 충분히 횡적으로, 종적으로 잘 짜여 있으면 건강하다고 볼 수 있지 않을까요? 그다음에는 질을 따져야 합니다. 후배들이 많다 해도 정말 서로 존중하고 배려하는 관계인지, 아니면 만날 내가 뜯기는 관계인지, 아니면 내가 폼 잡고 충성을 요구하는 관계인지 잘 봐야 합니다. 우리 사회는 이런 상하관계가 얼핏 보면 의리로 맺어진 것 같은데 뜯어보면 착취적인 관계도 꽤 있어요. 대학에서 종종 터지잖아요. 조교가 교수의 잔수발을 다 하고 있죠. 옛날에는 그래도 이렇게 하면 교수 자리라도 만들어주고 줄 게 있었는데, 지금은 그것도 아니면서 온갖 일을 다 시키고 완전히 봉건사회적인 그런 체제가 많습니다. 자기가 그렇게 컸기 때문에 똑같이 그렇게 하기도 합니다. 무의식적으로요. 하지만 이제 그게 안 통하는 거죠. 함께 배우는 자세가 중요합니다.

자기 이외의 누군가에게 열망과 열의를 기울이고 누군가를 성장시키는 데서 기쁨을 느껴야 합니다. 성장을 돕는 것만큼 즐거운 일은 없을 겁니다. 그것만이 또 보람으로 남고요. 그런 일을 많이 하면 삶이 허무하지 않고 죽음이 두렵지 않겠죠. 자기의 씨앗이 어딘가에 다 뿌려져 있으니까요. 그런데 자기 것만 챙기면 많은 걸 성취해도 오히려 그럴수록 더 허망해집니다. 그런데 여기서 유념해야 할 것은 그게 자기 충족, 자기만족에서 그치면 안 된다는 거예요.

제가 아주 거슬리는 것 중에, 교통정리 한다고 하면서 호루라기를 막 부는 분들이 있습니다. 그래서 어느 할아버지하고 동네에서 싸우기도 했죠. 신호등이 다 켜지는데 왜 자꾸 호루라기를 부는지, 위기 상황도 아닌데 신호가 바뀔 때마다 계속 부는 거예요. 우리나라처럼 호루라기 소리가 많이 들리는 데가 없습니다. 모범택시 기사님들도 교통정리 하면서 호루라기를 많이 불죠. 왜 그럴까요? 그게 권력입니다. 옛날 군사문화를 생각해보세요. 호루라기를 아무나 못 불었거든요. 경찰이 불었어요. 그러니까 그분들은 경찰 흉내를 내는 거예요. 자기만족이라는 게 바로 그런 겁니다.

인생의 이모작, 아래 세대와 함께 하기

'인생 이모작'이란 얘기 많이 하는데요, 이것 역시 아래 세대와 함께 하는 것이 아닌가 싶습니다. 방금 'generativity' 얘기를 했지만,

생명을 돌보는 그 힘을 나이 들어서 자각할 때 삶이 좀 더 윤택해지지 않을까요? 예전에는 자연스럽게 손자를 돌봤습니다. 꼭 자기 손자가 아니더라도 마을에 아이들이 많으니까 이것이 그냥 이어졌거든요. 하지만 지금은 손자를 돌보는 일이 너무나 짐스럽고 고된 노동이 돼버렸습니다. 핵가족 구조에서 아이 하나를 자신이 온전히 돌봐야 한다는 건 굉장히 버거운 일이죠. 기쁨이 없고, 자신이 그 일에 묶여버리는 겁니다.

생명을 돌보는 힘이라는 게 뭘까요? 미국 어느 노인요양원의 재미있는 사례가 있습니다. 이 이야기는 아툴 가완디라는 미국의 의사가 쓴 《어떻게 죽을 것인가》라는 책에 소개된 것인데요, 1991년 뉴욕 주의 어느 노인요양원 얘기입니다. 그곳에는 중증 장애인 노인 80명 정도가 거주하고 있고, 그중 절반이 신체장애를 앓고 있습니다. 또 80퍼센트가 인지장애를 앓고 있었으니 그곳 분위기도 굉장히 침체돼 있었겠죠. 그런데 어느 날 젊은 의사가 부임했습니다. 이분은 전에 농장에서 식물을 가꿨던 경험이 있어요. 그래서 생명의 힘, 진짜 활기차게 산다는 게 뭔가를 자연을 통해 온몸으로 깨닫고 있었던 거죠. 그런데 그런 경험을 가진 분이 요양원에 와서 딱 세 마디로 얘기합니다. 무료함, 외로움, 무력감. 그곳 분위기가 이 세 가지로 압축되는 거예요. 그래서 이분이 안 되겠다 싶어 획기적인 아이디어를 냅니다. 그리고 바로 실행에 들어가죠.

이분이 완전히 괴짜예요. 이곳에 식물과 동물 그리고 어린아이를 끌어들이자고 제안한 겁니다. 어찌어찌하여 경영진과 주 정부를 설

득해서 개 2마리, 고양이 4마리, 잉꼬 100마리를 일단 가져왔어요. 저지르고 본 겁니다. 그리고 각 방마다 식물을 다 넣어줬대요. 그러고 나서 직원 자녀들이 방과 후에 요양원으로 오도록 한 겁니다. 뒤뜰에다는 정원과 놀이터도 마련하고요. 참 재미있는 발상이죠.

그랬더니 어떻게 됐을까요? 갑자기 요양원에 동물, 식물, 어린아이들이 막 북적대는 거예요. 처음에는 직원들이 불만이 많았답니다. 안 그래도 일이 많아 죽겠는데 내가 왜 개똥까지 치워야 하냐고요. 그런데 그건 잠깐이었어요. 좀 지났더니, 아니 첫날부터 노인들 눈빛이 달라진 겁니다. 말도 못할 것 같았던 사람들이 말문을 열고, 제대로 걷지도 못했던 사람들이 개를 산책시키겠다고 나섰습니다. 참 묘해요. 뭔가 자기를 필요로 하는 존재가 있으면 힘이 솟구치는 거죠.

그리고 모든 노인들이 잉꼬를 데려다가 각기 이름을 붙였답니다. 그리고 새들에 대해서 매일 이야기를 주고받았대요. 오늘 우리 새가 어떻게 어떻게 했다고. 어떤 우울증 환자는 잉꼬를 방에 넣어주니까, 원래 우울증 환자는 심한 경우 침대에서 아예 나오지도 않고 최소한의 움직임만 하는데, 이 사람이 잉꼬를 향해 다가가기 시작한 겁니다. 그리고 직원들도 아이들과 함께 있을 수 있어서 만족을 하게 됐고, 방과후 교실도 생겨났습니다. 그래서 2년 후에는 그곳의 약 구입 비용이 다른 집단의 38퍼센트 수준으로 떨어졌다고 합니다. 사망률도 15퍼센트 감소했고요. 이게 결국 무력감이 만연한 공간에 외로움을 달래줄 동반자, 다른 존재가 들어왔다는 것이 가져다

준 경이로운 변화입니다.

일본에도 비슷한 사례가 있습니다. 치매 노인들이 있는 조그만 보호시설인데, 치매 노인들은 보통 그냥 돌봐드리기만 하잖아요. 그런데 이곳에서는 그렇지 않았습니다. 치매가 아주 심한 경우가 아니라면 그래도 할 수 있는 일들이 있거든요. 특히 손으로 하는 일들, 요리나 바느질이나 뭐 이런 일을 할 때는 정신이 옛날로 돌아온다고 합니다. 뇌가 몸과 함께 돌아가는 것이다 보니 그런 거예요.

그중 아주 요리를 잘하시는 할머니가 계셨는데, 이분이 참 인상적이었습니다. 다른 때는 말을 안 하다가 요리를 할 때는 제정신으로 말을 하시는 거예요. 사회복지사는 이 할머니를 돌봐드리는 게 아니라 이분한테 요리를 배우는 거죠. 막 혼나면서요. 그러니까 이 사회복지사의 직무가 할머니한테 혼나는 겁니다. 치매 노인은 잔소리하고 혼내면서 '내가 가르칠 대상이 있구나' 하고 느끼시는 거죠.

이제 복지의 패러다임이 달라지는 겁니다. 이전에는 복지가 단순히 자원의 '배분'이었습니다. 나눠주는 것이었죠. 그런데 이제 그게 아니라 사람을 살리는 것이어야 합니다. 관계 속에서. 이런 일이 요양원에만 해당하는 게 아니라 우리 사회 전반으로 확장될 가능성이 있다고 봅니다.

거듭 말씀드리지만, 인생의 후배를 보살피면서 자기 삶을 회복하는 것이 중요합니다. 〈세인트 빈센트〉라는 영화가 있어요. 원래 성 빈센트는 실존 인물이지만 영화는 전혀 그 얘기가 아닙니다. 어느 동네에 굉장히 성질이 고약하고 불친절한 할아버지가 혼자 살고 있었어요. 그런데 그 옆집에 막 이혼한 엄마와 아이가 이사를 옵니다. 이웃이 된 거예요. 그런데 첫날 오자마자 주차를 잘못해서 할아버지네 집 나무를 부러뜨렸습니다. 그랬더니 할아버지는 막 물어내라고 한바탕 난리를 쳤죠. 이 엄마 입장에서는 어떻게 이런 할아버지네 옆집으로 이사를 오게 됐을까, 운이 나쁘다고 생각했겠죠.

그런데 어느 날 엄마가 직장에서 늦으니까, 아이 혼자 집에 왔는데 가 있을 데가 없잖아요. 그래서 할아버지한테 전화해서 부탁을 합니다. 할아버지는 그럼 돈을 내라고 했죠. 그리고는 아이를 데리고 있으면서 최소한으로만 돌봐주는 거예요. 그런데 어느 날 이 아이가 다른 애한테 맞는 걸 할아버지가 보고는 못 참았어요. 할아버지가 힘이 좋으니까 그 아이들을 내쫓아버렸지요. 그러고 나서 아이한테 가르쳐요. 맞고 살면 안 된다고. 그리고 그다음부터 권투를 가르칩니다.

여기서부터 멘토링이 시작됩니다. 누가 요구한 것도 아닌데 말이죠. 이렇게 해서 이 아이를 데리고 별별 곳을 다 다닙니다. 나이트클럽도 가고 경마장에도 가고요. 아이는 그걸 통해서 세상을 배우는 거죠. 알고 봤더니 이 할아버지는 아내가 치매 환자라서 요양원에 있는데 일주일에 한 번씩 만나러 가는 겁니다. 아주 극진하죠. 물론 애인도 따로 있어요. 그러면서도 아내는 계속 돌봐주는 이런 삶을 살고 있는 겁니다. 그런데 어느 날 아이 학교의 수업 주제가 성인(聖人)을 배우는 거였는데, 학교에서 내준 과제가 재미있습니다. '너희들 주변에서 성인을 찾아봐라.' 뭐 완벽한 성인이 어디 있겠어요. 그나마 좀 성인에 가까운 사람을 찾겠죠.

이 아이는 그 할아버지를 찾은 거예요. 그래서 할아버지를 조사합니다. 할아버지 인생 여정도 다 듣고 기록해서, 학부모들 다 모인 데서 자기 순서가 되었을 때 올라가 발표를 합니다. '우리 옆집 할아버지 성 빈센트'라고요. 그때 할아버지가 교실로 들어와 아이 발표를 듣습니다. 그래서 영화 제목이 '세인트 빈센트'인 거예요. 흔히 자기 자녀들 키울 때보다 한 세대를 건너뛴 손자들 키울 때가 더 기쁨이 크다고 하는데, 이게 꼭 가족에서만은 아닌 것 같다는 생각이 듭니다.

헤밍웨이의 《노인과 바다》도 우리가 너무나 잘 알고 있는 소설입니다. 거기 유명한 구절이 있죠. '인간은 패배할지언정 파멸하지 않는다.' 주인공 할아버지는 혼자서 바다를 돌아다닙니다. 고기를 잡으려고요. 그런데 고기가 잘 안 잡혀서 마을에서는 운이 없는 사람으로 찍힙니다. 소설 첫머리에 그 얘기가 나오죠. 그런데 제목은 '노인과 바다'이지만 사실은 '노인과 바다와 소년'이라고 해야 맞습니다. 노인과 바다가 한 축이지만 노인과 소년이 또 있거든요. 그 소년이 아주 중요합니다.

소년은 할아버지를 잘 따라서 함께 고기 잡으러 가고 싶어 해요. 그런데 부모가 말립니다. "그 할아버지 운이 안 좋은데 거기 가서 허탕 치지 마라"고 만류하죠. 그래서 소년은 함께 못 가고 할아버지 혼자 가게 되는데, 그 이후의 스토리는 잘 아시죠? 80일 동안 다니면서 겨우 한 마리를 잡았는데, 돌아오는 길에 그 커다란 청새치가 상어 떼한테 다 물어뜯기잖아요. 와서 보니까 뼈다귀밖에 없는 거죠.

그런데 그다음이 참 감동적입니다. 그리고 돌아와 허탈해 있는데 소년이 또 다가오죠. 할아버지가 물어봐요, 소년한테. 넌 다른 배를 타고 갔는데 물고기 잡았냐고요. 소년이 두 마리 잡았다고 하니까 잘했다고 칭찬해줍니다. 이때 소년이 할아버지한테 얘기합니다. 다음에는 우리 둘이 고기 잡으러 나가자고. 그러자 할아버지는 이렇게 말하죠.

"난 운이 다했어. 난 운이 없어."

그러니까 소년이 뭐라고 했을까요?

"운이라는 게 어디 있어요? 행운은 제가 가져갈게요."

"부모님이 뭐라고 하시지 않을까?"

할아버지가 걱정을 하니까 소년이 말합니다.

"상관없어요. 전 어제 두 마리 잡았잖아요. 그래도 아직 배울 게 많으니까, 이제부터 같이 가요."

할아버지한테 배울 게 많다는 겁니다. 이게 인상적입니다. 할아버지는 지금 패배자거든요. 아무것도 못 잡았는데 뭘 배울까요? 그리고 소년은 할아버지가 손에 상처 입은 걸 보고 마음에 걸렸어요.

"빨리 낫지 않으면 안 돼요. 전 할아버지에게 배울 것도 많고 뭐든 다 가르쳐주셔야 하니까 빨리 나으셔야 해요. 무척 고생 많이 하셨죠?"

그러고는 할아버지가 부탁한 음식과 약, 그동안 밀린 신문들을 가지러 갑니다. 이 장면을 작가는 이렇게 묘사합니다. 거의 소설 마지막 부분이죠.

'소년은 문 밖으로 나와 산호초 길을 걸으면서 또 울고 있었다. 판잣집에는 노인이 다시 잠들어 있었다. 여전히 엎드린 채로. 소년이 곁에 앉아서 그를 지켜보고 있었다. 노인은 사자 꿈을 꾸고 있었다.'

그러면서 소설이 끝납니다. 노인이 '인간은 패배할지언정 파멸하지 않는다'는 말을 할 수 있었던 근거는 뭘까요? 저는 소년에게 답이 있다고 생각합니다. 아무도 돌아보지 않는 이 힘없는 노인에게 아이는 배울 게 있다고 다가가는 거죠. 말을 걸고 손을 내밉니다. 이런 관계는 소설이나 영화뿐만 아니라 우리 주변, 또 내 안에서도 충분히 경험할 수 있는 게 아닌가 싶습니다. 아까 말씀드렸듯이 아래 세대의 성장을 내가 어떻게 도울 수 있을까, 함께 배울 수 있는 가능성이 어디 있을까 하는 문제입니다.

미국의 실리콘밸리에서는 사람의 능력이 아래 직원을 얼마나 빨리 성장시키는가에 달려 있다고 합니다. 그걸 평가하죠. 그런데 한국은 많은 직장에서 상사가 아래 직원한테 굉장히 불친절합니다. 잘 안 가르쳐주려고 하죠. '내가 어떻게 배운 건데, 너도 한번 고생해봐라' 이런 거예요. 또 불안한 거죠. 자기를 치고 올라올 것 같으니까, 자기 위치를 잃을 것 같으니까요. 그런 상사가 너무 많습니다. 그렇게 되면 조직은 계속 정체에 빠지게 되고, 전체적으로 다 무능해지는 겁니다.

그래서 멘토링이나 코칭 같은 게 있는 건데, 사실 우리 사회에서 이른바 멘토라고 하는 잘나가는 사람들은 나와는 아무런 인격적 관계도 없이 그냥 선망의 대상일 뿐인 경우가 대부분입니다. 진짜 멘토는 그게 아니죠. 지속적으로 만나고 지켜보고 응원하면서 옆에 함께 있을 수 있는 관계입니다. 그렇다고 우리가 흔히 말하는 '내가 너 키워줄게' 이런 건 또 아닙니다. 이건 일종의 흥정이고 거래죠, 충성을 요구하는.

세대 단절을 뛰어넘어서 서로를 '의미 있는 타자'로 만들어야 합니다. '의미 있는 타자'가 뭘까요? 자기한테 어떤 식으로든 영향을 주는 사람이죠. 여러분이 누구한테 영향을 주거나, 또 누구로부터 영향을 받거나, 그건 다 '의미 있는 타자'의 관계입니다. 그런데 지금은 점점 그게 없어지고 있습니다. 아무에게도 영향을 주지 않고 아무에게서도 영향을 받지 않아요. 만날 웹서핑만 하고 스마트폰만 들여다봐요. 이렇게 되면 멘토는 요원한 겁니다. 인격적으로 이런 '의미 있는 타자'를, 세대를 넘어서 만들어가는 게 우리에게 요청되는 과제라고 생각합니다. 지금의 우리에겐 없는 모델이죠.

옛날에 퇴계 선생은 자기보다 아무리 나이가 어려도 깍듯이 존댓말을 쓰면서 소통을 했습니다. 퇴계 선생이 기대승이란 분과 계속 편지를 주고받았는데, 그분하고 나이 차이가 많이 납니다. 그런데도 그 편지를 보면 정중하게, 거의 같은 급으로 계속 글을 주고받아요. 어느 시대에나 어느 경지에 오르면 다 이걸 체득하고 있었던 것 같습니다. 기꺼이 배우려는 자세를 가지는 거죠. 소통을 즐기면서 더불어 성장하는 자아를 발견하는 게 멘토링의 핵심입니다.

《스탠드 바이 미(Stand by me)》라는 책이 있습니다. 제가 오래전에 읽었던 책인데, 멘토링에 대한 내용입니다. 책 제목만으로도 메시지가 강하죠. 멘토링이란 게 뭡니까? 옆에 서주는 겁니다. 앞에 서서 끌고 가는 게 아니죠. 직장에서 코칭을 잘하는 사람은 이렇게 서서 하는 게 아니라 눈높이에 맞춰 몸을 낮춰서 한다고 합니다. 어떨 때는 불편할 수도 있겠지만 상징적으로 그러는 거예요. 치매 노인들도 이렇게 서서 위에서 내려다보면 훨씬 더 위기감을 느낀다고 합니다. 치매 노인이 의식은 망가졌어도 감정은 비교적 멀쩡하거든요. 누군가가 위에서 내려다보면 더 불안함을 느끼고, 그래서 더 공격적으로 되는 거예요. 사소한 행위지만 많은 것을 내포하고 있죠. '스탠드 바이 미'라는 건 우리가 마음속에 한번 간직해봐야 합니다. 내 옆에 누구를 초대할 것인가, 나는 또 누구에게 초대받을 것인가.

그런 단계의 정서적인 뉘앙스는 '지지'입니다. 온전한 신뢰죠. 그런데 우리는 지지를 잘 못합니다. 여기서 중요한 것은 판단하지 않는 것, 평가하지 않는다는 거죠. 물론 피드백은 줍니다. 피드백은 평가와 다릅니다. 평가는 날 딱 찍는 거예요. "너 이거 문제구나." 이건 권력관계입니다. 우리는 누구로부터 평가받고 싶지 않아요. 그래서 이런 말 싫어하죠. "내가 한마디 하겠는데." 그 뒤에 나오는 말은 다 싫은 겁니다. 다 평가이고 판단이거든요.

크리슈나무르티가 이런 말을 했습니다.

"판단과 평가가 없는 응시가 최고의 지성이다."

그냥 보는 겁니다. 삼시하는 게 아니라 응시하는 거죠. 부모는 대개 아이를 감시하는데, 따뜻한 응시가 필요합니다. 경청(listening)도 마찬가지입니다. 누가 내 말을 듣고는 있는데 굉장히 불편할 때가 있어요. 그 사람이 어떤 기준을 갖고 날 계속 판단하고 평가하는 것 같아서요. 느낌으로 그걸 아는 겁니다. 그런데 그런 것 없이 순수한 바탕으로, 그냥 스펀지가 물을 빨아들이듯이 듣는 게 진짜 경청이거든요. 지금은 이런 상대가 별로 없는 거고, 위아래 세대 간에는 더더욱 없는 상황입니다.

공공 영역의 창조, 그 공적 해방감

오늘 강연의 핵심 키워드 중 하나가 '공공성'이라고 할 수 있습니다. 서양에서 근대의 공공성은 시민들이 만든 것입니다. 시민이 먼저 자각했고, 기존의 질서를 깨부수면서 혁명을 일으켰고, 그 기반 위에 사회계약으로 국가를 만든 거죠. 왕을 하늘이 내린 게 아니라, 우리가 권력을 세운다 이겁니다. 그리고 안 되면 갈아치우는 거죠. 이게 혁명이잖아요. 이것이 시민사회로 넘어온 건데, 한국은 그 과정 없이 조선이 망하고 식민 지배를 당하다가 미국이 들어와서 서구식 민주주의가 시작되었습니다.

예를 들어 여성 참정권의 경우, 우리는 한 번도 제대로 투쟁한 적이 없는데 처음부터 주어졌습니다. 서양에서 여성 참정권을 쟁취하기까지는 한참 걸렸거든요. 투쟁을 통해서 이런 게 왜 필요한지를 자각하고 확산시키면서 의식이 높아지는 건데, 그런 과정 없이 거저 주어지다 보니까 당연시되고, 국가의 존재 이유도 고민되지 않았습니다. 미군정을 우리가 세운 것도 아니고, 그다음에 들어선 이승만 정권도 그렇죠. 박정희도 계속 민주화와 관계가 없었고요. 그러다 보니 국가가 공공성을 독점하게 됐습니다. 원래는 시민들이 창출한 공공성 위에 국가 권력이 계약을 통해서 만들어지는 거죠. 시민사회가 튼실할 때 국가도 건전한 건데, 우린 그런 게 없는 상황으로 온 겁니다.

'공공'이라고 하면 우리에게는 굉장히 경직되고 억압적으로 느껴지는 게 있습니다. 거대하고 관념적이고, 권력이나 관료제의 이미지 등으로요. 그런데 원래 공적 세계란 그런 게 아닙니다. 그럼 뭐가 공적 세계일까요? 저는 개인의 경험을 모두에게 선물처럼 나눠주는 관계가 일단 토대가 돼야 한다고 생각합니다. 개인의 경험이 함께 어우러질 때 거기서 공적인 것이 꽃을 피우는 거죠.

독일 태생의 유대인 철학자인 한나 아렌트는 인간의 활동을 세 가지로 나눴습니다. 하나는 '노동(labor)'이고요, 그다음은 '작업(work)', 그리고 세 번째로 '행위(activity)'가 있어요. '노동'은 생물학적 연명을 위해서 하는 겁니다. 농사짓고 열매 따고 등등. 그걸 안 하면 우리는 죽죠. 생계유지를 위해 반드시 해야 하는 것이 '노동'입니다. 그런데 '노동'과 '작업'이 약간 다른데, '작업'은 인간의 수명을 넘어 지속하는 인공 세계를 창조하는 겁니다. 건물 짓고 물건 만들고 예술품을 창작하는 것 등등. 물론 이걸 안 해도 우리가 먹고사는 데 아주 큰 지장은 없습니다. 주로 장인 정신이 발동돼서 하는 창작욕구, 이런 것들이 나오는 거예요. 굳이 나누자면 직장생활을 돈벌이로 하는 건 '노동'이고, 취미로 뭐 만들고 하는 건 '작업'이라고 얘기할 수 있습니다.

그럼 '행위'는 뭘까요? 타인의 존재 앞에서 생각을 말하고 실행하는 활동입니다. 여기서 사회적 관계가 중요합니다. 개인의 필요를 넘어서 공동체 속에서 대의를 위해 하는 행동이죠. 이게 왜 중요한가 하면, '노동'은 그냥 동물들도 하는 겁니다. 몸을 유지하기 위해서 자연에 있는 것을 끌어오는 거죠. 인간은 좀 더 정교할 뿐이고요. 그리고 '작업'은 너무 개인적입니다. 사회적인 의미에서는 한계가 있죠. 이에 비해 '행위'는, 타인에게 인정받고 싶은 욕구에서 출발합니다. 고대 그리스에서는 이것이 귀족들에게 가장 확실하게 보장되었습니다. 이제는 모든 사람이 그것을 누릴 수 있어야 하는 시대죠.

여기서 중요한 건, 개인이 '대체 불가능한(unchangeable)' 존재로 확인되는 겁니다. 그런데 여러분이 '대체 불가능한' 존재가 된 적이 있습니까? 노동 시장에서는 대개 대체 가능하잖아요. 언제든지 넌 나가, 그럴 수 있죠. 비정규직은 또 어때요? 자괴감을 느끼잖아요. 내가 유일한 존재가 아닌 거죠. 우리 사회의 많은 일들은 대체 가능해요. 그런데 그걸 보완할 수 있는 게 '행위'입니다. 동네에서 하다 못해 알뜰시장을 하나 열더라도, 거기서 단순 허드렛일을 하는 것 같지만 "누구 엄마 아니면 안 돼" 이런 말 종종 하잖아요. 인격이 드러나는 거예요. 스토리가 있다고요. 그렇게 어떤 공적인 장, 사회적인 곳에서 자아(Self)가 확인되는 겁니다.

진짜 '나'라고 언제 느낄까요? 우린 지금 대개 소비할 때 느껴요. 한나 아렌트가 한탄한 것도 그것입니다. '행위'가 다 사라져버리고, 자본주의에서는 '노동'과 '작업'만 남았죠. 사실 '작업'도 별로 안 남고 다 '노동'입니다. 그냥 일만 죽도록 하는 거예요. 자기실현의 기쁨도 없고, 사람들과 교류하면서 나를 고양시키는 사회적인 무대도 없습니다.

옛날 마을은 어땠습니까? 비록 꼬장꼬장한 권위주의와 가부장제가 있었지만 노인들은 자기를 굳이 증명하지 않아도 되었습니다. 서로를 다 아니까요. 그런데 지금은 우리가 얼마나 힘듭니까? 끊임없이 자기를 증명해야 합니다. "나 무시하지 마." 그런데 그 무시하지 말라는 근거가 과거에 있거든요. "나도 한때는 이랬거든. 왕년에 말이야."

제가 아는 분이 미국에서 1년 동안 양로원에 들어가 죽 관찰을 하고 박사 논문을 썼는데, 논문 제목이 'Everybody used to be somebody'입니다. 모든 사람은 한때 '섬바디'였다는 거죠. 지금 노인들이 대개 그렇지만, "나도 왕년에 대단한 사람이었어" 하고 뻐기죠. 특히 남자들은 그런 말 안 하는 사람이 없습니다. 동네 경비원 아저씨한테도 가끔 얘기 들어보면, 그래도 한때 괜찮았던 직업을 가졌던 분들이 많더라고요. 지금은 대부분 주민들이 업신여기지만요. 그런데 그렇게 과거를 들이대지 않아도, 굳이 내가 '섬바디'였다는 걸 오버해서 강조하지 않아도, 그런 걸 굳이 따지지 않고 맺어질 수 있는 관계, 그런 관계로 이루어진 사회가 좋은 세상인 겁니다. '노바디(nobody)'가 되는 것에 대한 두려움이 없으니까요.

민주주의라는 건 단지 투표권 행사에 그치는 것이 아니라 사회체제를 함께 만들어가는 것입니다. 이게 공적 영역이에요. 그런 걸 우린 딱 한 번 투표하는 걸로 정치인에 대한 권력 행사가 끝납니다. 정치인이 참 편해요. 책임질 게 없고, 청문회 때 소리만 지르면 되니까요. 왜 그럴까요? 유권자들이 책임 추궁을 안 하니까 그런 겁니다. 그런데 그 투표권마저도 이제 베이비부머 세대가 노년이 되면 문제가 심각해질 수 있습니다.

지금 노인 예산이 너무 엉뚱하게 집행될 때가 많습니다. 저희 아버지가 게이트볼을 치시는데, 동네 게이트볼 구장이 지금도 괜찮은데 더 확장했어요. 옆에 초등학생, 유치원 애들 노는 데랑 청소년들 농구하는 데를 다 뺏어버리고 게이트볼 구장을 넓힌 거예요. 그다음에 몇 억씩 들여서 인조 잔디를 또 깔아요. 그렇게 할 필요가 전혀 없는데 계속 예산이 배정되는 겁니다. 국회의원, 시의원, 구의원들 다 나서서 자기가 다 했대요. 어린아이와 청소년의 놀이터는 안중에 없습니다. 그들은 표가 안 되고, 부모들도 신경 안 쓰니까요.

그런데 이게 점점 악화되면 어떻게 되겠습니까? 안 그래도 지금 청년들은 일자리도 없는데, 국민연금 기금이 문제가 됩니다. 국민연금이 엄청난 돈이잖아요. 그 돈이 어디에 투자되는가, 그 방향이 청년의 일자리 확충이냐, 그게 아니라는 겁니다. 반대로 갈 때가 많아요. 이걸 우리가 잘 모르고 사는 겁니다. 이런 것들을 하나하나 지켜보고, 적어도 여기 계신 분들이 '우리 것은 됐으니까' 하고 다음 세대에게 양보했으면 좋겠습니다. 물론 개인차가 있겠지만, 세대를 놓고 보면 우리 것은 좀 덜 챙겨도 됩니다. 전철 경로우대 승차도 한 70세로 기준을 높여야 한다는 얘기 많이 합니다. 저도 동의해요. 65세 기준으로는 예산 부담이 너무 크거든요. 이런 것 하나하나가 적어도 논의는 이루어져야 한다고 생각합니다.

어느 나라, 어느 사회든 세대 간 갈등이 심각합니다. 영국의 브렉시트도 그런 거죠. 왜 얼마 살지도 않을 노인들이 우리 미래를 다 결정해버리느냐고, 영국도 지금 당혹스러운 상황이 된 거 아닙니까? 이렇게까지 될 줄 모르고 그냥 투표로 확 밀어붙인 거죠. 독일은 그나마 경제가 좋다고 하는데도, 젊은 세대가 기성세대에 대한 불만이 많습니다. "당신들 다 누렸잖아. 이미 다 챙겼잖아. 우리 건 남은 게 없거든." 이렇게 되는 겁니다. 우리보다는 사정이 낫긴 해도, 전 세계적인 현상입니다.

그래서 공적 영역이 다음 세대를 기꺼이 성장시키고 환대하는, 그래서 '헬조선'이라는 말이 안 나오고 정말 이 사회가 나를 품어 안는구나 하는 느낌이 들 수 있도록 기성세대가 어떻게 디자인할 것인가가 중요합니다. 그러려면 공허한 관념이 아니라 어떤 식으로든 아래 세대와 만나야 해요. 그 접점이 다양해야 합니다. 그런데 지금까지 기성세대와 젊은 세대가 만나는 곳이 가정, 일터, 전철 정도예요. 다른 데서는 별로 만날 일이 없어요.

그나마 기성세대가 젊은 세대와 좀 편하게 어울릴 수 있는 공간이 배움의 공간입니다. 도서관 가보세요. 초등학생 꼬마와 부모, 할머니 할아버지가 계세요. 어색하지 않아요. 그러니 나이가 들수록 도서관에 많이 가보시기 바랍니다. 도서관 순례도 좀 해보세요. 도서관마다 특징이 있거든요. 공부라는 건 커다란 배움의 세계 앞에서 우리가 다 겸허해지는 것입니다. 나이 들었다고 해서 더 내세울 것도 없어요. 그래서 더 빛이 날 수 있지요. 함께 배우는 사람들이기 때문입니다.

그다음에 예술, 예술은 사람을 약간 다른 존재로 만들어주잖아요. 연극하고 노래 부르고…. 동호회도 좋고요. 그런 걸 통해서 나이가 들수록 좀 어린아이도 돼보고 변신이 가능해야 합니다. 우리 안에는 발달 단계가 다 있다는 거예요. 술 먹고 꼬장 부릴 때만 어린아이가 나오면 안 되는 거죠. (웃음) 저는 가끔 딸들 앞에서 춤을 춥니다. 못 봐주는 춤이죠. 제가 완전 몸치거든요. 그런데 집에서는 마음껏 재롱 피우고 아이들 웃기거든요. 그렇게라도 푸는 겁니다. 어린아이적인 것이 가끔 그렇게 나오는 거죠. 그래야 좀 견디는 겁니다. 어떻게 늘 근엄하게만 살겠어요. 예술이나 놀이가 그런 걸 허용하죠. 여러분이 가면을 쓸 수도 있고 벗을 수도 있는, 다른 얼굴로 만날 수 있는 공간이 허용이 됩니다.

또 하나는 자원봉사입니다. 자원봉사를 통해서 세대 간의 만남이 이루어지면 갈등이 거의 없다고 합니다. 왜냐하면 그 목적 자체가 자아(에고)를 넘어서는 것이니까요. 이런 식으로 여러분의 삶의 가능

그래서 공적 영역이 다음 세대를 기꺼이 성장시키고 환대하는, 그래서 '헬조선'이라는 말이 안 나오고 정말 이 사회가 나를 품어 안는구나 하는 느낌이 들 수 있도록 기성세대가 어떻게 디자인할 것인가가 중요합니다. 그러려면 공허한 관념이 아니라 어떤 식으로든 아래 세대와 만나야 해요. 그 접점이 다양해야 합니다. 그런데 지금까지 기성세대와 젊은 세대가 만나는 곳이 가정, 일터, 전철 정도예요. 다른 데서는 별로 만날 일이 없어요.

성들을 탐색해보시기 바랍니다. 그런 걸 통해서 우리는 새로운 존재를 탐색하는 거죠.

내 안의 새로운 존재
탐색하기

우리 내면에는 여러 세대가 공존합니다. 얼마 전 돌아가신 코미디언 구봉서 씨가 이홍렬 씨랑 굉장히 친했나 봐요. 구봉서 씨 돌아가셨을 때 이홍렬 씨가 많이 울더라고요. 생전에 구봉서 씨가 이홍렬 씨에 대해 이런 재미있는 표현을 썼습니다. '어린아이로 성장하는 사람'이라고요. 역설적인 표현이지만, 저는 그 말이 딱 와 닿았습니다. 그래서 '아, 나도 그렇게 살아야지' 하고 생각했죠. 또 이런 표현이 있습니다. '잘 산다는 것, 나이가 든다는 것은 어린아이로 살아남는 것이다.' 어린아이로 살아남는다는 건, 유치한 게 아니라 순수함이죠. 아이들은 뒤끝이 없잖아요. 싸우다가도 또 그냥 다시 놀고 하죠. 늘 지금 이 순간에 머물기 때문입니다.

이렇게 열린 존재의 가능성이 중요합니다. 나는 여러 사람이 될 수 있다, 나는 그냥 노인이고 남자이지만, 남자가 여자가 될 수 있고 남자가 모성을 발휘할 수 있고 그런 거잖아요. 어린아이와 친구도 될 수 있고요. 부부 사이에도 부녀 사이처럼, 또 모자 사이처럼 만나기도 하고 그런 게 좋다고 봐요. 제 부부관계도 어떨 땐 제가 아들처럼 혼나기도 하고, 어떨 땐 아빠처럼 혼내기도 합니다. 그러니까 갈등이 적어요. 그런데 늘 똑같이 부부로만 지내면 계속 파워 게임만 하게 됩니다. 어떤 때는 몸을 싹 낮춰서 아이처럼 혼나야죠. 혼나면 어때요? 혼날 때 혼나야 갈등이 안 생기는데 안 혼나려고 하니까 문제죠. 아래 세대한테도 배워야 합니다.

그리고 노인이 위엄과 기품을 어떻게 회복할 것인가 하는 문제가 있습니다. 예전에 노인들은 옷차림이나 행색이 좀 볼품이 없어도 당당함이 있었죠. 카리스마가 있었어요. 할머니들이 담배를 피워도 왠지 아우라가 있었단 말이에요. 왜 그럴까요? 세월의 무게라고 생각합니다. 그건 함부로 복제가 안 되는 거예요. '아우라'의 뜻이 그겁니다. 복제할 수 없는 분위기, 흉내 낼 수 없는 분위기. 여러분한테도 아우라가 있어야 합니다. 살아온 이력, 나만의 분위기, 이건 쉽게 모방이 안 돼요. 옛날 할아버지 할머니가 그랬습니다. 비록 권위주의나 가부장주의 이런 게 있었지만 그건 시대의 한계였고요.

그래서 오히려 '노바디'인 걸 받아들임으로써 더더욱 '섬바디'가 될 수 있는 것입니다. 어차피 우린 다 '노바디'가 되잖아요. 나이가 들면서 무력해지고, 나중에 똥오줌 받아내야 하고, 차마 상상하기 싫지만 그건 피할 수 없는 운명 아닙니까? 그래서 우리에게 필요한 건 상실을 연습하는 것입니다. 애도하는 거죠. 젊음을 더 이상 그리워하지 않고, 젊음을 다른 식으로 다시 가져다 누리는 겁니다. 영국의 극작가 버나드 쇼가 그랬다는데요, 젊음은 젊은이에게 주기엔 너무 아깝다고. 생각해볼 만한 말입니다. 젊을 때 누리지 못했던 젊음을 육신이 쇠해도 다시 누릴 수 있습니다.

'세월이 주는 선물'(책 제목이기도 합니다)은 누구에게나 있습니다. 그 걸 좀 나눠 갖자는 거죠. 심리학자 매슬로가 인간의 발달 단계에 따른 5단계 욕구설을 얘기했습니다. 생존욕구, 안전욕구, 소속에 대한 욕구, 인정에 대한 욕구, 자아실현의 욕구 이렇게 다섯 단계죠. 그런 데 누군가 거기에 하나를 더 덧붙입니다. 자아실현의 욕구를 넘어, 자기초월의 욕구도 있다고요. 여기까지 가야 한다는 겁니다. 나이 들면 약간 초인이 돼야 하는 거예요. 그래야 자기도 편한 것 아니겠 어요? 모델이 없는 거죠.

제가 이 강연을 준비하면서 '선배'라는 말을 곰곰이 생각해보다 가 재미있는 말을 발견했습니다. 원래 선배(先輩)의 한자는 '先(앞설-선)', '輩(무리-배)'인데, '先'을 '仙(신선-선)'으로 바꾸면 '仙輩'가 되잖 아요. 그런데 원래 이런 말이 있습니다. 여러분, 신라 시대의 '화랑' 아시죠? 그런데 그 원형이 고구려의 '선배(仙輩)'랍니다. 고구려에서 '선배'를 뽑아서 학문에 힘쓰고, 여러 가지 기예를 익히고, 가까운 산을 찾아 탐험을 하고, 시가와 음악을 익히고, 공동으로 한 곳에 모 여 숙식을 했다는 기록이 있습니다. 평소에는 환난 구제나 성곽·도 로 축성을 자임하다가 전쟁 때는 나가서 싸워 죽는 걸 영광으로 알 았다고 해요. 즉 공익을 위해 한 몸 희생하는 것이 '선배'들이었다는 겁니다. 물론 동음이의어일 뿐이지만, 어쩌면 지금 우리에게 필요한 건 이런 측면도 있지 않을까요?

흔히 우리가 '나이를 먹었다', '나이가 들었다' 이렇게 말하는데,

이 두 가지가 뉘앙스가 좀 다릅니다. '나이를 먹었다'고 할 때는 '나이'가 목적어가 되고 주어가 '나'죠. 나이는 내가 먹는 거예요. 그런데 '나이가 들었다'고 할 때는 '나이'가 주어가 됩니다. 나이가 나한테 온 거죠. 그런데 젊은이들한테는 '나이가 들었다'라고 안 하고 '나이를 먹었다'고 합니다. 그러니까 '나이가 들었다'는 건 좀 연배가 있는 사람한테 하는 표현인데, 재미있게도 '단풍이 들었다'고 하고 '옷감에 물이 잘 들었다'고 해요. 그럼 이 '들었다'는 게 뭘까요? 지금 가을이라는 이 계절에 단풍이 들듯이 나이가 드는 걸까요?

이런 생각을 해봤습니다. 단풍은 죽어가는 거잖아요. 할 일을 잃어가는 거고, 곧 떨어지는 것이고, 상실을 준비하는 거죠. 그런데 그게 풍경을 이룰 때는 아름다움으로 우리에게 감동을 줍니다. 인간이 나이 드는 것도 그렇게 될 수 있을까 하는 생각을, 풍경을 바라보면서 하게 됐습니다. 그러면서 프랑스의 잔 모로라는 여배우가 어느 인터뷰에서 했던 말이 생각났습니다. 기자들이 인터뷰하면서 사진을 막 찍으니까 사진 찍은 다음에 '내 ○○○ 지우지 말'고, 마음에 든다고 했죠. ○○○가 뭘까요? 네, 주름살입니다. 자기 사진의 주름살을 지우지 말라는 거죠. 이걸 만드는 데 몇 십 년이 걸렸다면서요.

요즘 텔레비전에 나오는 나이 든 여배우들 중 몇 분은 너무 보톡스를 많이 해서 아쉽습니다. 언젠가 김미경 씨라는 스타 강사가 라디오에 나와서 하시는 말씀이, 자기가 사회적 지위가 높은 사모님들이 모이는 클럽에 강연을 갔는데, 그날 따라 그렇게 강연이 힘들더래요. 이분이 얼마나 강연을 잘하시는 분입니까? 청중을 들었다 놨다 하는 분이시죠. 그런데 그분이 왜 그렇게 강의가 힘들었을까요? 반응이 없어서래요. 청중이 웃어야 하는데 안 웃어서 왜 그런가 봤더니, 다 보톡스를 해서랍니다. (웃음) 근육이 땅겨서 못 웃거나, 주름질까 봐 웃음을 참아서 안 웃거나. 적어도 여기 계신 분들은 안 그러셨으면 좋겠습니다. 이 주름이 얼마나 예쁩니까? 그러면서 그분이 영화배우 전도연 씨가 참 좋다고 해요. 전도연 씨는 그런 거 하나도 없이 그냥 늘 그대로, 진짜 배우인 거죠. 그 세월의 흔적을 우리 모두 선물로 나눠 가질 수 있는 그런 관계, 그런 문화를 어떻게 만들까 하는 고민이 필요할 것 같습니다.

저는 내년이면 50살인데요. 사실 1960~70년대에 개발과 성장 시대를 거치면서 우리가 공동체를 잃어버리고 앞만 보고 달려왔잖아요. 그런데 말씀하신 '나이듦'이 상징하는 것은, 같이 나누고 함께하자 이런 개념들인 것 같거든요. 그런데 우리는 '함께함' 같은 것들은 거의 경험해보지 못했거나 아니면 저 뒤로 밀쳐두었던 가치들인데, 그런 경험이 없는 상황에서 이게 과연 가능한 것일까요? 공적 영역에서 어떤 경험이나 상호작용이 전혀 없었던 사람들이 "자, 이제 같이 광장으로 나갑시다. 광장에 가면 여러분만이 아니라 여러분 후배들도 있고 그 아래 세대들도 있는데, 그들과 함께 여러분의 나이듦을 성찰해야 합니다" 하면 이게 잘 안 먹히지 않겠습니까? 그런 생각이 들었습니다.

예, 저는 그렇게 생각 안 합니다. 적어도 1990년대 정도까지만 해도, 물론 서서히 약해지기는 했습니다만, 원체험으로는 있었다고 봅니다. 직장에 들어가서는 굉장히 치여 살았지만, 그나마 그 경쟁도 IMF 이후에 훨씬 혹독해진 것이지 그 전까지만 해도 약간 여유가 있었습니다. 지금보다 훨씬 더요. 그리고 무엇보다 중요한 것은 그때까지는 아직 마을이 살아 있었고, 친족 집단도 왕래가 잦았죠. 다른 나라들은 그런 게 다 일찍 끝났고 한참 지났지만, 한국은 워낙 압축적으로 성장하다 보니까 아직 윗세대는 어린 시절, 그냥 아무 이유 없이 서로 만날 수 있었던 관계들이 기억으로 많이 간직돼 있습니다. 저는 그것이 큰 자산이라고 생각합니다. 그러니까 고도 성장기에 너무 경쟁 위주로만 달려온 것이 우리를 다 규정하는 건 아니라는 거죠. 〈응답하라 1988〉처럼 그런 게 진짜 있었거든요. 서울 안에서도 곳곳에 남아 있었죠. 많은 사람들이 그 드라마에 감응했던 것 자체가 그 드라마의 풍경들을 정겹게 바라봤다는 것, (약간 낭만적인 것도 있겠지만) 그런 지향이 여전히 남아 있기 때문이라고 생각합니다. 그런 점을 저는 소중하게 생각하고 싶습니다.

오늘 강연에서 '의미 있는 타자'라는 말이 아주 와 닿았는데요, 누군가에게 영향을 줄 수 있는 그런 '의미 있는 타자'의 경지에 오르려면 어떻게 해야 할까요?

심리학 용어로서 '의미 있는 타자'라는 말이 어떤 높은 수준이나 경지를 가리키는 건 아닙니다. 부모나 자식도 모두 '의미 있는 타자'죠. 여러분도 다 누구한테 '의미 있는 타자'입니다. 아까 저는 좀 엄격한 잣대의 예를 든 것뿐인데, 사실 '의미 있는 타자'로서 다른 사람과 만나지 않는 사람은 없습니다. 친구도 마찬가지예요. 그럼 반대로 '의미 없는 타자'는 누구일까요? 길거리를 지나가는 사람, 버스에서 옆에 앉은 승객 이런 경우죠. 그런데 이런 경우라 해도 그들이 갑자기 '의미 있는 타자'가 될 수도 있습니다. 싸움이 붙었다든지, 아니면 갑자기 나한테 말을 걸었다거나 도움을 줬다거나 할 땐 '의미 있는 타자'가 되는 거죠. 그러니까 이쪽에서 어떻게 수용하는가, 그게 중요한 것입니다.

정체성을 다시 세우는 노년, 나 자신을 만나는 일

전호근

고전인문학자

1963년 출생. 성균관대학교에서 공맹유학을 공부하고 조선성리학 연구로 박사 학위를 받았다. 현재 경희대학교 후마니타스칼리지 교수이다. 오랜 세월 성리학을 연구하고 동아시아 고전을 해설해온 그는, 자신의 정체성을 다시 세우며 '성숙'을 기하는 것이 중년 이후 중요한 삶의 과제라고 말한다. 그리고 수천 년 인류의 지혜와 동서양 철학을 아우르는 폭넓은 사유를 바탕으로 '나' 자신을 만나는 방법을 제안한다.

즉 수기(修己)와 극기(克己)를 통해 나를 바로 세우고, 나의 내면과 대화하면서 내 안에 있는 나를 존경하는 '경(敬)'의 경지에 이르러야 한다는 것. 그리고 그 방법의 하나로 끊임없는 배움과 독서, 글쓰기를 강조한다. "책 읽는 노년을 무시하는 사회는 아직 오지 않았습니다. 노년에는 가르치려고 하지 말고 배워야 합니다. 배움 속에서 노년을 설계하고, 그런 지적 호기심을 유지하는 한 영원히 늙는 일은 없을 것입니다."

안녕하세요. 반갑습니다.

먼저 오늘도 이렇게 진부한 말로 인사드리는 것을 용서해주시기 바랍니다. 사실 "안녕하세요"라는 말은 매우 깊은 뜻을 갖고 있죠. "안녕하세요" 이렇게 말을 건네면 한참을 붙잡고 진지하게 이야기해야 할 것 같습니다. "반갑습니다"도 그렇죠? 뭔가 기대감이 있고, 앞으로 내 삶에 즐거운 일이 있어야 비로소 "반갑습니다"라고 말할 수 있죠.

원래 언어라는 것은 뜻을 가지고 있는데, 지금의 우리는 언어가 제 뜻을 잃어버린 시대에 살고 있습니다. 제가 인상적으로 읽은 책 가운데 《내 영혼이 따뜻했던 날들》이라는 책이 있는데, 거기에 어느 인디언 부족 이야기가 나옵니다. 이런 이야기입니다. 그들 말로 '친족'에 해당하는 말이 'kinfolk'인데, 'kin'은 '사랑한다'는 뜻이고 'folk'는 '사람'이라는 뜻입니다. 그러니까 'kinfolk'는 원래 '내가 사랑하는 사람들'이라는 뜻이었는데 지금은 그저 '친족, 친척'이라는 뜻으로 쓰입니다. 동아시아 문화권에서 쓰이는 한자의 '친(親)'자도 마찬가지입니다. 원래 '사랑'이라는 뜻이거든요.

　그런데 사랑에는 여러 종류가 있습니다. '친(親)'이 있고 '인(仁)'이 있고, '압(狎)'이 있고 '애(愛)'가 있습니다. 이게 다 '사랑한다'는 뜻이에요. '애(愛)'라고 하는 건 본래 '애물(愛物)'입니다. 자기가 가진 어떤 사물이나 재물을 아끼는 겁니다. 그리고 '압(狎, 익숙할-압)'이라고 하는 건, 왼쪽에 붙어 있는 부수(犭=犬)가 짐승을 뜻하니까 짐승을 사랑하는 거예요. 동물, 사랑하시죠? 그게 '압'입니다. 그런데 동물을 마땅히 사랑해야 하지만 사람을 동물처럼 사랑하면 어떻게 됩니까? 누구도 그런 사랑을 바라지 않을 겁니다. 아무리 동물 애호가라 하더라도 동물처럼 사랑받기를 원하는 사람은 없을 테니까요. 그래도 생명을 가진 동물을 사랑하는 것은 물건을 사랑하는 것과는 차원이 다르겠죠. 철학자 데카르트는 이걸 구분하지 못했던 것 같습니다. 그는 일찍이 동물은 기계와 같다고 주장하면서, 개를 발로 차면 깨갱 소리를 내는 것은 종을 망치로 때리면 뎅그렁 소리가 나는 것과 같다고 이야기했어요. 가서 때려주고 싶은 마음이 들지요?

　앞서 말씀드린 한자 중에서 '인(仁)'은 인간을 사랑하는 겁니다. 그리고 마지막으로 '친(親)'은 인간 중에서도 자신과 가장 가까운 사람을 사랑하는 거죠. 그런데 아까 말씀드린 'kinfolk'라는 말과 같은 운명에 처해 있습니다. 그냥 '친족, 친척'이라는 뜻으로 쓰이거든요. '내가 정말 사랑하는'이라는 뜻은 사라진 지 오래예요. 이처럼 말이 진부해진 까닭은 말 자체가 진부해서가 아니라, 우리가 이 말을 진부하게 쓴 탓입니다. 그 결과 세상의 모든 말이 진부해져버렸습니다. 첫말이 진부하다면 다음 말도 마찬가지일 테니까요. 우리의 삶도 따라서 시시해지고 말았죠.

말이 제 뜻을 잃어버린 시대에 다시 한 번 인사드립니다. 안녕하세요? (청중: 안녕하세요.) 반갑습니다. (청중: 반갑습니다.) 예, 이건 아까제가 진부하게 던진 말과는 다르게, 앞으로 제가 책임져야 할 말입니다. 이제 정말 반가운 만남이 되기 위해서는 앞으로 두 시간 동안 저와 여러분이 어떤 이야기를 나누는가에 달려 있습니다. 예를들어 이 자리에 제 아내가 있다고 할 때, 제가 "제 아내입니다"라고소개하기 위해서는 주민등록상 아내라는 걸로는 충분하지 않죠. 참으로 아내인 것이 확인되기 위해서는 증명서가 필요한 것이 아니라, 정말 제가 아내를 아내로서 사랑하고 존중해야 비로소 그 말이저 자신에 의해 확인되는 겁니다. 마찬가지로 여러분을 오늘 처음뵙게 되었는데, 여러분은 제가 앞으로 두 시간을 책임져야 할 그런무거운 존재들이십니다.

오늘 이 시간의 주제는 '노년'입니다. 그리고 작은 주제는 '나를만나는 것'이죠. 여러분이 지금까지 수많은 친구를 사귀셨겠지만 늘나와 함께하는 건 누구입니까? 나 자신이죠. 그래서 오늘, 노년에 나자신을 만나는 법에 대해 함께 이야기를 나눠보겠습니다.

소년의
마음

먼저 '소년' 이야기부터 시작해볼까 합니다. 지금부터 말씀드릴 이야기는 제가 도정일 선생님의 산문집 《쓰잘데없이 고귀한 것들의 목록》이라는 책에서 읽은 것입니다. 미국의 시인 중에 스탠리 쿠니츠라는 시인이 있습니다. 그의 시 가운데 〈헬리 혜성〉이라는 시가 있는데, 우선 이 시를 소개합니다.

일 학년 때 선생님 머피 씨는
혜성의 이름을 칠판에 크게 쓰시며 말하셨다.
이것이 은하의 폭풍을 가로질러
무서운 속도로 달려오고 있다.
조금이라도 궤도를 바꿔 지구와 충돌하게 되는 경우
내일 수업은 없을 것이다.

언덕 위에 사는 빨간 수염의 목사는
운동장 옆 광장에서 자신이 우리 모두를 구하기 위해
신이 보낸 자라고 선언하며 '죄인들이여 회개하라'고
손으로 쓴 플래카드를 흔들며 거칠게 외치고 있었다.
저녁을 먹을 때 나는 슬펐다.
엄마와 누나와 함께 나누는 마지막 식사일지도 모른다는 생각에.

하지만 왠지 흥분되기도 해서 밥을 먹을 수가 없었다.

그런 나를 엄마는 야단을 치시며 방으로 쫓아 보냈다.

모두가 잠든 밤, 그들은 내가 층계통의 사다리를 몰래 올라가

신선한 밤공기 속으로 빠져나가는 것을 알지 못했다.

신이여, 저를 찾아보세요, 우리가 사는 곳

그린 가의 끝 빨간 벽돌 건물의 지붕 위의 옥탑방을 아시지요.

하얀 플란넬 가운을 걸치고

거친 돌 침대 위에 큰 대 자로 누워

저는 별이 빛나는 밤하늘을 바라보고 있어요.

세상이 끝날 날을 기다리며. (임혜신 옮김)

스탠리 쿠니츠가 쓴 〈핼리 혜성〉이라는 시의 전문입니다. 상상을 한번 해보죠.

어느 날, 초등학생들을 가르치는 머피라는 선생님이 학생들에게 핼리 혜성에 관해 이야기를 해줍니다. 먼저 과학 지식부터 얘기했 겠죠. 핼리 혜성은 76년마다 지구를 한 번씩 방문하고, 태양에 가까 워지면 긴 꼬리를 흩날린다, 혜성의 구성 성분은 먼지와 얼음 입자 다… 아마 이런 얘기를 가르쳐주었을 겁니다. 그러다가 마지막으로 "그런데 말이야, 이 핼리 혜성이 궤도를 바꿔서 지구와 충돌하면 어 떻게 되는지 알아? 그럼 너희들 학교 안 나와도 돼" 하고 말합니다. 학교 안 나와도 된다고 하면 아이들은 또 좋아했겠죠. 저도 어렸을 때 전쟁이 나길 바란 적이 있었습니다. 전쟁이 나면 학교 안 가도 될

거 아니에요. 얼마나 학교를 가기 싫었으면 그런 상상까지 했을까요? (웃음)

그런데 이 소년은 그렇게 하지 않았습니다. 그리고 집으로 돌아가는 길에 빨간 수염의 목사를 만난 거죠. "세상의 종말이 다가왔다. 회개하라." 이런 이야기를 들은 겁니다. 집에 돌아가서 엄마와 누나와 저녁식사를 하려는데, 이 가난한 집 소년은 밥이 넘어가지 않는 거예요. 혜성이 와서 부딪히면 엄마도 누나도 모두 죽을 테니까 이게 마지막 식사가 될지도 모르는 거죠. 그러니 밥이 안 넘어갑니다. 잠도 오지 않습니다. 그러니까 엄마가 꾸지람을 했겠죠. 얼른 자라. 그래서 몰래 자는 척하다가 식구들이 모두 잠든 한밤중에 일어나 지붕 위로 올라갑니다. 지붕 위로 올라가서 세상이 끝날 때까지 기다리는 겁니다.

여러분도 어릴 적 지붕 위에 올라가 보신 적이 있지요? 이 가난한 집 어린 소년이 생각하는 그 고통이라는 게 바로 세계고(世界苦)입니다. 세계의 고통. 아마 많은 분들이 이 시의 '신이여, 저를 찾아보세요' 하는 대목에서 절대자 또는 숭고한 존재를 생각할 겁니다. 저는 이 대목을 읽었을 때 관세음보살을 떠올렸습니다. '관세음보살(觀世音菩薩)'의 '觀'은 본다는 뜻이고, '世音'은 세상의 소리입니다. 여기서 '世' 자는 없어도 돼요. 그래서 '관음보살'이라고도 하죠. 그런데 이 '觀'은 '볼-관'이니까 시각적인 것을 뜻하는 것 같지만 듣는다는 뜻도 있습니다. 본래는 음악을 듣는다는 뜻으로 쓰인 거죠. 동아시아 고전 중에 '유가(儒家) 13경'이 있습니다. 그중 《춘추좌씨전(春秋左

氏傳)》에 '관지의(觀止矣)'라는 대목이 나오는데, 음악을 듣는 감상이 지(止), 즉 그쳤다는 뜻이에요. 음악 감상을 마쳤다는 뜻입니다. 그래서 '고문관지(古文觀止)'라고 하면 훌륭한 옛 문장, 즉 이 책만 읽으면 고문(古文)을 다 감상할 수 있다는 뜻입니다.

그런데 관세음보살이 어떻게 세상의 소리를 다 듣겠어요? 그래서 사람들이 만들어낸 또 다른 모습의 관음보살이 천수관음보살(千手觀音菩薩)입니다. 손이 천 개죠. 천 개의 손으로 모든 중생을 다 구제해주는 겁니다. 고통 속에서 꺼내주는 거죠. 또 천목관음보살(千目觀音菩薩)도 있어요. 눈이 천 개입니다. 세상의 모든 고통을 다 봅니다. 그런데 이때 천 개든 만 개든 숫자가 중요한 게 아닙니다. 천 개의 손과 천 개의 눈이 없더라도 세상의 모든 소리를 듣는 방법은 있습니다. '고통'의 소리를 들으면 되는 거예요. 즐거운 소리는 관세음보살이 듣지 않아도 됩니다. 구해줄 필요가 없으니까요. 고통스러워하는 세상 사람들의 소리를 듣는 것, 그게 관세음보살입니다.

이 어린 소년이 생각한 것도 마찬가지입니다. 세상의 고통을 생각하는 거죠. 흔히 우리가 차별하지 않는다고 하면 어떤 의미로 쓰입니까? 세상에는 강자가 있고 약자가 있는데, 강자와 약자를 똑같이 대하면 차별하지 않는 건가요? 그렇지 않습니다. '약자'를 차별하지 않아야 차별하지 않는 겁니다. 부자와 가난한 자가 있다고 할 때, 부자의 입장 반, 가난한 자의 입장도 반이면 늘 누가 이깁니까? 부자가 이깁니다. 강자 입장 반, 약자 입장 반이라면 늘 강자가 이기게 돼 있습니다. 우리가 흔히 '시민의 가슴에 못 박지 마라' 그러죠. 그랬더니 어떤 장관이라는 양반이 "그럼 부자의 가슴에는 못 박아도 됩니까?" 이렇게 얘기한 경우도 있습니다. 몇 년 전에요. 부자의 가슴에는 절대 못을 못 박습니다. (웃음)

모든 소리를 다 듣는 것도 마찬가지입니다. 약자의 소리를 들으면 모든 소리를 다 듣는 것이죠. 그러니까 모든 사람을 차별하지 않고 공정하게 대한다는 것은 결국 약자를 차별하지 않고 공정하게 대한다는 말과 같습니다. 남녀평등이요? 여성을 평등하게 대하면 남녀평등은 저절로 되는 겁니다. 남성도 평등하게 대해야 한다? 그럴 필요 없습니다. 여성을 평등하게 대하는 순간 남성도 평등해지기 때문이죠. 약자가 잘 살 수 있는 세상이라면 강자는 더 살기 쉽겠죠? 약자도 잘 사는데 강자가 못 살겠습니까?

노인을 혐오하는
시대

오늘 주제가 '노년'인데, 이 말도 아주 잘 선택한 말 같습니다. '노년'이라고 하면 누구에게나 다 해당하는 개념이죠. '노화'는 생물학적이고 의학적인 개념이지만, '노년'이라는 개념은 그렇지 않습니다. 이건 태어나는 순간 누구에게나 똑같이 적용되죠. 그래서 이 용어는 굉장히 중립적으로 잘 선택된 것 같습니다.

그런데 만약 '노년'이 아니고 '노인'이라고 했다면 아주 골치 아파집니다. 왜냐하면 노인은 현재 차별받는 존재거든요. 물론 원래 노인은 그런 뜻이 아니죠. 본래 노인이라고 하면 동아시아 고전 중 《서경(書經)》 같은 데서 '노성인(老成人)'이라고 나오는데, 존칭입니다. 훌륭한 사람에 대한 호칭이죠. 사람만 이렇게 존중받은 게 아니라 말도 늙은 말은 존중을 받았습니다. 옛날에 관중이 군대를 이끌고 행군을 하다가 산에서 길을 잃었습니다. 그러자 늙은 말을 맨 앞에 세워서 인도하게 합니다. '노마지지(老馬之智)', 즉 '늙은 말의 지혜'라는 말이 여기서 나왔습니다. 이렇듯 과거에 노인이라고 하면 삶의 경험이 풍부해서 지혜로운 판단을 내릴 수 있는 사람이라는 뜻으로 쓰였습니다. 그런데 지금은 그렇지 않죠. 지금 노인이라고 하면 존중하는 사람을 지칭하기보다 혐오스러운 대상을 가리키는 경우가 많아졌습니다.

얼마 전에 있었던 일입니다. 평생 미용사로 일해서 모은 돈 사십 몇 억 원을 기부해서 노인요양원을 세우려던 분이 있었습니다. 그런데 그 지역 주민들이 반대했습니다. 혐오시설이라는 거죠. 노인 요양원이 혐오시설이라는 겁니다. 또 어느 지역에서는 장애인학교를 세우려고 하는데 역시 지역 주민들이 반대해서 어려움을 겪고 있다고 들었습니다(어떤 이유로 반대했는가는 차마 이야기를 못하겠어요). 이렇게 장애인을 혐오하고 노인을 혐오하는 시대에 우리가 살고 있는 것입니다.

전통사회에서 '노(老)'라는 호칭은 혐오와는 거리가 멀었습니다. 나이에 따른 호칭도 참 다양합니다. 유학의 고전인 《예기(禮記)》에는 나이에 따른 호칭을 이렇게 기록하고 있어요. 사람이 태어나서 여덟 살이 되면 '도(悼, 슬퍼할-도)'라고 합니다. 보기만 해도 슬퍼 보인다는 거예요. 여덟 살짜리 아이는 돌봄의 대상이죠. 죄를 지어도 처벌받지 않습니다. 열 살이 되면 '유학(幼學)'이라 하는데, 어릴 때 배운다는 뜻입니다. 뭘 배우느냐, 음악과 시를 배우는 겁니다. 그리고 20세를 '약관(弱冠)'이라 하는데, 혈기가 아직 약하지만 이때 일종의 성인식인 관례를 올리고 사회의 구성원으로 존중받습니다. 그리고 30세가 되면 '장(壯)', 즉 혈기가 건장해져서 혼인할 수 있게 됩니다. 그리고 40세가 되면 이제 혈기가 '강(强)'해지고 비로소 벼슬을 할 수 있다고 해서 '강사(强仕)'라고 합니다.

그다음에 50세부터 늙는 거예요. 50세를 '애(艾, 쑥-애)'라고 부릅니다. 이걸 '예'로 읽기도 하는데, '예'로 읽을 때는 다스린다는 뜻으로 쓰이고 '애'로 읽을 때는 시든다는 뜻으로 씁니다. 쑥을 살펴보면 이파리 뒷부분에 하얀 털이 나 있죠? 마치 사람의 백발과 같다는 데서 뜻을 취하여 '애'를 시든다는 뜻으로 씁니다. 고대 동아시아에서는 사람의 수명이, 어릴 때 죽거나 하지 않고 건강을 잘 돌보면 100년을 기약할 수 있다고 봤습니다. 그래서 50세까지는 살아갈 날이 더 많은 거고, 50세부터는 살아온 날이 더 많아지는 거죠. 즉 50세부터 내리막길이라고 해서 시든다는 뜻으로 쓰이는 겁니다. 조선시대에 어버이 상을 당할 경우, 상주의 나이가 50세가 넘으면 지팡이를 줍니다(배우자가 사망하면 50세가 안 되었어도 지팡이를 줍니다). 힘들다고요. 그러니까 50세가 넘으면 육체적으로 힘들기 때문에 배려하는 마음에서 지팡이를 짚고 상을 치르게 하는 거죠. 그래서 《맹자》를 보면, 왕도정치가 잘 시행되고 있는 나라에서는 나이 오십 된 사람이 도로에서 짐을 등에 지거나 이지 않는다고 돼 있습니다. 50대가 되면 혈기가 쇠퇴하기 때문에 그런 힘든 일에 종사하지 않는다는 거죠. 이때부터는 노년인 거예요.

그리고 60세를 '기(耆, 늙은이-기)'라고 하고, 70세를 '노(老)'라고 합니다. 두보의 시에도 나오듯이 '인생칠십고래희(人生七十古來稀)'입니다. 사람이 태어나서 70세까지 사는 것은 예부터 드물었다는 뜻이지요. 물론 실제로 통계로 나온 건 없지만, 예전에는 영아 사망률 같은 게 워낙 높았을 테니까요. 그리고 80~90세를 '모(耄, 늙은이-모)'라고 합니다. 이 글자는 정신이 흐려진다는 뜻입니다. 그리고 100세를 '기(期, 기약할-기)'라고 했습니다. 아까도 말씀드렸지만, 동아시아 고대인들은 사람이 건강을 잘 돌보면 100살까지 기약할 수 있다고 가정했던 겁니다. 물론 《동의보감》에서는 수양과 섭생을 잘하면 120세까지 살 수 있다고도 했습니다. 그리고 최근에는 여러 가지 이야기가 있더라고요. 인간의 한계수명은 115세라는 과학자들의 주장도 어디선가 읽은 적이 있습니다.

아무튼 이런 다양한 용어가 존재하는 만큼 전통사회에서는 노인에 대한 관심이 높았고, 또 노인을 존중하는 분위기였죠. 그랬는데 우리가 사는 이 시대에는 노인이 혐오의 대상이 되기에 이른 겁니다. 물론 모든 사람이 그렇지는 않겠죠. 하지만 그 혐오가 집값 떨어진다, 뭐 이런 이야기란 밀이에요. 시장 논리에 따라 가치를 평가하는 시대가 되었으니, 노인에 대한 전통적인 방식의 존중은 완전히 사라져버렸다고 할 수 있습니다.

어쨌든 놓쳐서는 안 될 사실은, 노인이나 여성이나 장애인을 따질 것 없이 늘 약자만 이렇게 규정당한다는 점입니다. 부자 노인과 부자 장애인과 부자 여성, 또는 권력자 노인과 권력자 장애인과 권력자 여성은 이런 용어로 규정당하지 않습니다. 여성이 권력자일 경우 여성이라는 성 정체성으로 규정당하지 않는 것처럼, 권력자 노인은 나이가 많은가 적은가를 기준으로 규정당하지 않거든요. 결국 이런 혐오는 누가 다 떠안습니까? 약자들이 떠안는 겁니다. 노인이나 장애인이나 여성이나 다 마찬가지입니다. '나는 노인이 아니니까'라고 해봤자 소용이 없는 거예요.

서울시에서 몇 년 전에 '노인'이라는 호칭을 '어르신'으로 바꿨습니다. 노인들도 '노인'이라는 호칭을 싫어하니 용어를 바꿔야 한다는 겁니다. 물론 좋은 뜻에서 제안한 것이라고 알고 있고, 오해할 필요는 없겠죠. 그런데 문제는 그런 방식으로는 사태의 본질을 정확하게 이해할 수 없다는 데 있습니다. 예를 들어 예전에는 선거에서 당선된 사람을 '당선자'라고 했죠. 그런데 언제부턴가 그게 '당선인'으로 바뀌었습니다. '당선자'라고 하면 '놈-자(者)' 자를 쓰니까 '사람-인(人)' 자로 바꾼 거예요. 사실 고전적인 한자 뜻으로 볼 때 이건 말이 안 되는 겁니다. '人' 자는 원래 높임말이 아니거든요. 그런데 노숙자를 노숙인으로 바꾸고, 장애자를 장애인으로 바꿨어요. 하지만 노숙자의 처지가 나쁜 상태로 머물러 있는 한, 노숙자에 대한 사람들의 생각이 바뀌지 않는 한, 노숙자를 노숙인으로 바꿔 부른다고 해서 그분들의 삶이 나아지지는 않을 겁니다.

물론 저도 어떤 사회에서 그 언어가 본래의 뜻과 다르게 나쁜 뜻으로 쓰인다면 그 용어를 바꾸는 데 찬성합니다. 그렇게 지목되는 사람들의 고통을 생각해야죠. 하지만 실제로 그분들의 인권을 보장하거나 권리를 신장시켜주는 사회적 실천이 뒤따르지 않는다면 현실은 바뀌지 않습니다. 말장난만 하고 끝나는 거죠. 철학자, 수학자, 과학자… 모두 '자'로 끝나는데, 이 말을 기분 나쁘다고 생각하는 사람은 없지 않습니까? 결국 언어는 앞뒤에 놓인 맥락에 따라 좌우됩니다.

제 경험 한 가지를 말씀드릴게요. 제가 사진 찍는 걸 무척 좋아하는데, 최근에 바쁘다 보니 많이 못 찍었어요. 그래서 다시 좀 어떻게 해보려고 사진 전시회에 갔습니다. 서울역 옛 건물에서 마침 사진전을 하기에 거길 갔어요. 원래 훌륭한 작품을 감상하다 보면 뭔가 막 하고 싶어지잖아요. 좋은 영화를 보고 나면 감동하는 것처럼요. 사진전을 봤더니 역시 효과가 있더라고요. 당장 전시회장에서 나오자마자 카메라로 뭘 찍어볼 생각을 하게 된 거죠. 오랜만에 제 가방에 있던 카메라가 그날 나온 겁니다.

서울역 앞 어느 걸터앉을 만한 자리에 노숙인 한 분이 앉아 있더라고요. 딱 봐도 노숙인이에요. 머리는 헝클어져 있고, 얼굴은 시커멓고, 눈동자는 흐릿하니 초점이 없고, 옆에 소주병 하나 있고, 근처로 갔더니 냄새도 나고…. 그런데 마침 저쪽에서 어떤 여성이 어린 아이를 데리고 오고 있더라고요. 멀리서 보니까 이 장면이 그림이 될 것 같아서(물론 저는 사진을 찍을 때 멀찍이서, 얼굴이 나오지 않도록 찍습니다. 동의 없이 카메라를 가까이 들이대는 건 인간을 대상화하고 수단으로 삼는 나쁜 짓이거든요) 그들이 노숙인 옆을 지나갈 때를 기다리고 있었습니다. 그런데 그 여성이 갑자기 방향을 틀어 빙 돌아서 가는 거예요. 아마도 노숙인을 발견한 거였겠죠.

그렇게 두 사람이 막 그에게서 멀어지려는 찰나, 갑자기 예상치 못한 일이 일어났습니다. 아이가 어머니로 보이는 여성의 손을 놓고 그에게 달려갔거든요. 깜짝 놀랐죠. 어떻게 됐을까요? 지켜봤더니 그 아이는 노숙인에게 뭔가 과자봉지 같은 걸 건네주고 다시 엄마에게 달려가는 거예요. 봉지를 받아든 노숙인의 검은 얼굴에 흰 이가 드러나 보였고, 비록 아주 짧은 순간이었지만 저는 그때 분명히 시간이 멈춘 걸 느꼈습니다. 저는 멀찍이서 걸어가는 두 모녀의 뒷모습을 계속 보고 있었는데, 그 노숙인도 같은 방향을 바라보고 있었죠. 그러다가 제가 다시 그 노숙인 옆을 지나가는데, 저는 분명히 보았습니다. 그의 얼굴에서 흐리멍덩한 눈빛이 사라진 걸요.

어린아이들은 아는 겁니다. 어른들은 모르죠. 사실 어린아이 때는 누구나 지붕 위의 소년이나 이 어린아이와 같은 마음을 간직하고 있었는데 어른이 되면서 그걸 잃어버린 것이죠. 무엇이, 본래 똑같이 갖고 있었던 그 마음을 잃어버리게 했을까요? 무엇이, 소년을 지붕에서 내려오게 했을까요? 저는 지금 이 시대에는 그 원인이 시장 논리 때문이라고 생각합니다. 우리가 하는 모든 일과 모든 인간관계에 늘 붙어다니는 게 돈과 관련된 이야기거든요. 급기야 우리의 노인이나 여성이나 장애인을 따질 것 없이 늘 약자만 이렇게 규정당한다는 점입니다. 부자 노인과 부자 장애인과 부자 여성, 또는 권력자 노인과 권력자 장애인과 권력자 여성은 이런 용어로 규정당하지 않습니다. 결국 이런 혐오는 누가 다 떠안습니까? 약자들이 떠안는 겁니다. 노인이나 장애인이나 여성이나 다 마찬가지입니다. '나는 노인이 아니니까'라고 해봤자 소용이 없는 거예요.

삶에서 가치는 사라지고 가격만 남게 되었습니다. 그러다 보니 결국 지붕 위에 있던 소년을 끌어내리고, 이 어린아이로 하여금 장차 노숙인에게 접근하지 못하게 만드는 거죠. 그 어머니는 왜 노숙인을 피해 빙 돌아가려고 했을까요? 그리고 저는 왜 아이가 갑자기 노숙인에게 달려가는 걸 보고 깜짝 놀랐겠어요? 뭔가 좋지 않은 일이 일어날 수도 있다고 생각했기 때문 아니겠습니까? 저 역시 마찬가지였던 거죠. 그런데 그 어린아이는 그 마음을 그대로 보존하고 있었던 겁니다.

삶의 목적을
다시 생각하기

저는 동아시아 고전을 중심으로 사유해왔기 때문에, 그 바탕에서 현재 우리가 살고 있는 삶의 목적에 대해서 한번 생각해보려고 합니다. 삶에는 목적이 있죠. 만일 목적이 없으면 어떻게 될까요? 목적 없는 삶은 분명 공허할 겁니다. 그런데 거꾸로 목적만 남아 있으면 어떨까요? 아마 끔찍할 겁니다. 그러니 우리가 갖고 있는 목적이 어떤 것인지 한번 생각해보자는 것이죠.

이를테면 중국 고대의 춘주전국시대(기원전 7~8세기부터 기원전 221년까지), 즉 진나라가 천하를 통일할 때까지의 시기는 전쟁의 시대였습니다. 한 해에도 여러 차례의 전쟁이 일어났으니, 날마다 전쟁이 이어졌던 시대입니다. 그 시대를 살았던 사상가들이 많습니다. 춘추시대에는 공자가 살았고, 전국시대에는 맹자와 장자가 살았습니다. 맹자는 천하를 다스리는 데 집중했던 사상가입니다. 맹자는 '치천하(治天下)', 즉 이 혼란한 세상을 어떻게 다스릴 것인가가 목적이었어요. 그러니까 왕도정치라든지 혁명론이라든지 성선설(性善說) 같은 주장이 나온 거죠. 사실 성선설은 놀라운 이야기입니다. 왜냐하면 인간이 얼마나 악한지 가장 잘 알 수 있었던 참혹한 시기에 살면서 그런 주장을 했으니까요.

이 시대가 어느 정도로 참혹했느냐면, '지배자의 푸줏간에는 살찐 고기가 가득하고 지배자의 마구간에는 살찐 말이 가득한데, 백성의 얼굴에는 굶주린 기색이 역력하고 들판에는 굶어죽은 시체가 널려 있었다.' 이런 시대였어요. 또 '짐승을 몰아서 사람을 잡아먹는 시대'라는 얘기도 있고, '성을 다퉈서 싸우다 보니까 성 안에 시신이 가득 찼고, 토지를 다퉈서 싸우다 보니까 땅 위에 죽은 백성들의 시체가 가득 널렸다'는 기록도 있습니다. 그 처참한 상황에서 성선설을 주장했으니 그게 놀라운 거죠. 우리가 지금 이 시대를 살면서 '인간이 선한가?' 하는 질문을 던졌을 때, 선뜻 그렇다고 자신 있게 이야기하기는 어렵습니다. 그런데 맹자가 살던 그 시대는 정말 인간의 악행이 극에 달했던 시대인데, 맹자는 끝까지 한 발도 물러서지 않았거든요. 성악설은 쉽습니다. 인간이 악하다는 걸 얼마나 쉽게 입증할 수 있습니까? 그런데도 맹자는 포기하지 않았어요. 맹자는 천하를 다스리는 데 목적을 뒀기 때문에 여러 나라를 찾아다니면서 유세를 했죠. 받아주는 군주가 없긴 했습니다만.

맹자와 동시대 인물 중에 장자가 있습니다. 장자는 맹자와는 다릅니다. 처지가 많이 달라요. 맹자와 공자 같은 경우는 불우한 지식인이라고는 하지만 사실 어느 나라에 가도 그 나라 임금을 만날 수 있는 신분이었습니다. 공자는 제나라에 가면 경공이 부르고, 초나라에 가면 소왕이 불러요. 맹자도 제나라에 가면 선왕이 부르고, 양나라에 가면 혜왕이 불러요. 그러니까 자신을 등용해서 자신의 뜻을 펼칠 수 있게 해주는 군주는 못 만났지만 군주에게 무시당하거나 하진 않았어요. 반면 장자는 그렇지 않았습니다. 장자는 송나라 몽(蒙)이라는 곳에서 살았는데(장자의 출신지가 몽이라고 하는 데서는 모든 기록이 일치하죠), 한나라의 유향 같은 학자는 장자를 송나라 사람이라고 했고, 당나라의 육덕명은 장자를 위나라 사람으로 기록하고 있어요. 그리고 역시 당나라 때의 한유와 남송시대의 주희는 장자가 초나라 사람이라고 주장했어요. 출신지는 같은데 출신 국가는 다 다른 겁니다. 왜 그럴까요? 이 몽이라는 곳이 한때는 송나라 땅이었다가, 한때는 위나라 땅이었다가, 또 한때는 초나라 땅이었기 때문입니다. 이런 곳에 살게 되면 참 힘들죠.

송나라에서 살 때는 "송나라 만세!" 하고 살면 됩니다. 그러다가 위나라가 쳐들어와서 위나라 천하가 돼버리면 어떻게 해야 합니까? "위나라 만세!" 하면 생존할 수 있겠죠. 또 초나라가 들어오면 "초나라 만세!" 하면 살 수 있겠죠. 그런데 다시 송나라가 쳐들어와서 송나라 땅이 되면 어떻게 해야 할까요? 여기서 큰 문제가 생깁니다.

다시 "송나라 만세!" 하려고 했더니, "너 지난번에 위나라 만세라고 했지?" 이렇게 되잖아요. 참 곤란하죠. 우리 현대사에도 이런 일이 많았습니다. 소설 작품에서도 많이 보이죠. 황순원의 〈학〉 같은 작품도 그런 작품이고요. 총 겨누면서 "너 어느 편이야?" 하고 물으면 어떻게 대답합니까? 총 든 편이라고 대답하겠죠. 거짓말할 수밖에 없는 상황으로 내몰렸으니까요.

그런 시대에 장자가 살았습니다. 어떻게 살았느냐면, 삶의 목적 없이 살았습니다. 방황하면서 살았어요. 우리가 보기에 삶의 목적을 잃어버리고 헤매는 방황은 안 좋은 거죠. 그런데 장자는 이걸 좋은 뜻으로 씁니다. 이렇게 이야기해요. 소요(逍遙), 방황(彷徨), 무위(無爲), 자연(自然). 소요는 낮잠 자는 거고, 방황은 말씀드린 것처럼 헤매는 겁니다. 무위는 아무것도 하지 않는 것이고, 자연은 있는 그대로 내버려두는 겁니다. 그러니까 장자는 전쟁과 폭력의 시대에, 아무것도 하지 않고 삶의 목적을 잃고 헤매면서 낮잠이나 자는 거예요. 어찌 보면 장자는 굉장히 불성실하고 무기력할 뿐 아니라 무책임한 사람으로 보일 수 있습니다. 그런데 장자가 하고 싶은 얘기는 이런 거죠. 이 시대에 아주 성실하고 또 삶의 목적을 분명히 아는 사람들이 달려간 곳이 어디냐? 전쟁터죠. 전쟁터에서 자신의 목적을 이루면 남을 죽이는 것이고, 실패하면 자기가 죽는 거예요. 그런 곳에 가느니 난 차라리 낮잠이나 자겠다는 겁니다.

그러니 목적을 다시 생각해보자는 거예요. 지금 우리의 목적이 어디에 있는가? 간혹 그런 통계가 나올 때마다 정말 절망적인데요, 현재 우리 사회에서는 중산층이 거의 무너졌습니다. 중산층이 꼭 중간층을 얘기하는 게 아닙니다(그러면 어느 나라든 다 중산층이 있겠지요). 일정한 소득수준 이상이 되는 사람들이 두터운 중산층을 형성해야 하는데, 제가 2015년도 국세청과 어느 언론사에서 집계한 자료를 보니까 상위 30퍼센트 대 정도의 소득수준인 사람들의 삶 자체가 형편없었습니다. 예를 들어 저는 지금 아이가 둘인데 둘 다 대학생이거든요. 등록금을 비롯해서 교육비, 생활비 등을 계산해보면 살기가 쉽지 않습니다. 상위 1퍼센트나 상위 3퍼센트까지는 엄청난 고소득인데, 10퍼센트 대로만 내려와도 그럭저럭 사는 거고요, 30퍼센트 대로 내려오면 아주 형편없습니다. 그만큼 양극화돼 있는 거죠. 중산층이 없는 겁니다.

우리나라 중산층의 기준도 참 어처구니없는 게, 자동차가 있어야 하고 집이 있어야 하고 이런 식입니다. 즉 우리나라에서 중산층의 기준은 소유물이 얼마나 많은가를 기준으로 가늠하는데, 유럽은 그렇지 않거든요. 일주일에 한 번 정도 오페라도 구경하는지, 휴가를 몇 주 이상 보내는지, 책을 몇 권 읽는지 하는 식이죠. 대체로 여가 중심입니다. 그런데 우리는 여가보다 소유에 집착하는 경향이 큽니다. 하지만 그 소유물을 얻기 위해 얼마나 노동을 해야 합니까? 죽어라 노동만 하는 거죠. 삶의 목적이 소유에 있기 때문에 노동만 하다 끝나는 거예요. 소유가 우리를 구원하고 행복하게 해주리라는 강박은 우리 사회가, 늦게 가면 아무것도 차지할 수 없는 구조이기 때문에 생긴 것입니다. 사회가 그만큼 정의롭지 못하고 약자에게 불리

하게 돼 있기 때문에 우린 끝끝내 노동에 시달릴 수밖에 없는 거죠.

그렇다면 목적을 다시 한 번 살펴봐야 합니다. 일단 삶의 목적을 조정할 필요가 없는지 생각해봐야 합니다. 더 나은 삶을 위해서 우리가 바라는 것이 소유라면, 그게 정말 삶에 도움이 되는가를 반성해봐야 하는 거죠. 장자가 살던 시대는 모든 사람이 다 전쟁통으로 달려가는 시대였지만, 지금은 모든 사람이 다 시장통으로 달려가는 시대입니다. 그게 과연 우리를 행복하게 해줄까요?

나를 닦고 나를 세우며
나를 존경하라

어떻게 하면 나를 만날 수 있을 것인가는 참 어려운 문제입니다. 동아시아 고전에서는 예부터 '나'라는 주제를 가지고 '수기(修己)'라는 말을 썼는데, 여기엔 다양한 함의가 있습니다. 특히 《대학(大學)》에서는 '수기'를 강조합니다. 나를 닦는 것, 쉽게 생각하면 내 마음을 닦는 것이라고 보면 됩니다. 원래 '수(修)'라는 글자에는 거울을 닦는다는 뜻이 있습니다. 고대의 청동으로 만든 거울은 닦아주지 않으면 시퍼렇게 녹이 슬어버리죠. 부지런히 닦아줘야 사물을 올바르게 비출 수 있습니다. 내 마음도 마찬가지로, 날마다 닦지 않으면 더러워져서 사물을 올바르게 판단하지 못하는 거죠. 흔히 이를 목욕에 비유합니다. 공자가 '온고지신(溫故知新)'을 말할 때 이 '온(溫)'이라는 글자는 목욕을 뜻합니다. 따뜻한 물로 목욕하는 거예요. 왼쪽에 있는 게 물(氵)이고, 아래 목욕통(皿)이 있고, 위에 사람(人)이 있는 게 '온(溫)' 자입니다. 사람이 물을 길어서 목욕하는 모양을 그린 것이죠. 몸에 때가 끼면 깨끗하게 목욕을 하는 것처럼 마음의 때도 깨끗하게 닦아라, 이게 '수(修)'의 뜻입니다.

그런가 하면 '극기(克己)'도 있습니다. 《논어》에도 나오죠. 그런데 '극기'의 '기(己)'와 '수기'의 '기(己)'가 같은 뜻은 아닙니다. '극기'의 '기'는 '극복해야 할 나의 사욕'을 뜻하죠. 수행의 과정은 나의 사사로운 욕망을 없애나가는 것인데, 이것은 결국 나를 돌아보는 데서 시작합니다. 예를 들면 우리가 자신에게 실망하게 되면 커다란 타격을 입죠. 요새 '멘탈 붕괴'라는 말을 흔히 하는데, 내가 옳고 당당하다고 생각하는 한 멘탈 붕괴는 일어나지 않습니다. 하지만 상대가 나에게 뼈아픈 지적을 했는데 그게 나 자신이 생각해도 정당하다고 판단되면 흔들리는 거죠.

'나'라고 하는 것도 여러 가지가 있습니다. 장자는 '내가 나를 잃어버렸다'는 식의 표현을 씁니다. '오상아(吾喪我)'라고 표현하는데, 여기서 '오(吾)'도 나고 '아(我)'도 나입니다. 그러니까 내가 나를 대상화하는 거죠. 주체로서의 '나'가 있고 대상으로서의 '나'가 있는데 둘이 서로 마주하는 거예요. 내가 나를 점검하는 것입니다. 이건 인간에게만 있는 능력이죠. 물론 다른 영장류에서도 보이긴 합니다. 요즘 거울 실험 많이 하잖아요. 개나 고양이 앞에 거울을 세워주면 거울에 비친 게 자기라는 걸 못 알아보고 짖거나 공격을 합니다. 그런데 돌고래는 알더라고요. 돌고래는 거울을 앞에 세워주니까 몸뚱이를 이렇게 좌우로 흔들면서 장난을 치더군요. 침팬지는 말할 것도 없고요. 거울 앞에서 브이 자를 그리는가 하면 바나나를 이리저리 흔드는 걸 보면, 거울 속에 비친 모습이 자기라는 걸 분명히 아는 것 같습니다. 물론 인간만큼 자기를 완전히 대상화해서 사고하지는 못하겠지만요.

'나'는 평생 함께하는 존재입니다. 그래서 나를 나로서 존중하는 게 어떤 의미를 지니는가가 굉장히 중요합니다. 전통사회에서는 '나'를 대하는 방법으로 '경(敬)'을 제시했어요. 우리는 흔히 '경'이라고 하면 외부의 어떤 가치 있는 존재를 경배하는 것으로 생각하기 쉬운데, 본래 퇴계 이황이나 남명 조식 같은 유학자들, 그리고 주자학의 비조(鼻祖)라고 하는 주자(주희)나 그 이전의 공자, 맹자,《주역(周易)》같은 데서 '경'은 내면의 나를 대상으로 하는 겁니다. '경'으로써 나의 내면을 바르게 하는 겁니다. 나를 바라보고 나의 내면과 대화하고 내 안에 있는 나를 존경하는 거죠.

그게 어떤 방법일까요? 이를테면 이런 겁니다. 우리가 범죄를 저지르지 않고 도덕적으로 그른 행동을 하지 않는 이유는 뭘까요? 통계를 보면 나오죠. CCTV를 설치하고 나니까 범죄 행위라든가 도덕적으로 해서는 안 될 행위가 줄었다는 것은 외부의 감시를 의식해 나의 행동을 통제했다는 것입니다. 사실 우리가 지금 그런 시대에 살고 있잖아요. 이게 참 우스갯소리 같지만 가슴 아픈 이야기입니다.

언젠가 스크린도어가 설치되어 있지 않은 지하철 플랫폼에서 누군가가 떨어졌어요. 그러자 한 청년이 본능적으로 뛰어들어서 그 사람을 구해냅니다. 그런데 그러는 사이에 청년이 놓아두었던 가방을 누가 훔쳐간 거예요. 감동과 동시에 한탄을 느낄 수밖에 없는 일이죠. 청년의 행동은 우리를 감동시키기에 충분합니다. 어떤 보상을 바라지 않고 본능적으로 한 행동이니까요. 그런데 저는 가방을 훔쳐간 사람이 다음날 바로 잡혔다는 소식을 듣고 정말 놀랐습니다. 어떻게 그렇게 빨리 범인을 잡을 수 있었느냐면 예의 감시 카메라가 설치되어 있었기 때문입니다. 감시 카메라를 왜 설치했을까요? 사람들이 나쁜 짓을 못하게 하기 위해서겠죠. 그러니까 우리는 외부의 감시에 의해 우리의 행동이 통제되는 시대에 살고 있는 것입니다. 만약 외부의 감시가 우리의 행위를 결정한다면 우리가 하는 도덕적 행위의 가치는 서푼어치도 안 되는 거죠. 그런데 '경'이라고 하는 건 그런 게 아닙니다. 외부의 감시가 아니라 나에 대한 존중이 기본입니다.

《대학》을 보면, 공자의 제자인 증삼이 이런 말을 합니다. '십목소시(十目所視), 십수소지(十手所指)', 즉 열 개의 눈이 바라보고 열 개의 손이 가리키고 있다는 거죠. 여기서 '신독(愼獨)'이 나옵니다. 홀로 있을 때에도 삼간다는 뜻이죠. 나 이외에는 나를 보는 사람이 아무도 없을 때도 나 자신을 삼간다, 왜냐하면 열 개의 눈이 보고 있고 열 개의 손이 가리키고 있기 때문입니다. 이게 누구일까요? 그게 바로 '나'라는 거예요. '십(十)'이라는 건 완전한 숫자입니다. 그러니까 나의 행동을 완전하게 알고 있는 존재는 나뿐인데, 그런 나만 있는 상태에서도 올바름을 지키는 게 바로 '신독'이고 '경'입니다. 이런 '경'을 통해서 나를 만나는 건데, 이것이 꼭 동아시아인들만의 독점적 사유라고 할 수는 없을 겁니다. 인간이 내면을 형성해가는 수양의 방법은 문화권마다 다 있겠죠. 그러니까 문명이죠. 그런데 지금은 어떻습니까? 지금은 문명이 거꾸로 가고 있는 것 같습니다. 무엇이 그렇게 만든 걸까요? 시장이 그렇게 만드는 것이 아닌가 싶습니다.

루마니아 작가 중에 2009년 노벨상을 수상한 헤르타 뮐러라는 작가가 있습니다. 헤르타 뮐러는 본래 출판사에서 일했는데, 어느 날 비밀경찰이 와서 출판사 직원들 중 현 정권을 비판하는 사람이 있으면 몰래 자기한테 얘기해달라, 그럼 당신의 승진과 출세를 보장하겠다고 제의를 합니다. 헤르타 뮐러는 당연히 거절했고, 그다음 날 바로 출판사에서 해고당합니다. 사무실에 나가 보니 자기 책상이 없어진 거예요. 그러다가 나중에 독일 쪽으로 망명합니다. 그랬더니 독재정권이 어머니를 붙잡아가서는 어머니를 취조했습니다. 취조실에 몰아넣고 고성을 지르면서 온갖 협박을 다 합니다. 그러고는 경찰이 밖에서 취조실 문을 잠그고 가버렸어요. 그런데 이 어머니가 그 안에서 펑펑 울다가 손수건을 꺼내 눈물을 닦고 나서 가만히 보니까, 취조실이 너무 지저분한 거예요. 그래서 그 손수건으로 취조실을 깨끗하게 청소합니다. 그 이야기를 나중에 헤르타 뮐러가 듣고, 도대체 왜 그러셨냐고 어머니에게 따지듯이 물었는데 어머니가 이렇게 말씀하시더래요. "얘야, 내가 그때 남자용 큰 손수건을 가져갔으면 좋았을걸 _그랬어._"

저는 '경'이란 바로 이런 것이라고 이해합니다. 인간을 존중할 수 있는 존재는 인간밖에 없습니다. 그러니까 자기를 인간 이하로 대하고 인간 취급하지 않는 존재까지 그 손수건으로 감싸 안은 거죠. 헤르타 밀러의 어머니는 그렇게 함으로써 자신에 대한 '경'을 지킨 것입니다. 인간에 대한 존중은 이런 방식으로 나타나는 것이지, 다른 물질적인 것으로 대체될 수 있는 게 아닙니다.

나를 만나는 방법 하나, 느린 독서

이제 구체적으로, '나'를 만나는 방법 몇 가지를 말씀드리려고 합니다. 우선 제가 나 자신을 만나는 방법은 책을 읽는 것입니다. 얼마 전 돌아가신 신영복 선생님이 이런 말씀을 하신 적이 있습니다. '책을 읽을 때는 우선 책 속의 주인공을 만나고, 그다음으로는 책의 저자를 만나고, 그 시대를 만나고, 그리고 궁극적으로는 나 자신을 만나는 것이다.' 저도 이 말씀에 동의합니다. 책을 읽는 목적은 결국 나 자신을 만나는 데 있는 거죠.

그런데 흔히 책을 읽을 때는 목적이 다른 데 있는 경우가 많습니다. 예부터 지금까지 한국 사회에서 베스트셀러는 전부 입시 관련 학습서였죠. 조선시대에도 그랬습니다. 조선시대의 수많은 사람들이 《논어》를 읽었지만 별 볼일 없었습니다. 과거시험을 보기 위해서 읽었기 때문이죠. 과거시험 때문에《논어》,《맹자》백날 읽어봤자 그 책에서 이야기하는 길과는 다른 곳으로 가는 겁니다. 조선시대에는 국가에서 펴내는 유학의 경전뿐 아니라 민간에서도 옛 문장을 모은 《고문진보(古文眞寶)》같은 책을 금속활자로 찍어냈어요. 금속활자는 국가의 역량이 투입돼야 하는 고급 인쇄술이라 민간에서는 이를 주조하기 어려웠는데도 그런 책을 펴냈습니다. 왜? 입시 교재여서 잘 팔렸거든요.

지금은 더하죠? 영어 관련 교재, 그리고 그 비슷한 연장선상에 놓여 있는 게 자기계발서 같은 것입니다. 원래 '계발(啓發)'이라고 하면 내면의 가치를 높여준다는 뜻이니까 무척 좋은 의미죠. 그런데 요즘의 자기계발서는 뚜렷한 목적이 있습니다. 자기계발서 자체를 비난하는 게 아니라, 자기계발서 읽는 목적을 비판하는 겁니다. 성공하기 위해서 읽기 때문이에요. 성공의 척도를 구체적으로 따져보면, 돈을 많이 벌고 지위가 높아지는 것 등등이죠. 그런데 노년에도 그래야 할까요? 그 목적이 맞을까요? 우리는 책을 대할 때 가능하면 유용한 정보를 많이 접하려고 하고, 어떻게 하면 그것을 빨리 습득할까에 집중합니다. 그러다 보니까 무조건 많이, 빨리 읽으려고 하죠. 하지만 그러면 책이 하나도 재미없습니다. 그런 독서에는 즐거움이 없어요.

저는 책을 많이 읽지는 않았습니다. 가장 많이 읽은 게 동아시아 고전이죠. 그런데 동아시아 고전을 읽을 때는 즐거움이 저만치 있어요. 이건 생존을 위해서 읽는 거거든요. 제가 독서의 즐거움을 느낄

때는 문학작품 읽을 때예요. 그건 제 전공이 아니기 때문에 정말 즐기면서 읽을 수 있습니다. 그럴 때마다 전 문학 전공자들이 참 불쌍해요. 다들 그걸 생존을 위해서 읽을 거 아니에요. (웃음)

아무튼 책을 읽되 천천히 읽는 것이 중요합니다. 읽은 데 또 읽고, 이해가 안 되면 다시 앞으로 가기도 하고 뒤로 가기도 하면서 마음대로 읽을 수 있죠. 영화처럼 보여주는 대로 따라갈 필요가 없습니다. 시간을 마음대로 조정할 수도 있고, 단편을 장편으로 만들 수도 있고 얼마든지 가능하지 않습니까? 천천히 읽는 독서, 행간을 읽는 것. 저는 장난삼아 건너뛰어서 읽어보기도 하고, 혹시 저자가 넣었을지도 모를 암호를 찾기도 합니다. '당' 자 표시하고 그다음에 '신' 자 찾아서 표시하고 '을' 자 찾아서 표시하면서 '당.신.을.사.랑.해.요.' 이런 것도 찾아보고 하면 재밌습니다. (웃음) 빨리 읽으려고 하는 순간 그런 즐거움은 다 사라져버려요.

책은 우리가 슬픔을 가볍게 극복하게 해주기도 합니다. 몽테스키외가 이런 말을 했어요. "단 한 시간의 독서로 극복하지 못할 어떤 슬픔도 나는 아직 만난 적이 없다." 이건 몽테스키외가 편안한 삶을 살았다는 뜻이 아니라, 그가 책을 읽으면서 얼마나 커다란 즐거움을 느꼈는지 잘 보여주는 말입니다. 자신이 쓴 《법의 정신》을 두고도 그는 "세 시간이면 읽을 수 있는 책을 위해 나는 백발이 되었다"고 얘기하거든요. 얼마나 몰입해서 책을 읽는지 누군가가 평생 걸려 쓴 책도 몽테스키외는 세 시간이면 다 읽는 겁니다. 그런 몰입의 상태가 우리를 위로하는 커다란 힘입니다.

그런 의미에서 오늘 책 몇 권을 소개하고자 합니다. 먼저 카를로스 마리아 도밍게스의 《위험한 책》이라는 책입니다. 말 그대로 '위험한' 책 이야기입니다. 전부 책 때문에 죽은 사람들 이야기예요. (웃음) 디킨스를 읽다가 차에 치여 죽은 사람, 책을 꺼내려다가 떨어져서 죽은 사람, 책이 떨어져서 머리를 다쳐 죽은 사람, 그리고 개가 어느 날 《카라마조프 가의 형제들》을 다 씹어 먹고 소화불량으로 죽은 이야기 등등. 책이 얼마나 위험한지 경험해보세요. 정말 놀라운 책입니다. 결국 책에 미친 자의 사랑 이야기죠.

다음으로 소개할 책은 도정일 선생님의 에세이입니다. 《시인은 숲으로 가지 못한다》, 20년 전에 나왔던 책을 다시 엮어낸 거죠. 이 외에도 도정일 선생님의 산문집으로 아까 말씀드렸던 《쓰잘데없이 고귀한 것들의 목록》, 《별들 사이에 길을 놓다》 등이 있는데, 언젠가 저도 유럽 갈 때 이 책을 가지고 가서 다 읽었던 기억이 납니다.

그리고 마지막으로 게오르그 짐멜의 《렘브란트》라는 책입니다. 짐멜은 그 유명한 막스 베버보다 6년 선배인데(베버는 1864년생, 짐멜은 1858년생), 정말 대단한 철학자입니다. 《돈의 철학》이라는 책을 썼는데, 돈이 근대를 어떻게 구성했는지를 아주 잘 보여주고 있죠. 제가 소개하는 이 책은 렘브란트의 그림을 해설한 책입니다. 짐멜은 이 책에서 렘브란트의 그림을 가지고 르네상스 시기의 미술을 오징어로 만들어버립니다. (웃음) 내용이 꽤 어렵긴 하지만 굳이 다 이해하려고 애쓸 필요는 없습니다. 우리가 이걸 공부해서 입시를 치를 것도 아니니까요. 그냥 이해되는 만큼만 읽으시고, 그림만 보셔도 그 책은 우리가 슬픔을 가볍게 극복하게 해주기도 합니다. 몽테스키외가 이런 말을 했어요. "단 한 시간의 독서로 극복하지 못할 어떤 슬픔도 나는 아직 만난 적이 없다." 이건 몽테스키외가 편안한 삶을 살았다는 뜻이 아니라, 그가 책을 읽으면서 얼마나 커다란 즐거움을 느꼈는지 잘 보여주는 말입니다. 자신이 쓴《법의 정신》을 두고도 그는 "세 시간이면 읽을 수 있는 책을 위해 나는 백발이 되었다"고 얘기하거든요. 얼마나 몰입해서 책을 읽는지 누군가가 평생 걸려 쓴 책도 몽테스키외는 세 시간이면 다 읽는 겁니다. 그런 몰입의 상태가 우리를 위로하는 커다란 힘입니다. 책 읽는 노년을 무시하는 사회는 아직 오지 않았습니다.

림에 대한 이해가 폭넓어지리라고 생각합니다.

그리고 처음에 인디언 이야기를 하면서 말씀드렸던 《내 영혼이 따뜻했던 날들》이란 책을 소개합니다. 포리스트 카터라는 미국의 인디언 혼혈 작가가 쓴 책인데요, 정말 아름다운 이야기입니다. 저는 이 책을 읽으면서 남은 페이지 수가 줄어들 때 무척 아쉬웠습니다. 그만큼 끝나지 않으면 좋을 이야기가 실려 있습니다. 오늘 말씀드린 책들은 모두 언제든 곁에 두고 읽으셔도 좋은 책들입니다. 책 읽는 노년을 무시하는 사회는 아직 오지 않았습니다.

나를 만나는 방법 둘, 기억의 글쓰기

그럼 이제 '나'를 만나는 또 다른 방법을 말씀드리겠습니다. 바로 글쓰기입니다. 미국의 작가 중에 윌리엄 포크너라는 작가가 있습니다. 언젠가 포크너를 인터뷰한 누군가가 "당신 책은 두 번 세 번 읽어도 이해가 안 된다. 어떻게 하면 좋겠냐. 독자를 위해 한 말씀 부탁한다"고 하니까, "그럼 네 번 읽으세요"라고 대답했답니다. 굉장히 무뚝뚝한 사람이죠. "왜 작가가 되셨습니까?" 이랬더니 한다는 소리가, "아니 펜과 종이만 있으면 되는데 그걸 왜 안하겠어." 뭐 이런 식이에요. 맞는 말이죠. 펜과 종이만 있으면 되는 거예요. 포크너는 사실 거기에 하나를 더 붙였습니다. 펜과 종이와 약간의 담배만 있으면 된다고.

아무튼 펜과 종이만 있으면 되고 누구든지 할 수 있는데, 그걸 왜 안 하겠습니까? 그런데 그럼 뭘 써야 되는가, 이게 어렵죠. 제가 여러분께 참고로 말씀드리면, 부모의 일대기 또는 자신의 일대기를 쓰는 것부터 시작해보라고 말씀드리고 싶습니다. 기억이 잘 안 나시면 진료 기록을 뒤져보시면 되고요. (웃음) 간단한 기록으로 남겨서 그게 쌓이면 삶이 보이거든요. 역사 기록도 그런 식으로 시작된 겁니다. 제가 학생들한테 가끔 얘기하는 게, 매일 자신이 하는 걸 한번 기록해보라고 해요. 아주 하찮은 기록이지만 쌓이고 쌓이면 그게 중대한 사건이 되거든요. 역사라는 게 그런 거죠.

그 외에도 예는 많이 있습니다. '부모를 생각나게 하는 물건' 이런 것도 가능하죠. 저는 고무신만 보면 돌아가신 아버지 생각이 납니다. 제 할아버지가 발이 굉장히 커서 그 옛날에 맞는 고무신이 없었어요. 그래서 늘 고무신 뒤축을 가위로 잘라서 신고 다니시곤 했답니다. 그러니까 제 아버지한테는 당신 아버지의 신발을 사는 게 아주 큰 일거리였어요. 아버지가 언젠가 서울에 올라오셔서 저하고 시장 길을 가고 있는데, 한참 가다 보니까 아버지가 안 보여요. 그래서 돌아봤더니 신발 가게 앞에 우두커니 서 계시더라고요. 그 가게에 커다란 고무신이 진열되어 있는 거예요. 그걸 보고 아버지가 "아버지가 살아 계시면 저 고무신 사다드리면 좋아하실 텐데" 이러시더라고요. 그때 할아버지는 이미 돌아가셨거든요. 또 이런 적도 있었습니다. 한번은 아버지가 환한 얼굴로 방문을 들어오신 적이 있었어요. 고무신을 구한 거예요. 장터에 갔더니 '맞으면 신고 가세요' 하고 놓아둔 큰 고무신이 있어서 그걸 구해오신 겁니다. (웃음) 고무신만 보면 저는 이런 생각들이 납니다. 여러분도 아마 그런 사물들이 주변에 있을 거예요.

이렇게 수많은 사례가 있습니다. 그걸 하나하나 있는 그대로 기록하면 그게 역사가 되는 겁니다. 가족사가 되는 거죠. 물론 실제 역사의 기록은 그렇게 쉽지는 않습니다. 있는 그대로 기록하는 게 굉장히 힘들거든요. 전통 시대에는 목숨까지 걸어야 했습니다.《조선왕조실록》을 보면 중종이 조광조를 죽인 것으로 기록돼 있습니다. 중종이 조광조를 처음에는 총애하다가 나중에 죽였는데, '같은 임금 같아 보이지 않았다' 이렇게 기록돼 있어요. 중종에게는 굉장히 치명적인 기록이죠. 또 태종이 사람 죽인 것도 다 기록해놨습니다. 태종의 아들인 세종이 그게 좀 꺼림칙해서 보고 싶어 했는데 신하들이 안 보여줬거든요. 세종이 "내가 그냥 보기만 하고 그대로 돌려줄게"이러니까 황희와 변계량이 뭐라고 했을까요? "전하께서 그걸 보시고 그대로 돌려주시면 아무도 그 기록을 믿지 않을 것입니다." 이렇게 얘기합니다. 그랬더니 세종이 안 봐요. 과연 세종답죠. 그걸 다 본 사람이 연산군입니다. 그리고 사관 김일손을 참수형에 처하고 유학자 김종직을 부관참시하는 만행을 저질렀죠.

지금도 그렇습니다. 지금도 역사를 기록하는 사람들이 찬란한 민족사를 기록했으면 좋겠죠. 하지만 그것은 우리가 왜곡한 역사일 가능성이 높습니다. 찬란하지 않은 역사도 기록해야 할 것 아닙니까?

역사학자라는 게 결코 쉽지 않습니다. 테러가 있을 수도 있고요, 마음에 안 들게 역사를 기록했다는 이유로 비난받기도 합니다. 하지만 여러분이 가족사를 기록하는 건 여러분이 권리를 갖고 있는 거니까 충분히 가능하다고 봅니다. 있었던 일을 그대로 순서에 따라 기록하면 그게 '히스토리'예요.

히스토리는 기본적으로 연대기입니다. 스토리와는 다르죠. 히스토리는 연대가 아주 엄격한 반면, 스토리는 있었던 걸 모두 그대로 기록하는 게 아니라 뺄 건 빼고 더할 건 더하고 하는 겁니다. 그러니까 먼저 히스토리를 쓰고 그다음에 스토리를 쓰면 되는 거죠. 간단합니다. 역사 기술도 마찬가지예요. 히스토리는 있었던 걸 그대로 기록하는 것이고, 스토리는 있었으면 하는 역사를 기록하는 거라고 보시면 됩니다. 그러니까 스토리는 일종의 희망의 역사죠.《삼국사기(三國史記)》는 역사이고,《삼국유사(三國遺事)》는 이야기책이라는 걸 염두에 두시는 것도 좋겠습니다.

히스토리와 스토리를 가족사에 적용한다면 어떻게 될까요? 예를 들어서 어떤 남자의 일생이 있다고 할 때, 그가 이 여자, 저 여자와 막 사랑을 나누면서 살았다고 해봐요. 그런데 거기서 이 여자만 남겨놓고 저 여자들을 다 빼버리면 그게 '순수의 시대', 스토리가 되는 거예요. (웃음) 있었던 얘기를 순서를 바꿔서 기록한다든지 뺄 부분을 빼고 하면 스토리가 되니까 얼마든지 바라는 대로 쓸 수 있게 됩니다. 미움을 빼면 로맨스가 되고, 미움을 잔뜩 늘어놓으면 치정이 되는 거죠. 영화도 그런 식으로 만들어집니다. 〈화양연화〉라는 영화는 순수한 사랑을 다룬 영화인데, 원래 순수한 사랑은 아니었겠죠. 남녀 주인공 두 사람의 촬영분이 굉장히 많았겠지만, 편집하면서 이렇게 저렇게 정리하고 나니 아주 꽃다운 시절이 된 겁니다. 스토리죠.

그리고 마지막으로 '잃어버린 게 무엇인지'를 기록하는 것, 이게 어렵죠. 있었던 일을 기록하는 건 오히려 쉬운데 잃어버린 게 무엇인지를 기록하는 건 참 어렵습니다. 현재 없는 것을 기록하는 거니까요. 사실 우리의 삶이 노년에 가까워지면서 삶의 무게가 늘어나는 것은, 우리가 가진 물건의 무게가 늘어나서가 아니라 잃어버린 게 많아서라는 것을 저는 확실하게 체험을 했습니다. 아버지 어머니 두 분 다 돌아가시고 나니까 점점 무거워지더라고요. 그러니 잃어버린 것들을 기록하는 게 중요합니다.

그 기억을 복원하는 일은 그리 어렵지 않습니다. 가까운 사람이 언제 태어났고 언제 학교에 갔고 언제 결혼을 했고 언제 죽었는지, 언제 병원에 가고 언제 이사를 하고 언제 퇴직했는지 이런 것만 기록해도 촘촘한 기억의 망이 형성되고, 또 다른 기억이 그 사이를 채워 넣을 겁니다. 기억이라는 게 참 이상해요. 제가 철학자들 연대기 외우는 걸 아들녀석 음악가들 연대기 외우는 거랑 경쟁을 하거든요. (웃음) 그런데 놀라운 게, 기억을 많이 하면 할수록 기억이 더 쉽게 됩니다. 촘촘해지거든요. 반대로 기억하고 있는 게 별로 없으면 기억이 잘 안 됩니다. 일단 쉽게 기억할 수 있는 것들이 기록이 되면 그 사이사이에 이미 잃어버린 줄 알았던 수많은 기억들이 이야기를 채워줄 겁니다. 그러니까 돌아가신 분의 연보 같은 건 간단히 만들어지죠. 무엇을 잃었는지도 알게 되고요.

노년은 이런 점에서는 나이의 문제가 아닙니다. 어떻게 보면 태어나면서부터 우리는 죽음을 향해서 달려가는 거죠. 그 긴 시간의 흐름에 비춰보면 노년이다 소년이다 하는 구분은 거의 차이가 없습니다. 그리고 누구도 노년을 피할 수가 없는 것이고요.

그리고 마지막으로 몇 가지 말씀드리겠습니다. 사실 깨달음이라고 하는 것은 기약할 수가 없는 거죠. 어떤 사람은 쉽게 깨닫고, 어떤 사람은 어렵게 깨닫고. 하지만 누구든지 죽음을 앞두면 깨닫게 돼 있습니다. 지금까지 내가 욕심을 내던 것이 중요하지 않다는 것을요. 조금이라도 그 전에 깨닫기 위해서는, 저는 노년에는 가르치려고 하지 말고 배워야 할 필요가 있다고 생각합니다. 배움은 절대 배신하지 않거든요. 배운 만큼 그대로 쌓여갑니다. 그런 배움 속에서 노년을 설계하는 게 필요하고, 그런 지적 호기심을 유지하는 한 영원히 늙는 일은 없으리라고 봅니다. 또 세상을 걱정하고 약자의 목소리에 귀를 기울이는 것이 필요하다고 생각합니다. 그래서 제 마지막 한마디는 이렇게 정리하겠습니다.

"소년들이시여, 부디 지붕에서 내려오지 마십시오."

세상의 모든 소리를 다 듣는 법은 고통의 소리를 들을 줄 알면 된다고 하셨는데요, 혹시 선생님의 삶 속에서 그런 고통의 소리를 듣고 깨달음을 경험했던 적이 있는지 궁금합니다.

저도 그런 소리를 듣는 데 익숙하지 않습니다. 다만, 왜 안 들리는가를 생각해보는 거죠. 그래서 예를 들었던 게 서울역 앞에서 본 어린아이 이야기입니다. 저는 엄청나게 노력하지 않으면 잘 들리지 않는데 아이들은 쉽게 듣는 거죠. 저도 어린 시절을 기억해보면 그게 잘 들렸던 것 같습니다. 스스럼이 없었고, 두려워하지 않았거든요. 그런데 지금은 여러 가지를 재죠. 굉장히 나약합니다.

《빅 이슈》라는 잡지가 있습니다. 영국에서 처음 시작됐는데 홈리스(노숙자)를 위한 잡지예요. 홈리스들이 구걸하지 않고 스스로 책을 판매해서 그 수익금으로 자립할 수 있게 돕는 것이거든요. 한 2년 전에 어떤 분이 제게 그 잡지를 선물했어요. 그런데 좋은 내용이 참 많더라고요. 예를 들면 최저임금 생활자들 이야기도 있고, 아르바이트로만 생활하는 사람들 이야기도 있어요. 저도 대학 다닐 때 아르바이트를 해봤습니다만, 지금 아르바이트를 하는 사람들이 어떻게 생활하는지 전혀 모르는데 그런 정보를 얻을 수 있었거든요. 그래서 앞으로 그 잡지가 보이면 사야겠다 싶었는데, 최근에서야 겨우 그걸 사게 되었어요. 요즘은 현금을 잘 안 갖고 다니니까 현금이 없어서 못 구한 적도 있고, 또 막상 사려니까 판매원이 안 보여서 못 구한 적도 있습니다. 사실 가장 큰 이유는 뭔가 부담이 돼서 못 산 겁니다. 작은 행위 하나인데도 용기가 필요하더라고요. 그러니까 어떤 사람에게 도움이 된다고 생각하는 순간 그게 어렵고 부담이 되는 거죠.

그래서 제가 생각을 바꿨습니다. 그 속에 있는 좋은 내용이 내게 필요해서 사는 거다, 이걸 선행이라고 생각해서는 안 되겠다, 이러니까 자연스럽게 사게 되더라고요. 그런 노력이 계속 필요합니다. 거창하게 제가 무슨 고통의 소리를 듣고 하는 능력은 사실 안 되고요, 그런 작은 일들에서 제가 공감을 하고 자연스럽게 실천할 수 있는 것을 하려고 노력하는 거죠.

선생님의 경우, 노년의 정체성을 다시 세우고 행복한 '나'를 만나기 위해 우선시되는 삶의 목적이 무엇이신가요?

사실 제가 이야기했던 이런 경험을 여러분과 같이 공유하면서 여러분 스스로가 목적을 정해보셨으면 하는 소망을 갖고 있는데, 아무튼 저는 분명한 목적이 있습니다. 저는 동아시아 고전을 읽는 사람이고, 수십 년 동안 읽어왔고 또 그걸 해설하는 사람이기 때문에 그 내용을 여러분과 나누고 싶거든요. 지금 진행 중이긴 하지만 '유가 13경'을 다 해설하는 게 제 삶의 일차적인 목적입니다. 그래서 그 내용을 여러분과 함께 나누는 시간을 갖는 게 가장 중요해요.

그리고 저는 책을 읽을 때마다, 모든 책이 다 같은 이야기를 하고 있다는 느낌을 받을 때가 많거든요. 이게 결국 인간에 대한 사랑이 아닌가 싶습니다. 굉장히 어려운 일이겠지만, 인간에 대한 사랑이 결국 삶의 궁극적인 목적이 되어야 할 듯해요. 물론 그 전에 제 자신과 화해를 해야 하겠죠. 잃어버린 게 많아서 초라해진 제 자신과 화해를 할 때 다른 사람들과도 화해를 할 수 있고, 미움을 다 빼버린 로맨스를 써봤으면 좋겠습니다.

오늘의 주제가 '나를 만나는 방법'이었는데요, 선생님께서는 나를 만나는 방법 중 특별히 추천해주시고 싶은 게 있으신가요?

하나만 꼽으라면 '글쓰기'를 추천합니다. 저는 글을 남에게 보이기 위해서가 아니라 제 자신과 대화하기 위해서 씁니다. 글을 쓸 때 제가 존재하고 있다는 걸 가장 크게 느끼거든요. 그래서 여러분도 그런 방법을 한번 선택해보셨으면 하는 거죠. 저는 학생들에게 글쓰기 지도를 하지 않아도 되는 걸 참 다행으로 생각합니다. 글쓰기 지도하는 선생님들이 엄청 힘들거든요.

언젠가 경희대학교에서 글쓰기 가르치시는 분들이 세미나를 해서 제가 들은 적이 있었습니다. 그때 학생들이 쓴 글 중에서 실패 사례로 예시되었던 글을 읽어보았더니, 아예 자존감이라고는 전혀 찾아볼 수 없고, 정의감도 없고, 그냥 자기 자신을 패배자로 규정하는 글을 써놓았더라고요. 그 글을 쓴 학생이 그 글을 쓰면서 얼마나 고통스러웠을지 생각을 했습니다. 그래서 제가 여쭤봤거든요. "선생님, 이럴 때 이거 어떻게 가르칩니까? 어떻게 지도를 합니까?" 그랬더니 그 선생님 얘기가, 같이 붙잡고 운다고 하시더라고요. 이렇게 해라 저렇게 해라 지도를 하는 게 아니라, 그냥 붙잡고 울었대요.

글쓰기라고 하는 건 결국 그런 겁니다. 글쓰기가 자기를 만나는 가장 좋은 방법인 것이, 글을 통해 자기를 돌아보고 나아가 자기를 세우고, 자신의 존재 가치를 느낄 수 있기 때문이죠. 글과 말은 아주 다릅니다. 말은 조심해야 하거든요. 지금은 말의 시대잖아요. 대중사회가 굉장히 무서워요. 말 한번 잘못 하면 우르르 지목되면서 삼시간에 무너질 수도 있는데 그 씨앗이 대체로 말로 시작되죠.

저는 제 글이 저보다 훨씬 낫다고 생각합니다. (웃음) 글로 만나는 나 자신은 현재의 저보다 훨씬 낫게 여겨지거든요. 결국 그렇게 계속 가다 보면 저도 더 나은 인간이 되겠죠. 경쟁은 다른 사람이 아니라 저하고 하는 겁니다. 그래서 그 방법을 가장 좋은 방법으로 추천하고 싶습니다.

가족과 함께 책읽기를 시작할 때 어떤 방법으로 하면 좋을까요? 그리고 선

생님의 경험에 비추어 자녀와의 첫 책읽기나 함께 읽은 독서에 대해 알려 주실 수 있는지요?

가족 중에서 누군가 책을 읽어줄 수 있는 사람이 있다면 참 좋겠지요. 저는 아이들과 함께 《사기》 같은 책을 같이 읽고 이야기한 적은 있습니다만, 부끄럽게도 책읽기를 지도한 적은 없습니다. 그냥 내버려뒀습니다. 내버려뒀더니 다 알아서 하더라고요.

다만 제가 책 읽을 때 소리 내서 읽는 경우는 많습니다. 예를 들어서 연설문 같은 거요. 킹 목사의 "I Have a Dream" 같은 연설문을 읽을 때 저는 그냥 읽지 않습니다. 막 소리를 고래고래 지르면서 연설하듯이 읽거든요. 로베스 피에르의 연설문을 읽을 때도 그렇고요. 핏대를 세우고 막 책상을 치면서 "여러분! 우리가 오늘 왜 이 자리에 모였습니까?" 하고 읽어요. 책 읽을 때 정말 혼을 실어서 읽으면 달라집니다. 책이 다가오거든요. 시(詩)도 그렇습니다. 그 시가 다가와요. 다가오지 않으면 다가오게 해야 합니다. 어떤 사람이 어떤 음악을 듣고 우는데 나는 못 운다 그러면 진짜 울어야 합니다. 그 음악이 누군가에겐 눈물을 흘리게 하는데 나는 아무 감흥이 없다면, 그럴 땐 몸이라도 흔들면 달라지거든요. 그 방법을 한번 추천해드리고 싶습니다.

말씀하신 것처럼 정말 나이가 들수록 책이 가장 편안하고 믿을 만한 친구 같은 느낌이 들어요. 그런데 정말 궁금한 게, 유독 동양 고전 중에서 유별나게 《논어》만큼은 여러 가지 버전으로 자꾸 책이 나오는 이유가 뭘까요?

그리고 동양 고전 중에서 항상 머리맡에 두고 읽을 만한 책이 있다면 한 권 추천해주십시오.

두 가지 질문을 합쳐서 《논어》로 말씀을 드리면 될 것 같습니다. 제가 아직 《논어》 해설 책을 못 썼는데요, 《논어》가 가장 어려워서입니다. 가장 쉽기 때문에 가장 어렵습니다. 《논어》 해설서는 3천 종이 넘습니다만, 앞으로도 계속 더 많이 나와야 한다고 생각합니다. 왜냐면 계속 새로운 《논어》가 다시 쓰이고 있기 때문이죠. 일상이라고 하는.

《논어》에는 어려운 이야기가 없습니다. 모두 일상의 이야기거든요. 펼치면 모르는 이야기는 하나도 없습니다. 공자가 이야기하는 '배우고 때때로 익히면 또한 기쁘지 않으랴', 처음 듣는 낯선 얘기가 아닙니다. '벗이 먼데서 찾아오니 참 반갑다', 이것도 갑자기 《논어》 읽고 깨우친 거 아니죠? 이처럼 그저 평범한 일상의 이야기가 들어 있는데, 그 일상의 힘이 결국 수천 년 동안 이어지고 있는 겁니다. 그런 방식의 삶은 근본적으로 바뀌지 않은 거죠. 그 일상의 모습이 현재 너무나 다양하게 나타나니까, 그 다양한 일상이 추가되고 또 재해석되면서 다양한 《논어》가 나오는 것입니다. 저는 앞으로도 그런 식으로 계속 덧붙여지고 다시 씌어져야 한다고 생각합니다.

저는 동아시아 고전을 무차별적으로 읽어왔는데, 《논어》의 힘이 얼마나 강한가 하면 《논어》의 사유를 비판하는 방식도 《논어》 스타일이에요. 《논어》를 읽지 않으면 장자나 노자, 한비자를 제대로 이해할 수 없습니다. 한비자도 《논어》를 비판하면서 사유를 펼치거든요. 그만큼 고대의 지식인들에게 《논어》는 넘어야 할 큰 산이었던 거죠.

《논어》가 현대에도 여전히 힘을 가지고 있는 이유는, 우리 일상과 크게 다르지 않은 이야기를 공자가 통찰을 담아서 이야기하고 있기 때문입니다. 예를 들어 '정직이란 뭐냐' 이러면, 정직은 어떻게 행동하는 거야 하는 식으로 단도직입적으로 얘기하지 않습니다. 예를 들면 이런 일이 있었는데 정직은 그 가운데 있는 거야, 이런 식입니다. 그러니까 우리의 삶 속에서 그런 것들이 확인될 필요가 있는 거죠. 《논어》 해설서가 많이 나오면 나올수록 우리 일상은 격이 더 높아지리라 생각합니다.

자기를 비우는 노년, 좋은 사회의 희망에 대한 약속

황현산

문학비평가

1945년 출생. 고려대학교에서 프랑스 현대시를 공부하고 번역하고 강의했으며, 현재 고려대학교 명예교수이다. 문학, 특히 시가 세상을 바꾸는 일의 선두에 있다고 주장하는 그는, 모든 것이 급변하는 사회에서 경험만으로는 사태의 본질을 파악하기 어려운 만큼 노년에는 고정관념에 갇히지 않고 열린 마음과 겸손함을 갖추어야 한다고 말한다.

특히 나이가 들면 심신이 쇠약해지고 인간의 한계를 받아들일 수밖에 없는데, 그런 연약함과 불완전함을 자각함으로써 오히려 희망의 실마리를 찾을 수 있다고 위로한다. 그리고 그 희망을 사회적·정치적인 차원으로 확장시켜 행복한 공동체를 위해 자신이 할 수 있는 일에 매진할 것을 당부한다. "좋은 사회에 대한 희망을 갖게 되면 사람이 겸손할 수밖에 없습니다. 그 세계 앞에서의 나를 생각하니까 겸손해지는 거죠. 그래서 겸손이라고 하는 것은 모든 도덕의 기초라고 생각합니다."

원고나 강연 청탁을 받고 나면 수락하기를 잘했다고 생각하는 경우
는 거의 없습니다. 원고 쓰면서도 '아, 내가 왜 이거 쓴다고 했지?',
강의를 준비할 때도 '아, 내가 이걸 거절했어야 하는데', 늘 이렇게
후회를 하게 되는데 오늘 강연도 그렇습니다. (웃음)

　사람은 다 늙게 마련인데, 아마도 우리 시대의 문화나 삶의 방식
이 가지고 있는 가장 큰 비극은, 오래된 것이 버려지는 문화가 아닌
가 하는 생각이 듭니다. 옛날에는 오래된 것은 좋은 것이었습니다.
시간이 가면 그 시간과 함께 성숙하고, 그 시간과 함께 어떤 결실을
맺게 되고, 그 시간과 함께 속이 차는 것이 예전의 문화였고 예전의
시간관이었습니다. 그런데 최근에, 아니 거의 200년 전부터 산업사
회가 시작되면서 시간과 관련하여 사람의 운명이 달라졌습니다. 오
래된 것은 낡아 폐기해야 하는 것이 돼버렸죠. 오래되면 나쁜 것이
된다는 것, 이게 아마 현대의 문화와 삶의 방식이 지니고 있는 가장

비극적인 성격이 아닌가 합니다.

물건도 그렇습니다. 옛날에는 물건이 오래되면 윤이 나고 그랬거든요. 그런데 요즘은 오래된 것은 낡은 것이죠. 그래서 어느 경제학자는 자기는 절대로 자동차를 사지 않는다고 합니다. 자동차를 사는 순간 30퍼센트 가격이 떨어진다고. 자동차뿐만이 아니죠. 냉장고를 사면 그 순간 그 냉장고는 낡은 것이 되고, 냉장고를 만드는 사람들은 또 새 냉장고를 만들고 있습니다. 컴퓨터도 그렇습니다. 컴퓨터를 사고 나면 그보다 더 성능 좋고 더 싼 컴퓨터가 그 이튿날 나옵니다. 그렇다고 컴퓨터 안 살 수 없잖아요. 내내 새것 나오기를 기다리고 있다가는 죽기 전날에야 되지 않을까요. 모든 게 그렇죠.

사람도 마찬가지입니다. 나이가 들면 사람이 지혜로워져야 하는데, 지혜로워지는 게 아니라 기능이 저하되죠. 일단 신체적으로 허약해지는 만큼 정신도 허약해집니다. 옛날에는 나이가 들면 머릿속에 경험이 쌓여서 즐겁게 생각했는데, 요즘은 머릿속에 경험이 쌓이는 것 자체가 인간을 거추장스러운 존재로 만들 수도 있습니다. 세상은 변했는데 항상 옛날 소리나 하게 되니까요. 어느 사회나 마찬가지지만, 산업사회로 진입하면서 그 경향은 돌이킬 수 없는 것이 돼버렸습니다. 그러니 현대 사회에서 노인의 문화라는 것은 사실상 거의 없는 셈입니다.

그런데 한국 사회는 산업사회일 뿐만 아니라 일종의 이민사회적 성격을 가지고 있습니다. 우리가 이민을 가면 가장 적응 못하는 사람이 나이 든 사람입니다. 나이 든 순서대로 적응을 못하죠. 가장 빨리 적응하는 것이 아이들입니다. 언어도 가장 빨리 배우고, 그곳 풍속도 가장 빨리 배우죠. 그래서 이민 간 가족을 보면 자녀들이 가장 노릇을 하는 경우가 참 많습니다. 은행 일도 애들이 처리하고, 병원에 가서 진료 받는 것도 꼭 애들을 데리고 가야 해요. 그런데 우리는 이 땅에 살면서도, 이 땅 자체가 이민사회 비슷한 성격을 가지고 있습니다. 외국 말로 이야기하고 외국에서 어떤 삶의 전형을 빌려와야 하고 생산품의 개념을 빌려와야 하고…. 그러다 보니까 나이가 들수록 사는 일이 힘들어질 수밖에 없습니다.

농경사회에서 오랜 경험을 가진 농부들은 벼가 크는 소리를 듣는다고 합니다. 새벽에 나와서 벼 심어놓은 논을 보면 '아, 벼가 잘 크고 있다' 아니면 '병충해가 든 거 같다, 논에 이상이 있다' 이런 걸 금방 알아본다고 해요. 산에 가서 뭘 캘 때도 나이 든 사람들은 금방 '오늘은 뭔가 잘될 것 같다' 하는 걸 길을 나서면서 알게 된다고 합니다. 그런데 그런 경험이 이제 우리한테는 거의 소용이 없어졌습니다. 모든 게 다 기계화돼 있으니까요. 병충해가 들고 안 들고 하는 것도 실험을 해봐야 압니다. 산에 가서 뭘 하는 것도 여러 가지 기구로 탐색하는 것이 정확하다고 하죠. 옛날 의사들은 낯빛과 눈만 보고도 무슨 병에 걸렸는가를 알았는데, 요새는 다 검진해봐야 합니다. 결국 사람이 가진 경험과 앎이 다 없어질 수밖에 없는 것입니다.

그런데 나이 든 사람들이 자기가 가진 경험이 장애가 되지 않게 하기 위해서는 겸손할 필요가 있습니다. 겸손하라는 것이 늘 고개 숙이고 '잘못했다' 하고 있으라는 말은 아닙니다. 넓게 이해심을 가지라는 의미죠. 그런데 이해심을 가지려면 우리가 전통적으로 가지고 있던 여러 가지 고정관념을 깨는 것이 무엇보다도 중요하다는 생각이 듭니다. '이런 경우에는 이렇게 해야 한다, 이것이 옳은 것이고 저것이 그른 것이다', 이런 걸 항상 미리 정해놓고 거기에 맞춰 살다 보면 자꾸 실수를 하게 되죠. 그런 고정관념 중에서 가장 위험하고 가장 큰 장애가 되는 것이, 삶에 어떤 원형 같은 것이 있다는 생각인 것 같습니다.

삶에 원형이 있다는
오래된 고정관념

제가 문학비평을 하다 보니 학교 현직에 있을 때 오랫동안 논술 출제위원장을 했습니다. 하는 일은 별거 없어요. 출제는 출제위원들이 하고 출제위원장은 하지 않습니다. 그런데 출제위원들이 재능 있는 젊은 교수가 많으니까 꼭 싸움을 한단 말이에요. 이 싸우는 걸 말리는 게 출제위원장이 하는 일입니다. (웃음) 또 이 사람들은 거의 보름 정도 갇혀 지내야 하기 때문에, 점심이나 저녁 먹을 때만 잠깐 식당에 가서 밥 먹고 도로 돌아와서 갇혀 있으니까 신경이 예민합니다. 신경이 예민할 때는 잘 먹여줘야 해요. 그러니까 음식점, 이른바 맛집을 잘 알아뒀다가 데리고 가는 일이 중요하죠. (웃음) 이 두 가지예요, 출제위원장이 하는 일이. 그런데 제가 그때, 나보다 10살내지는 15살 정도 차이가 나는 젊은 교수들과 이야기를 나누다가, 이 사람들이 나보다 더 많은 고정관념을 갖고 있구나 하는 걸 경험 했습니다.

가장 큰 고정관념이 삶에 원형이 있다고 생각하는 것이었습니다. 우리가 현재 이렇게 살고 있지만 언젠가는 '본래적 삶'으로 되돌아가야 한다는 거죠. 그래서 제가 "본래적 삶이 뭔데?" 하고 물어보니 그 젊은 교수가, 그런 당연한 걸 왜 물어보느냐는 식으로 저를 쳐다보는 겁니다. 하지만 그 본래적 삶이라는 건, 그게 조선시대의 삶이든 고려시대의 삶이든 아니면 더 멀리 요순시대의 삶이든 에덴동산의 삶이든, 본래적 삶이라는 건 존재하지 않는다고 생각합니다. 삶은 그것이 어떤 삶이건 삶일 뿐이지, 본래적 삶이라고 하는 게 따로 있는 것은 아니죠.

계몽주의 시대에 가장 인기가 있고 많이 출간된 책이 외국 풍속을 소개하는 책이었습니다. 외국에 가면 우리와 다르게 사는 삶이 있구나, 예를 들면 계급이 없는 세계가 있다, 옷을 안 입고 사는 세계가 있다, 왕이 없고 심지어는 대표를 뽑아서 사는 나라도 있다 등등 이런 외국 풍속을 소개하는 책이 18세기 서양에서 크게 유행을 했습니다. 실제로 《법의 정신》이라는 책을 쓴 몽테스키외 같은 사람도 그런 책을 한 권 썼습니다. 그게 바로 《페르시아인의 편지》라는 책입니다. 그 책을 보면 '외국 가면 이상하게 사는 삶이 있는데 우리가 전혀 이해하지 못하는 삶일지라도 왜 그렇게 사는가를 따져보면 합리적이었다, 이치에 맞았다'라고 하는 내용이 나옵니다. 그리고 그 생각이 실제로 몽테스키외가 쓴《법의 정신》의 근간이자 철학이 되었습니다.《법의 정신》이 가지고 있는 철학이 바로 '풍토설'입니다. 그 나라의 기후와 토지와 기타 여러 가지 자연환경 조건에 따라서 삶의 형식이 만들어지고, 그 형식에 따라서 토지제 등 법이 만들어지는 것이거든요. 그리고 이《법의 정신》이라는 책에 따라서 현대의 정치체계가 만들어졌습니다.

그런데 삶에 원형이 있다고 하는 이 생각이 우리에게 온갖 종류의 고정관념을 심어주고, 그것이 사람들 사이에 깊은 갈등을 남기곤 합니다. 예를 들면 나이 문제 같은 것도 그렇습니다. 유교적 사회에서 '장유유서(長幼有序)'는 지극히 자연스러운 삶의 방식인 것처럼 생각됩니다. 하지만 그와 다른 삶도 있습니다. 아이들과 노인이 친구가 되는 사회도 있지요. 그리고 현재 아주 큰 갈등을 겪고 있는, 성(性)에 관한 문제도 그렇습니다. 근대 산업사회가 도래하기 전까지 사람들은 확실한 남녀 구분을 바탕으로 사회체제를 만들어서 생산체계, 정치체계를 구상하고 이러한 윤리관 속에서 오랫동안 살아왔습니다. 하지만 산업사회 이후에는 좀 달라집니다. 여자들도 남자들과 똑같이 일을 하고, 어떻게 보면 남자들보다 더 많은 일을 하죠. 밖에서 똑같이 일하고 집에 와서는 가사일까지 하니까요. 거기다가 이제까지는 세상에 생리적으로 모든 사람이 남성/여성으로 구분돼 있다고 생각했는데 그렇지 않을 수도 있다는 거죠. 외관은 남성인데 여성적으로 타고난 사람도 많고, 외관은 여성인데 남성적으로 살면서 남성적 성향을 가지고 있는 사람들도 많습니다. 성은 옛날에는 남녀 간의 사랑만 있다고 생각했지만 그렇지 않다는 것을 실생활의 여러 경험으로 알 수 있습니다. 그럼 동성애 하는 사람들이 사회에 해를 끼치는 사람이냐? 아닙니다. 그 사람들의 삶의 방식일 뿐입니다.

특히 우리가 어렸을 때 교과서에서 보면 남녀의 역할 구별이 굉장히 분명했습니다. 아버지는 직장에 나가서 일을 하고(집에서는 신문 보는 사람이고), 어머니는 집에서 집안일을 꾸려나갑니다. 그러나 지금은 거꾸로 된 가정도 많습니다. 여자가 나가서 일을 하고 남자는 집에서 가사를 담당하면서 아주 행복하게 사는 경우도 많죠. 또 옛날에는 여자는 사회성이 없다고 생각했습니다. 하지만 여자가 사회적 일을 할 기회도 전혀 주지 않으면서 사회성이 없다고 하는 것 자체가 모순입니다. 또 여자는 논리적으로 좀 부족하다거나(예를 들어 "좋으니까 좋다" 하는 식으로 말하는 것을 '여자의 논리', 즉 '우먼스리즌'이라고 했죠), 여자는 수학을 못한다 등등 이렇게 생각하는 사람들이 많았어요. 제가 대학에 들어갈 때만 하더라도 남자는 수학 시험을 보고 여자는 가정 시험을 봤습니다. (웃음) 그러나 여성 수학자들도 많습니다. 조선시대에 가장 뛰어난 수학 실력을 가진 사람은 여자였다고도 합니다.

이런 편견과 고정관념이 전부 삶에 어떤 원형, 즉 본래적 삶이 있다고 생각하기 때문에 생겨난 것입니다. 그러므로 그런 편견과 고정관념을 벗어야 이해심이 생기고, 사람들마다 지닌 여러 종류의 삶에 대한 사랑 같은 것이 생깁니다. 외국의 문화에 대해서도 마찬가지입니다. 각기 자기 나라의 풍속이나 풍토, 역사에 따라 서로 다른 문화와 생활방식을 갖고 있어요. 어떤 외국 사람들이 우리와 같이 행동하지 않는 것은 그 사람들이 다른 문화 속에서 살아왔기 때문입니다. 그 문화를 이해하고 그 문화의 장점을 성찰할 수 있는 능력이 바로 아량이고 이해력이죠. 그리고 그러한 아량과 이해력에 의해서 존재하는 삶이 아마 겸손한 삶이라고 말할 수 있을 것 같습니다.

한 발 물러서기, 새로운 시선 찾기

그런데 우리가 아량을 갖고 이해력을 넓히며 살기에는 굉장히 어려운 환경 속에서 살고 있는 것도 사실입니다. 특히 한국 사회는 모든 것을 속도 위주로 빨리 처리해야 하는, 어디다 비길 데 없이 경쟁이 치열한 사회입니다. 빨리, 너무 많이 일을 합니다. 쉴 시간 없이 일하죠. 날마다 경쟁하면서요. 거의 모든 것을, 경쟁 안 해도 될 만한 것까지도 경쟁을 합니다. 어떤 사람은 차를 몰고 가다가 자기 앞에 차가 가는 꼴을 못 보는 사람이 있습니다. 꼭 그 앞차를 추월해야만 직성이 풀리죠. 이렇게 경쟁이 극심하니까 사람들이 늘 지쳐 있습니다. 지쳐 있으면 뭘 성찰하기가 싫어집니다. 지쳐 있으면 앞만 쳐다보지, 옆을 쳐다보는 것도 힘들어집니다.

사람들한테 소설이나 시 같은 문학작품을 읽으라고 하면, 지금 하는 일도 바쁜데 언제 그걸 읽고 있냐고 합니다. 게다가 또 소설이나 시가 즐거이 읽히지 않습니다. 소설이나 시가 우리를 더 고달프게 만들기도 하거든요. 늘 비참한 이야기, 고통스러운 이야기가 많이 들어가 있고, 그러잖아도 고통스러운데 더 고통스럽게 하는 것 같다고 합니다.

제 아내가 일주일에 두 권씩 소설을 읽었습니다. 젊었을 때, 40대까지 그랬어요. 그런데 50이 좀 넘어서 심장에 문제가 생겼습니다. 그래서 담배도 끊고 혈관에 스탠트 같은 것도 박았습니다. 그러고 나서는 소설을 못 읽어요. 그리고 거의 2년 정도 미국 드라마만 봤습니다. (웃음) 그러다가 이제 다시 소설을 읽기 시작했는데, 소설이 심각하면 못 읽습니다. 옛날에는 저보다 항상 빨리 읽어서 제가 "그 소설 어때?" 하고 종종 물어보곤 했는데요, 그래서 아내가 좋다 그러면 그거 읽고 비평 쓰고 그랬는데, 이제 거꾸로 나한테 묻습니다. 다만 "이 소설 어때?"라고 묻지 않고, "이 소설 해피엔딩으로 끝나?" 하고 묻습니다. 해피엔딩이면 읽고, 그렇지 않으면 안 읽습니다. 영화를 봐도 그래요. 그게 바로 약해져서, 지쳐 있어서 그런 겁니다.

우리가 지쳐 있으면 다 그렇습니다. 지쳐 있으면 늘 위로를 받고 싶어 하지, 다른 사람의 고통을 같이 짊어지려고 하지 않습니다. 우리가 소설이나 시를 읽는 데는 여러 가지 목적이 있습니다만, 그중 가장 큰 목적은 다른 사람과 같은 감성을 갖고, 다른 사람의 처지를 이해하고, 다른 사람의 고통을 함께 나눠 가지기 위한 것입니다. 그런데 나 자신이 지쳐 있는데, 내 코가 석 자인데, 어떻게 남의 고통까지 짊어질 수 있겠습니까? 지쳐 있음, 피곤함, 경쟁에 시달림 이런 것들이 우리에게서 여유를 빼앗아버렸죠. 폭넓게 이해하고 아량을 가지면서 앞을 내다보고 양 옆도 바라보고 뒤도 돌아보게 하는 여유를요.

그런데 나이가 들면 우선 경쟁에서 한 발 물러서게 됩니다. 사실 그 경쟁을 못 따라가죠. 그래서 나올 수밖에 없습니다. 막 같이 질주해가다가 나이가 들면 옆으로 빠져나와 열외해서 '아, 저 사람들 달려가네' 이렇게 바라보게 되죠. 이것 자체가 사람이 쓸모없어지고 폐기되는 것일 수 있습니다. 하지만 잘 생각해보면, 이것이 어떤 점에서는 행운인 것 같기도 해요. 어떤 점에서는 여유가 생긴 거죠. 막 달려갈 때는 잘 몰랐던 것들이, 걸음을 멈추고 거기서 빠져나오니까 비로소 보이기도 하는 겁니다. 그러니까 나이 든 것이 꼭 나쁜 것만은 아니라는 생각이 듭니다. 늙어서 얻게 되는 이 비극적인 조건들(기력이 떨어지고 몸도 마음도 장애 상태에 들어가 있는)이 이용하기에 따라서는 이로울 수도 있다는 생각이 듭니다. 우리가 조금만 여유를 가지면, 발끝만 보고 있던 시선을 약간만 들어올리면, 그때 보이는 것들이 있습니다.

고은 시인의 짧은 시가 하나 있죠. 〈그 꽃〉이라는 시. '내려갈 때 보았네 / 올라갈 때 보지 못한 / 그 꽃.' 올라갈 때는 헉헉거리면서 빨리 올라가야 하니까 안 보였는데 내려올 때는 약간 여유가 있으니까 보게 된 겁니다. 전투적으로 전진하고 있을 때는 안 보이다가 이제 그 전투에서 물러나니까 보이게 되는 꽃입니다, 그 꽃은.

《춘향전》이라고 하는 고전소설 다 아시죠? 《춘향전》에 관해서는 여러 가지 해석이 있는데, 조선시대에 이 소설은 '열녀춘향수절가'라는 제목이 말하듯 유교적 이데올로기와 연결돼 있는 소설이었습니다. 그런데 우리가 민주사회가 된 이후에는 이 소설을 민중저항소설로 해석하기도 합니다. 이몽룡이 변학도 생일잔치 때 읊었던 시 기억하시죠? '금준미주(金樽美酒)는 천인혈(千人血)이요, 옥반가효(玉盤佳肴)는 만성고(萬姓膏)라. 가성고처(歌聲高處) 원성고(怨聲高)하고, 촉루락시(燭淚落時) 민루락(民淚落)이라' 하는 시죠. 이걸 아주 정치적인 저항시로 해석하면서 많이 회자되었습니다. 그런데 저는 이 소설에서 가장 큰 정치성은 오히려 다른 대목에 있지 않은가 싶습니다.

옥중에서 춘향이가 꿈을 하나 꿨어요. 굉장히 불길한 꿈이어서 곧 자기가 죽을 꿈이라고 생각합니다. 그래서 춘향이가 낙심을 하고 있는데, 마침 맹인 점쟁이가 점치라고 외치면서 지나갑니다. 그러자 춘향이가 옥사장에게 부탁해서 그 맹인 점쟁이를 불러달라고 하죠. 그리고 점쟁이한테 자기 꿈 이야기를 합니다.

"거울은 깨져버리고, 앵두꽃이 떨어지고, 문 위에 허수아비가 매달려 있고, 태산이 무너지고, 바닷물이 말라버리면 나 죽을 꿈 아니오?" 하고 춘향이 묻습니다.

거울이 깨지면 왠지 불길하죠? 또 꽃이 떨어지고 문 위에 허수아비가 있고 태산이 무너지고 바닷물이 다 말라버렸으니 하나도 좋아 보이지 않습니다. 그런데 이 맹인 점쟁이는 한참을 생각하더니 고개

나이가 들면 우선 경쟁에서 한 발 물러서게 됩니다. 사실 그 경쟁을 못 따라가죠. 이것 자체가 사람이 쓸모 없어지고 폐기되는 것일 수 있습니다. 하지만 잘 생각해보면, 이것이 어떤 점에서는 행운인 것 같기도 해요. 막 달려갈 때는 잘 몰랐던 것들이 비로소 보이기도 하는 겁니다. 우리가 조금만 여유를 가지면, 발끝만 보고 있던 시선을 약간만 들어올리면, 그때 보이는 것들이 있습니다.

를 갸웃하다가 대답을 합니다.

"능히 열매가 열려야 꽃이 떨어지고, 거울이 깨질 때 소리가 어찌 없겠는가. 문 위에 허수아비가 있으면 사람마다 우러러볼 것이요, 바다가 마르면 용의 얼굴을 볼 것이다. 또 산이 무너지면 평지가 될 것이다." 이렇게 말합니다.

그러니까 꽃이 떨어지면 열매가 맺는다는 거죠. 또 거울이 깨지면 소리가 나는데 소리가 난다는 것은 이름이 널리 알려진다는 말입니다. 그리고 문 위에 허수아비가 매달려 있으면 그게 희한해서 사람마다 그걸 쳐다볼 테니, 곧 우러러볼 것이라는 거죠. 또 태산이 무너지면 평지가 되고 바다가 마르면 용의 얼굴을 볼 것이다, 이렇게 다 좋게 해석을 합니다. 이게 말장난 같죠? 그런데 말장난이 아닙니다. 이 해석은 모두 사실에 근거하고 있습니다.

오히려 춘향의 절망적인 해석이 실은 사실과 거리가 먼 것이지요. 일종의 고정관념에 의한 해석인 것입니다. 거울 깨지면 사람 죽습니까? 안 죽습니다. 꽃 떨어진다고 사람 죽나요? 아닙니다. 이런 것들에다가 불길한 이미지를 결부시키는 것 자체가 편견이고, 우리가 오랫동안 가져온 선입관들인 거죠. 그 편견과 선입관을 헤쳐내고 사실을 있는 그대로 바라보는 것이 이 맹인 점쟁이의 해석입니다. 우리의 편견이나 선입관은 늘 춘향이처럼 상징적이고 은유적인 해석입니다. 이런 상징적·은유적 해석으로는 편견을 벗어나기가 쉽지 않습니다. 아주 간단한 사실에 대해서조차 그렇습니다. 그러면 맹인 점쟁이는 어떻게 이런 해석을 할 수 있었을까요?

맹인은 자유롭기 때문입니다. 맹인은 그 자체로서 우리가 흔히 말하는 사회적인 사람이 아닙니다. 통상의 사회성 밖에 떨어져 있습니다. 어찌 보면 특별 대접을 받는 사람이죠. 특별하게 대접받는 그 처지 때문에 사회적으로 소외되고 제외된 사람이고, 그렇기 때문에 역설적으로 자유로운 해석, 자유로운 시선이 가능하다고 할 수 있습니다. 자유로운 시선으로 오로지 사실에만 도달하게 되는 해석, 이것이 《춘향전》이라는 소설의 새로운 감수성을 만들어낸 중요한 원천입니다. 이 새로운 감수성이, 지금까지 이어진 유교적 도덕률과 유교적 세계관(오히려 유교에 의해 찌그러진 세계관이라고 말해야 할 것입니다) 속에서 다른 것을 볼 수 있는 시선을 찾아낸 것이 《춘향전》이 지닌 가장 큰 정치성이라고 저는 해석합니다. 그리고 이런 새로운 시각과 새로운 사고방식은 오히려 노년에 유리하다고 해도 과언이 아니라고 생각합니다.

내 마음속의
작은 파라다이스 하나

제가 영화 얘기를 하나 하겠습니다. 요즘 상영 중인 〈다가오는 것들〉이라는 프랑스 영화입니다. 이자벨 위페르가 주인공 역할을 맡았고, 프랑스어 원제목은 'L'avenir', 즉 '미래'라는 뜻이죠. 영어로는 'Things to Come'. '다가오는 것들'이라고 하는 영화 제목이 영어 제목을 그대로 직역한 것입니다.

영화의 주인공은 고등학교 철학 여교사입니다. 철학 교사로서 학생들에게 철학, 그리고 생각하는 방법을 가르쳐주는 장면들이 곳곳에서 나옵니다. 그런데 그녀에게는 늙은 어머니가 있는데, 어머니가 그녀를 그렇게 못살게 굽니다. 한밤중에 전화를 해서 당장 자기한테 오라고 떼쓰고 그러죠. 그리고 그녀의 남편은 대학 교수이고, 딸 하나와 아들 하나가 있습니다. 그런데 남편에게 다른 여자가 생겨서 아내에게 헤어지자고 합니다. 그래서 우선 별거를 했는데, 그런 갈등을 겪고 있는 사이에 어머니가 돌아가셨어요.

그녀는 6·8혁명 세대인데(우리의 386세대와 좀 비슷한 성향을 가진 세대입니다) 제자들과의 사이에 또 갈등이 있습니다. 그녀는 좌파 성향으로 소련도 갔다 오고 노동자들 편에 서서 시위도 하고 그런 사람이에요. 그런데 나이가 드니까 여러 가지 다른 생각도 하게 됩니다. 급진주의에서 좀 완화되었다고 할까요? 소련에 다녀온 뒤에는 소련은 안 되겠다, 현실 공산주의는 망했다는 것을 알게 되었습니다. 그런데 이런 문제들 때문에 제자들과도 갈등을 겪습니다. 제자들 중에는 아주 급진적인 사고를 가진 친구들이 있었거든요. 그중 한 제자는 책도 쓰고 대안적 삶을 모색하면서, 친구들과 함께 산 속에 있는 싼 땅을 사서 농사짓고 살면서 현실 정치에서 실현하지 못한 어떤 대안사회 같은 것을 만들어요.

그녀가 돌아가신 어머니를 땅에 묻고 차를 타고 오는데, 차창 밖으로 자기 남편이 젊은 여자와 데이트하는 모습을 보게 됩니다. 그러면서 눈물을 흘리죠. 소설가 권여선은 어느 영화평에서 이 장면을 두고, 슬퍼서 우는 것이라기보다는 오히려 해방감에서 우는 것이라고 했는데, 저도 그 견해에 동의합니다. 자기를 계속 못살게 굴었던 어머니로부터의 해방(물론 돌아가시니까 슬펐죠), 그리고 남편으로부터의 해방…. 남편과는 그럭저럭 잘 지내긴 했지만 한편으로는 늘 억압받고 있었던 겁니다. 남편은 그녀에게 늘 좌파라고 비판했거든요. 아무튼 그러한 해방감에서 눈물을 흘린 것 아닐까 싶습니다. 그래서 그녀는 산 속에 자기 제자들이 작은 대안사회를 이루고 있는 곳으로 찾아갑니다. 그리고 그들과 함께 토론을 하는데, 거기서 제자에게 비판을 받습니다. 자기 남편과는 완전히 반대의 관점에서 말이죠. 제자는 그녀가, 말은 좌파적으로 하지만 실제 생활은 편한 자리를 찾아 살고 있는 것 아니냐는 식으로 비난을 합니다. 어떻게 보면 그녀는 삶이 다 실패한 것입니다. 결혼 생활도 실패했고, 사회생활도 그렇고, 어머니와의 사이도 그렇고, 거기다 제자들과의 관계도 아주 좋은 관계는 아니죠.

그런데 그 과정에서 그녀가 철학반 학생들에게 강연하는 한 장면이 나옵니다. 들어보니까 루소의 《누벨 엘로이즈》라는 소설에서 따온 이런 구절을 읊고 있었습니다. '열정의 세계에서는, 열정에서 비롯되는 고통을 견딜 수 있도록 도와주는 것은 바로 그 열정이다. 열정은 욕망에 희망을 붙여놓는다. 욕망하는 한은 행복함이 없이도 살수 있다. 행복해지기를 기다리는 것이다. 행복이 전혀 찾아오지 않으면, 희망이 연장된다.' 이런 내용입니다. 행복에 대한 희망이 행복을 대신해줄 수 있다는 뜻이지요. 제가 시에 대해 그런 비슷한 말을 한 적이 있습니다. 시란 우리에게 '끝까지 희망하게 하는 말'이다, 어떤 경우에도 희망을 버리지 않게 하는 말이 곧 시의 말이죠. 시는 어떤 행복의 개념을 만들고(이때 행복이라는 건 잘 먹고 잘 사는 것뿐만 아니라 어떤 조화와 조화로운 삶이 있는 세계죠), 그 행복의 세계를 꿈꾸면서 동시에 언어적으로 그 세계의 모습을 실현시킵니다. 그게 바로 미학적 실현이죠. 그 세계에 대한 설계도를 직접 만든다거나 그 행복에 이르는 운동에 매달리자는 것은 아닙니다. 다만 그 세계의 한 조각을 미학적으로 실현함으로써 그 세계가 있다는 증거를 제시합니다. 그래서 시를 읽으면 그 세계에 대한 희망을 포기할 수 없도록 만든다고, 그게 시라고 저는 생각해왔습니다. 긴 실천은 포기하지 않는 데서부터 시작하지요. 바로 그 세계를 이 영화에서 만나게 됩니다.

그녀는 자기 삶의 모든 것이 실패했다고 생각합니다. 그런데 그 모든 실패의 순간이 새로운 희망의 순간이라고도 느낍니다. 실패한 순간 하나의 자유가 만들어졌습니다. 그러면서 어떤 여유를 가지고, 자기에게 반박하는 제자한테 질문을 던집니다. "네 이야기를 해봐." 이렇게 말하죠. 물론 이후의 이야기는 영화에 안 나옵니다. 여전히 대결하면서 화해를 하는 장면으로 영화는 끝나죠.

제가 영화 이야기를 자주 하는 편인데요, 제가 좋아하는 소설이나 영화를 보면 대개 작은 파라다이스가 있습니다. 생각나는 대로 몇 개만 말해보지요.

밀란 쿤데라의 《참을 수 없는 존재의 가벼움》에는 거대한 낙원을 만들라는 명령에 시달리고 있는 나라에서 망명해온 두 연인 토마시와 테레자가 나오는데, 그들은 어디에도 몸 붙일 곳이 없을 때 돼지 메피스토와 함께 사는 농사꾼 친구를 찾아갑니다. 그들은 산 속의 작은 마을에서 잠시 행복하게 살지요. 그들이 기르던 개 카레닌은 암에 걸려 이 쓸쓸한 임시 낙원에서 죽습니다.

중국의 작가 꺼페이의 소설《복사꽃 피는 날들》에서 주인공 슈미는 무릉도원을 꿈꾸거나 유토피아를 건설하려던 사람들의 뒤를 이어 사회주의 낙원을 건설하려 하지만 실패하고, 자기 집안의 하녀였던 여자와 함께 뜰에 갖가지 화초를 키우며 살아갑니다. 내내 벙어리 행세를 하던 이 여자는 세외도원(世外桃源)을 계획했던 자기 아버지가 누군가와 장기를 두는 환영을 보면서 조용히 세상을 떠납니다.

나루시마 이즈루 감독의 영화 〈8일째 매미〉에는 남의 아이를 납치하여 함께 도망다니는 여자가 신분을 감추고 살기 위해 찾아가는 협동농장 형식의 낙원이 있습니다. 옛 인정과 풍속을 간직하고 있는 이 산골 마을도 또 하나의 낙원입니다.

우리가 지금 이야기하고 있는 영화 〈다가오는 것들〉에서도 그 제자들이 모여 사는 산골의 농가가 작은 낙원에 해당하는 것은 말할 것도 없습니다. 이들 작은 낙원은 저 행복한 세계가 이 불행한 세계에 설치한 연락처이며, 이 결여된 세계에서 저 완전한 세계의 확실한 얼굴을 잊어버리지 않기 위한 예행연습이죠. 그것은 어떤 관념 속으로 도망가는 일이 아닙니다. 잊어버리지 않는다는 것보다 더 꾸준한 실천은 없기 때문입니다.

시란 우리에게 '끝까지 희망하게 하는 말'이다, 어떤 경우에도 희망을 버리지 않게 하는 말이 곧 시의 말이죠. 시는 어떤 행복의 개념을 만들고, 그 행복의 세계를 꿈꾸면서 동시에 언어적으로 그 세계의 모습을 실현시킵니다. 그게 바로 미학적 실현이죠. 그 세계에 대한 설계도를 직접 만든다거나 그 행복에 이르는 운동에 매달리자는 것은 아닙니다. 다만 그 세계의 한 조각을 미학적으로 실현함으로써 그 세계가 있다는 증거를 제시합니다. 그래서 시를 읽으면 그 세계에 대한 희망을 포기할 수 없도록 만든다고, 그게 시라고 저는 생각해왔습니다. 긴 실천은 포기하지 않는 데서부터 시작하지요.

이러한 작은 파라다이스는 일단 완벽한 세계의 한 모델이고, 시적으로 보면 시적 모델이라고도 이야기할 수 있을 것 같습니다. 또 어떤 점에서는 포기의 결과이기도 하지요. 이 세상을 다 파라다이스로 만들었으면 좋겠는데 못 만드니까요. 이 세상을 다 파라다이스로 만들려다 보면 오히려 그러한 노력이 이 세상을 지옥으로 만들어버리는 경우가 있지요. 그래서 그 계획을 포기하는 결과가 이 작은 파라다이스로 나타나는 것 같습니다.

시라는 것은 희망의 끈을 놓치지 않기 위한 장치라고 말씀드렸는데, 그 말은 또 다른 의미로 포기의 장치라는 말이기도 합니다. 시는 세상의 모든 말을 다 아름답게 만들 수는 없고, 세상을 모두 다 아름답게 만들 수는 없었습니다. 하지만 그 아름다운 세상, 행복한 세상의 약속만은 제안합니다. 그 약속만은 다른 사람한테 알려주고 또다시 확인하고… 결국 그렇게 해서 시가 희망의 끈을 계속 붙잡고 있는 장치가 되는 것입니다. 그러므로 이 작은 파라다이스란, 그 자체로 행복한 곳이 아니라 그 파라다이스에 대한 약속을 다시 확인하는 어떤 공간이라고 생각하는 것이 좋겠습니다.

나이가 들면 인간이 정신적으로나 신체적으로나 어쩔 수 없이 인정해야 하는 미완성, 인간이 그렇게 발달한 존재가 아니라는 사실에 대한 자각, 이 자각을 통해서 희망의 끈을 만듭니다. 희망에 대한 약속을 확인하고 일을 할 수 있습니다. 어쩔 수 없이 겸손해야 할 처지를 알고, 세상에 대한 행복의 이미지를 만들고, 행복에 대한 대안을 만들고, 행복에 대해 면면히 이어져온 우리 희망을 재차 확인하는 장치로 삼을 수 있다고 생각합니다.

아마 이렇게 되면 우리 몸의 기능이 떨어지는 데서 오는 짜증과 노여움에서도 해방될 수 있을 것 같은 생각이 듭니다. 우리가 늙어서 몸 자체에 일종의 장애가 생기면 짜증이 나죠. 어떻게 할 수도 없어요. 인간은 아무리 굳은 의지를 가지고 있어도 몸이 받쳐주지 않는 한 그걸 감당해내지 못합니다. 바로 이 약점을, 늙은 몸과 정신이 가지고 있는 이 약점을 오히려 새로운 희망으로 삼아, 삶에 대한 겸손으로 나타날 수도 있다고 봅니다.

좋은 사회에 대한 희망이야말로 행복한 삶의 출발 ━

어떻게 하면 꼰대가 되지 않을 수 있을까요? 저는 이런 질문을 강연할 때마다 받습니다.

물론 사람마다 다 처지가 다르기 때문에 그에 대해 한마디로 어떻다고 대답할 수가 없겠지만, 제 경우에는 (그나마 직업정신 때문이기도 합니다만) 나이 들어서도 꼭 해야 할 일이 있습니다. 제 전공이 프랑스 현대시인데, 그중에서도 상징주의 시와 초현실주의 시입니다. 다들 아시겠지만, 모든 난삽한 말은 다 들어 있는 게 상징주의와 초현실주의의 시입니다. (웃음) 이 난삽한 문헌들을 번역하고 거기에 주석을 다는 일이 내가 죽을 때까지 해야 할 과제라고 생각하고 있습니다. 내가 완전히 노쇠해지기 전까지는, 치매에 걸리기 전까지는 그 과제를 수행해야 하니까 끝없이 꼼꼼하고 전문적인 작업을 해야 합니다. 아마 이 작업 덕분에 그나마 꼰대 소리를 적게 듣는 것 아닌가 싶습니다. 내 일이 있으니까, 말하자면 나의 모든 에너지와 열정을 다 바쳐야 하는 일이 있으니까, 다른 일에 화내지 않고 무슨 노여움이나 서운함 같은 것도 없지 않은가 싶습니다.

그래서 저는 다른 사람들에게도 여건이 허락하면 일을 계속 수행하는 것이 좋고 보람도 있을 거라고 말합니다. 한국 사람들은 다들 교육도 많이 받고 전문적인 지식과 능력이 있습니다. 그걸 잘 안 꺼내놓고 묵혀버려서 그렇지요. 제가 가끔 택시를 타고 가다가 놀랄 때가 있습니다. 제 고향인 목포에서 강연 요청이 왔는데 한 달에 한 번씩 내려와서 강의를 해달라는 겁니다. 강연료도 별로 안 주는데 기차 타고 내려갔다가 하루 자고 와야 하니까 남는 게 하나도 없어요. (웃음) 아침에 용산역까지 택시를 타고 가야 하는데, 그때마다 늘 아슬아슬해요. 저희 집이 있는 정릉에서 용산역까지 가려면 늘 한 시간 반 전에 출발해야 합니다. 그러지 않으면 택시 타고 가는 내내 초조하게 되거든요. 그런데 어쩔 때는 40분 남겨놓고 택시를 탈 때도 있었어요. 그래서 택시 운전기사한테 급하다고 얘기했더니, 휴대전화의 지도를 계속 돌리면서 35분 만에 간 적이 있어요. 골목골목을 누비면서 차 안 막히는 길을 찾아내서 가는데, 당신 참 대단하다고 했죠. 그럴 때마다 한국 사람들이 다 전문적인 능력이 있다는 생각을 하게 됩니다. (웃음) 농담이 아닙니다. 급하면 한국 사람은 다

합니다. 이런 전문적인 능력을 썩히지 말고 늘 계발하면서 살면 빨리 늙지도 않고 주변 사람과의 관계도 좋아지고 그런 것 같습니다.

그러니까 결국은 겸손이라는 것도, 위기 속에서 계속 희망을 갖고 자기 긍지와 자신감을 가져야만 되는 것이라는 생각이 듭니다. 그런데 미래에 대한 희망을 꼭 개인적 차원에서만 생각하지 말고, 보다 넓게 사회적 차원, 국가적 차원, 인류적 차원으로까지 넓혀야 한다고 생각합니다. 사람들을 만나다 보면, 우리가 몸담고 있는 사회가 어떤 질서와 조화와 균형을 갖는 자리가 되기를 바라면서 그에 대한 희망을 가진 사람들이 있고, 그런 걸 전혀 갖지 않는 사람들이 있습니다. 자신의 삶이 돈을 벌거나 권력을 갖는 걸 떠나서 이 세상이 좋은 사회로 바뀌는 것(비록 자신이 그 사회에 못 살더라도 내 자식이나 손주들이 그런 사회에 살기를 바라면서), 그런 사회가 실현된다는 희망에 기쁨을 느끼는 사람들과 그렇지 않은 사람들이 확연하게 갈려 있죠. 아마도 이게 깊은 정치적 갈등의 출발점이라는 생각이 듭니다.

좋은 사회에 대한 희망을 갖게 되면 사람이 겸손할 수밖에 없습니다. 그 세계 앞에서의 나를 생각하니까 겸손해지는 거죠. 그래서 그 세계에 대한 희망을 가지고 있으면 긍지와 자신감도 얻게 되는 것 같습니다. 그래서 겸손이라고 하는 것은 모든 도덕의 기초라고 생각합니다. 공자가 《논어》에서 하신 말씀 가운데도 그런 말씀이 있어요. 사랑이 모든 인의의 근본이라고. 사랑이라는 게 결국은 겸손입니다. 자기를 낮추고 자기 이익을 생각하지 않고 어떤 좋은 사회, 행복한 사회를 생각하는 것만으로도 우리는 행복하고 타인에게 베풀 수 있습니다.

　그래서 저는 노인분들에게 정치에 관심을 가지라고 말합니다. 정치에 관심을 갖는 것이 권력에 관심을 가지라는 것은 아니죠. 좀 단순하게 말하면 정책에 관심을 가져라, 가장 실질적으로는 노인복지에도 관심을 가져라 이렇게 말을 합니다. 노인복지에 관심을 가지라는 게 무슨 돈 타는 것을 말하는 게 아니고, 말하자면 우리의 의식을 여유롭게 해방시킬 수 있는 물질적 터전이 마련되는 사회를 꿈꾸고 그것이 실현되기를 바라는 것이죠. 그러면서 우리가 가진 빼어난 솜씨와 많은 지식, 전문 능력들을 잘 활용해서 미래 사회의 행복에 대한 기초로 삼고, 그 사회에 대한 하나의 약속으로 삼고, 그 약속을 확인으로 삼을 수 있는 삶이 행복한 삶이라고 말씀드리고 싶습니다.

작금의 우리 사회를 보면 가진 거라곤 '나이'밖에 없어 보이는 노인들의, 눈살 찌푸리게 하는 여러 행동들을 목도하게 됩니다. 그런데 이것이 과연 그 개인의 됨됨이 때문일까요? 사회안전망이나 복지 인프라가 너무나 허술한 우리 사회의 구조적 문제가 바로 그런 불평·불만에 휩싸여 행패를 부릴 수밖에 없는 노인들을 양산해내는 게 아닐까 싶습니다. 가족·친지 등 화목한 인간관계 속에 둘러싸여서 배고프지 않게 살고 있다면 어디서나 존경받는 '어르신'으로 처신할 수 있지 않을까요? 한 사람이 제대로 잘 나이 들기 위해서는 개인의 인성 계발을 위한 꾸준한 노력도 필요하지만, 사회가 그걸 가능하게 해주지 않으면 안 된다고 생각합니다. 선생님 의견은 어떠신지요?

물론 저도 동의합니다. 제가 노인복지에 관심을 가지라는 얘기가 바로 그것이기도 합니다. 노인들이 삶이 궁핍한데 거기에 무슨 겸손이 있고 무슨 여유가 있겠습니까? 아량이나 이해력이 어떻게 생겨나겠습니까? 노인들뿐만 아니라 모든 사람이 제대로 된 삶을 살기 위해서는, 최소한 기본 생활은 할 수 있는 사회가 되어야하는 게 마땅하지요. 현재 한국이 가지고 있는 경제적 여건으로는 그게 가능합니다. 앞으로의 경제 발전을 위해서도 복지를 누리는 것이 필요합니다. 많은 경제학자가 이야기하듯이, 지금 한국에서는 적극적인 복지 정책을 시행하는 게 경제 성장에 도움이 됩니다.

선생님의 시론, 즉 "시란 행복한 세상을 약속하고 확인하고 희망의 끈을 계속 붙잡게 하는 언어적 미학이다"라는 말씀 깊이 경청했습니다. 선생님께서 생각하시기에 '겸손한' 시집이 있다면 한 권 소개해주십시오.

잘 쓴 시집들은 모두 겸손한 시집입니다. 그중 한 권만 추천하라고 하면 아주 최근에 나온 김혜순 시인의 《피어라 돼지》라는 시집을 추천하고 싶습니다. 이 시집은 지난 구제역 파동 때 수만 마리 돼지를 땅에다 파묻는 모습을 보고 쓴 시들로 묶여 있습니다. 이 시를 읽는 데는 약간의 각오가 필요합니다. 하지만 꼭 한번 읽어보세요. 우리가 이 시대에 저지른 죄를 속죄하기 위해서도 그렇고, 우리의 삶이 얼마나 비열하고 비참한 정도로까지 떨어져 있는지를 확인하기 위해서도 필요합니다.

종교(신)가 죽은 이 시대에 인간을 이끄는 것은 합리성(과학)이라고 합니다만, 선생님께서 말씀하신 '작은 파라다이스'를 만드는 데 종교의 역할은 없을까요?

한국에서는 종교가 여러 가지 작은 파라다이스를 만들고 있고 또 설계하고 있는 것이 사실입니다. 그런데 저는 제가 거의 무신론 자이고 종교를 가진 적이 없어서 그런지 모르겠습니다만, 이 작은 파라다이스를 만드는 데 특별한 종교의 힘을 빌리지 않았으면 좋겠습니다. 종교에는 항상 어떤 원리가 있기 때문에, 파라다이스가 누릴 수 있는 모든 가능성이나 여유 또는 자유로움을 용납하기가 어려울 것 같습니다.

"실패의 순간에 자유가 생긴다"는 말씀이 인상적입니다. 나이듦의 축복을 함께 나눌 수 있는 젊은이와의 대화 물꼬를 어떻게 틀 수 있을까요?

말을 걸어봐야 합니다. 말을 건다는 것이 관계의 시작인데요, 가족끼리 말을 걸면서 "너 밥 먹었냐? 오늘 뭐했냐?" 하는 것처럼, 말 거는 것부터 하는 것이 물꼬를 트는 일입니다. 정말 물꼬를 트면 많은 일이 해결됩니다. 항상 내가 먼저 한다는 것이 중요한 것 같습니다.

한 살 한 살 나이를 먹을수록 어른이 되는 게 무서워요. 아이처럼 살아도 될까요?

안 되죠. (웃음) 역시 나이에 맞춰서 하는 게 중요합니다. 늘 용기가 필요하다는 생각을 합니다. 서양의 전형적인 이야기들 가운데 기사들이 성배를 찾아가는 이야기가 있습니다. 결국 성배를 찾기는 하지만 못 가져오지요. 그러나 성배를 찾으러 가느라 온갖 고생을 하고 사람들을 만나는 과정에서 사람이 성숙해집니다. 나름대로 한 사람의 어엿한 기사로 성장하게 되는 거죠. 한 살 한 살 나이를 먹어 갈수록 한 살 한 살 그만큼의 용기가 필요해지는데, 그 용기를 갖도 록 하시는 게 좋을 것 같습니다.

노인의 자리가 없습니다. 노인의 경험과 경륜을 가르쳐줄 대상이 없습니 다. 인터넷으로 모든 것을 쉽게 찾는 젊은 세대들은 노인에게 배우기보다 스스로 찾고 해결하죠. 노인의 지혜를 외면하는 현실에서 그런 젊은 세대 들에게 노인의 자리를 어떻게 하면 지킬 수 있을까요?

제가 아까도 말씀드렸지만, 현대 사회에서 노인이 가지고 있는 지혜라는 것 자체가 사실은 의심스럽습니다. 노인 세대가 '내가 이 렇게 많은 경험을 가지고 있는데'라고 생각할 때, 결국 그 경험이 세 상을 이해하는 데 방해가 되는 경우도 굉장히 많습니다. 그러므로 이 시대에 노인의 지혜라고 한다면, 자신의 경험과 추억 같은 것을 털어버릴 수 있는 지혜, 그것을 비워버릴 수 있는 지혜가 오히려 더 중요하지 않을까 생각합니다. 비워버리고 항상 처음부터 다시 듣는 다는 자세를 갖는 것이 중요한 것 같습니다.

저항하는 노년,
시스템의 노예로
살지 않기

박경미

신학자

1959년 출생. 이화여자대학교 기독교학과를 졸업하고 같은 학교 대학원에서 성서신학으로 박사 학위를 받았다. 근대 문명의 위기와 관련하여 성서를 읽고 해석하는 일에 매진해온 그는 '불복종'이라는 키워드로 '노년의 저항'을 이야기한다. 특히 온몸으로 불복종의 삶을 살았던 탈근대 사상가 이반 일리치의 삶과 사상을 조명하면서, 의료·교육·교통 등 현대 사회를 떠받치고 있는 거대한 시스템이 어떻게 우리를 지배하고 있는지를 성찰한다. 핵심은 '어떻게 하면 내가 내 삶의 주인이 될 수 있는가'이다. 그러면서 그는 전통사회의 토착적 삶의 방식을 재사유하자고 제안한다. "현대의 여러 가지 시스템들이 우리의 자율성을 약탈하면서, 어떻게 보면 근대적 노예의 삶을 살게 만든 것입니다. 진정한 미래는 어디 있을까요? 오래된 삶의 방식, 전통적인 삶의 방식에 있다고 생각합니다."

안녕하세요. 반갑습니다. 제가 여러분께 시를 몇 편 나눠드렸죠. 제가 낯선 곳에 가면 낯가림을 좀 하는데 그럴 때 좀 편하게, 공기가 따뜻하게 돌도록 하기 위해서 언제나 강의 시작할 때 시를 읽어요. 또 선물을 드린다는 의미에서도 꼭 제가 직접 출력해 가져와서 나눠드립니다. 제가 좋아하는 시를 그때 그때 기분대로 골라서 갖고 오는데, 오늘 가져온 시는 김종삼 시인의 시 세 편입니다 집에 가져가셔서 꼭 한 번 더 읽어보시면 좋겠습니다.

오늘 제가 이야기할 것들은 저항·불복종에 관한 것인데, 이런 것들은 얼핏 생각하면 젊고 씩씩한 이들이나 할 수 있는 이야기 아닌가 싶기도 합니다. 그래서 오늘의 강의 주제는 제 식으로 하면 '노년에게 저항이라는 건 무엇인가', 즉 노년의 삶에서 어떻게 저항을 할 수 있는가 하는 겁니다. 제가 이화여대에서 강의를 하고 있는데, 어제 이화여대 총장이 결국 사퇴하지 않았습니까? 사실 5천 명도 넘게(만 명은 되지 않았을까 싶어요) 많은 사람들이 모여서 구호를 외치고 그랬거든요. 저는 원래 소리를 잘 못 질러요. 그래도 젊을 때는 구호도 외치고 팔도 흔들고 할 수 있는데, 나이 들면 그런 저항은 힘들잖아요. 하지만 굳이 저항이라고 안 해도 내가 내 삶의 주인은 돼야 합니다. 우리 몸이 쇠하면 심리적으로도 점점 약해지면서 내가 나의 주인이 되지 못한다는 인식을 갖게 되기 쉽거든요. 그래서 노년의 저항이라고 하면 어떤 의미에서는 '어떻게 하면 내가 내 삶의 주인이 될 수 있는가' 하는 문제일 것 같습니다. 굳이 어디 나가서 꼭 시위를 하고 이런 게 아니라도, 자기만의 어떤 삶의 방식으로 표현될 수밖에 없지 않은가 하는 생각을 해봅니다.

이반 일리치,
불복종의 삶

오늘 그 주제와 관련해 이반 일리치(Ivan Illich)라는 분의 얘기를 해드리려고 합니다. 톨스토이의 소설 《이반 일리치의 죽음》에 나오는 이반 일리치가 아니라, 실존했던 인물인 이반 일리치 얘기입니다. 그분 방식의 '저항'에 대해서 여러분께 소개를 좀 해드리겠습니다.

　이반 일리치는 원래 신부였어요. 능력이 굉장히 특출한 분이어서 바티칸에서 데려다 쓰려고 했는데, 이분은 그걸 고사하고 미국의 가난한 이민자들 사목을 했습니다. 이분이 7개 국어를 하셨는데, 어느 말이 자기 모국어인지 모를 정도로 7개 국어를 자유자재로 하셨대요. 그리고 또 고대 잉카제국의 언어 같은 것들을 해석해서 그걸 쉽게 영어나 여러 언어로 번역할 수 있는, 그야말로 천재에 가까운 분이었다고 합니다. 이분이 한때는 시대를 풍미했는데, 지금은 그만큼 사람들에게 알려져 있지는 않습니다. 그리고 신부였지만 교회의 선교 정책과 마찰을 빚어 상명하복의 서약을 지킬 수 없게 되었을 때 신부직을 반납했습니다. 이분이 박사 학위가 세 개 있었는데 신학, 역사, 화학 이렇게 다방면으로 학위를 받으셨죠. 한마디로 르네상스적 인간입니다.

이분 사진을 보면 늘 왼쪽 뺨을 손으로 가리고 있습니다. 거의 모든 사진이 그렇습니다. 왜 그러냐면 사실 왼쪽 뺨에 커다란 혹이 있거든요. 그리고 그 혹이 점점 커져서 상당히 고통스러워졌죠. 이분 친구들 가운데 세계적인 분들이 많았는데, 의사 친구들이 치료(수술)하라고 그렇게 얘기를 해도 치료를 안 했습니다. 그리고 죽을 때까지 혹을 달고 살다 돌아가셨죠. 그 통증이 굉장히 심해서 아편을 구해 통증을 완화시켰다고 합니다. 그런데 문제는 어디 외국에 여행을 가거나 하려면 아편을 가져가야 하는데, 공항 검색대에 걸려서 망신을 당하기도 했대요. 그럼에도 이분은 그 혹을 끝까지 떼지 않았습니다. 왜 그랬을까요? 그렇다고 이분이 모든 의료 행위를 거부했느냐 하면 그렇지도 않아요. 치과에는 가셨거든요. 그럼 왜 혹 수술은 안 하고 치과 치료는 받았을까? 참 궁금하죠. 오늘의 주제와 관련된 아주 중요한 질문입니다.

이반 일리치의 책 가운데 유명한 것이 《학교 없는 사회(Deschool-ing Society)》, 《병원이 병을 만든다(Limits to Medicine)》, 《행복은 자전거를 타고 온다(Energy and Equity)》, 《성장을 멈춰라(Tools for Conviviality)》, 《그림자 노동(Shadow Work)》 등인데, 이 외에 《젠더(Gender)》, 《과거의 거울에 비추어(In the Mirror of the Past: Lectures and addresses)》, 《누가 나를 쓸모없게 만드는가(The Right to Useful Unem-ployment)》, 《전문가들의 사회(Disabling Professions)》 등이 나와 있습니다. 아주 최근에는 정영목 선생이 번역하신 《텍스트의 포도밭(In the Vineyard of the Text)》도 출간됐죠. 최근에는 이 책들이 새로 번역되어 전집으로도 출간되고 있습니다.

이반 일리치가 쓴 책들은 대부분 현대 사회에서 우리가 아주 당연하다고 여기는 것들에 대해 의문을 제기합니다. 예를 들면 우리가 자동차 타고 다니잖아요. 자동차 타지 않을 수 있어요? 없죠. 우리는 찻길에 차가 다니고, 차도가 넓고 인도가 좁고, 때로는 차도가 인도를 점령하는 것까지도 그냥 그런가 보다 합니다. '자동차 없이 어떻게 살아?' 이러잖아요. 그리고 아이가 자라면 어떻게 합니까? 당연히 학교에 보내죠. 안 물어보잖아요. 아니, 학교를 보낼 것인가 말 것인가 자체를 고민하지 않습니다. 그에 대해 내가 선택할 권리가 있다고는 전혀 생각을 못하는 거죠. 또 우리가 아프면 으레 병원에 가는 걸 당연하게 여깁니다. 그런데 이반 일리치는 이렇듯 우리가 너무나 당연하게 생각하는 것들, 그러니까 현대 사회의 기본을 이루는 교통, 교육, 의료 등 여러 시스템(요즘에는 하나가 덧붙어 정보 시스템도 포함되겠죠)에 의문을 제기하는 겁니다.

이반 일리치는 1926년 오스트리아 비엔나 출신인데, 어머니 쪽으로 유대인이었어요. 비엔나에서 출생했지만 곧바로 외할아버지가 사시는 크로아티아의 달마티아로 가서 어린 시절을 지냈는데 정규 학교 교육을 받지 않았다고 합니다. 이분이 워낙 뛰어나다 보니까 학교를 안 다녀도 외할아버지 서재에 있는 책들로 독학을 했어요. 아버지는 외교관이었는데 집안의 어른들이나 오시는 손님들 대부분이 지식인이고 하니까 그런 분들과 교류를 하면서 공부했다고 합니다. 1951년에 로마에서 신학을 공부하고, 사제 서품 후에는 원래 예정돼 있던 교황청 국제부에서 근무하는 대신 미국으로 건너가 뉴욕 빈민가의 보좌신부로서 가난한 사람들과 지냅니다.

그런데 이분이 사목 활동을 하면서 신자들로부터 굉장히 사랑을 받았다고 합니다. 그렇다고 이분이 무슨 거창한 사업을 한 건 아니에요. 사실 대부분은 무슨무슨 사업 같은 걸 기획하잖아요. 푸에르토리코 난민들에게 시(市)나 어떤 기관에서 지원금을 준다거나, 사업을 기획해서 사람들이 신청하게 해서 뭘 하게 한다거나 하는 식으로요. 그런데 이분은 그 지역의 허름한 아파트 하나를 세를 내서 그냥 그 사람들한테 주고 "당신들이 유용하게 써라. 뭘 할지는 당신들 스스로 계획을 세워서 해라" 그랬대요. 그래서 그 푸에르토리코 난민들이 그 아파트에서 아이들을 돌보기도 하고, 서로 책을 돌려가며 읽기도 하고, 굉장히 재미있게 지냈다고 합니다. 이분이 그런 사목 활동을 아주 잘했다고 해요.

그러다가 이분이 1956년 30세 때 푸에르토리코의 가톨릭대학교 부총장에 임명되었습니다. 그리고 1966년에는 멕시코의 쿠에르나바카라는 곳에서 '문화교류문헌자료센터(CIDOC)'를 설립하는데 어디에서도 지원을 받지 않았어요. 당시 1960~70년대에는 아프리카나 라틴아메리카의 가난한 지역에 가서 봉사를 하는 젊은이들이 많았는데, 이분은 라틴아메리카에서 봉사하려는 청년들에게 스페인어와 포르투갈어를 가르치는 사업을 해서 돈을 벌었어요. 그리고 그 돈을 이 센터의 자금으로 삼아 다양한 연구 프로젝트를 했습니다. 《작은 것이 아름답다》의 저자인 프리드리히 슈마허나 녹색성자로 일컬어지는 사티시 쿠마르 등 기라성 같은 사람들이 그때 다 멕시코의 조그만 마을에 있던 이 센터에 와서 머물던 사람들입니다. 함께 포도주를 마시고 대화를 나누면서 연구 작업을 한 것들이 책으로 나온 거죠. 그런 일을 거의 15년 넘게 했는데, 이게 너무나 잘돼서 세계적으로 유명해지니까 이제 그 규모를 키우고 제도화해야 한다는 요구가 생기는 거예요. 그러니까 이분이 어떻게 했는지 아세요? 센터 문을 닫았습니다. 제도화를 거부하면서 그냥 문을 닫아버린 거죠.

그러는 와중에 1969년에는 교회를 비판하면서 교황청과 마찰을 빚다가(그때 교황청에서 채찍으로 맞기도 했다고 해요) 스스로 사제직을 반납합니다. 그리고 담당 주교한테 편지를 썼어요. 편지 내용이 아주 단호합니다.

"일련의 과정을 통해 저는 교회의 암담한 현실을 보았습니다. 그리스도인으로 살고자 했던 저의 선택과 성직자, 교육자로서의 역할을 더 이상 계속할 수 없어 보입니다. 지금 이 순간 저는 교회를 떠나고자 합니다. 신부로서 해왔던 모든 역할과 지위, 사무실, 특혜와 특권, 모든 것을 공식적으로 포기하겠습니다. 이제 두 번 다시 어떤 식으로도, 로마 가톨릭 교회가 사제의 활동이라 생각하는 어떠한 활동에도 관여하지 않겠습니다. 그리고 어떠한 의무도, 어떠한 특권도 거부합니다."

그렇게 단호하게 떠나죠. 그런데 아까 말씀드린 것처럼, 이분은 50대 중반부터 얼굴 한쪽에 자라는 혹으로 고통을 겪었지만 병원에서 어떤 진단이나 치료도 받지 않고 침술, 요가, 생아편만으로 통증을 다스렸습니다. 그리고 2002년 12월 2일, 독일 브레멘에서 76세의 나이로 돌아가셨습니다. 아까 제가 혹 얘기를 했지만, 이분이 치과는 가면서도 혹 수술은 안 한 이유가 뭘까요? 어떤 것은 하고 어떤 것은 안 하는 그 기준은 뭘까요? 이반 일리치는 병원에서 어떤 치료의 경우에는 내가 내 몸의 주인이 되는 것을 더 이상 가능하지 않게 만든다고 생각했던 것 같습니다. 사실 치과에서는 아무리 아파도 내가 내 몸의 주인이라는 상태를 무효화하지는 않죠. 하지만 어떤 지점을 넘어서면, 내가 내 몸을 병원이라는 시스템에 맡긴 채 의사라는 한 전문가의 처분만을 기다려야 하는 상황이 됩니다. 이반 일리치는 그런 상황에 자신을 내맡기고 싶지 않았던 것입니다.

내 몸의 주인은
나다

우리도 그런 경험 많이 하지 않습니까? 우리도 어떤 예감이 있잖아요. 예를 들어서 나이가 많이 들었을 때 내가 암 수술을 할 것인가, 말 것인가? 저는 마음속에 결정을 하고 있습니다. 65세 넘어서 암이 발견되면 암 수술 안 하려고 마음을 먹고 있죠. 제가 최근 곤도 마코토라는 일본 게이오대학의 암 전문 외과의사의 책을 읽었는데,《의사에게 살해당하지 않는 47가지 방법》이라는 책입니다. 이 책의 저자에 의하면 암에는 두 가지 종류가 있다고 합니다. 착한 암과 나쁜 암. 그런데 저자가 수십 년 동안 암 치료 의사로서 경험해본 결과, 사람들이 수술해서 나았다고 하는 암은 다 착한 암이라는 것입니다. 그런데 그건 수술하지 않아도 그냥 몸속에 가진 채로 살 수 있는 거라고 해요. 우리가 흔히 나이가 들면서 얼굴에 뭐가 나고 그런 것처럼 내장에도 용종 같은 게 생길 수 있는데, 그건 노화에 따라 몸의 역사 속에서 자연스럽게 형성되는 것입니다(그게 간혹 크게 자라 암이 될 수도 있죠).

그러니까 착한 암은 수술을 안 해도, 그냥 갖고 살아도 된다는 것입니다. 오히려 그것이 통증도 없고 돈도 안 쓰고 괜찮다는 거예요. 그런데 나쁜 암은 외과적으로 수술을 하기 위해 칼을 대는 순간, 그 암이 미쳐 날뛰기 시작한대요. 그래서 더 빠른 속도로 암세포가 자란다고 합니다. 그리고 한번 건드리는 순간 그 통증이 굉장히 심해진다고 해요. 그래서 이 책의 암에 대한 처방은 뭐냐면, 암은 그냥 내버려두라는 거죠. 그리고 암 환자에게 가장 중요한 건 통증 치료라고 합니다. 특정 암, 예를 들어 췌장암 같은 경우는 통증이 너무 심하니까 방사능 치료도 하지만, 그렇지 않을 경우에는 일반 모르핀이나 진통제를 써서 통증을 완화하는 걸 위주로 하라고 합니다. 그래서 저는 이 책을 읽고 나서는, 65세 이전에 암이 생겨도 뭐 굳이 수술해야 되나 하는 생각을 갖게 되었어요.

아무튼 이반 일리치는 어떤 특정 지점을 넘어서면 병원과 의사에게 자기 몸을 맡긴 채 수동적으로 끌려다닐 수밖에 없으리라는 예민한 생각을 했고, 자기 나름대로는 그 혹이 그런 것이라고 직감했겠죠. 물론 이건 획일화해서 말할 수 있는 건 아닙니다. 자기가 자기 몸에 대해 경험으로 예민하게 자각하고 판단하는 거니까요. 사실 그래서 이반 일리치의 사상이 굉장히 어렵습니다. 오늘날 우리 현대 사회의 일반적인 논리와 굉장히 다른 얘기를 하고 있으니까요. 이분은 결국 이 혹 때문에 돌아가셨습니다. 그런데 굉장히 자연스럽게 돌아가셨죠. 점심식사를 하고 의자에 앉아 잠깐 낮잠을 자는 것 같다가 그 상태로, 마치 살아 있는 사람처럼 그대로 편안하게 돌아가셨다고 합니다.

그런데 저도 이게 어느 정도 타당하다고 생각합니다. 작년에 제 친정어머니가 돌아가셨는데, 병원에서 오진을 했어요. 뇌졸중이라고 진단을 받았는데 나중에 알고 보니 췌장암이었거든요. 그런데 결과저으로 저는 그걸 감사하게 생각합니다. 왜냐하면 췌장암은 통증이 너무 심해서 방사능 치료 등 고통스런 항암 치료를 오래 받아야 하는데 그걸 안 하게 된 거니까요. 뇌졸중이라는 진단을 받았기 때문에 중풍 전문 한의원에 가서 엉뚱한 치료만 받았어요. 그러다 그 한의원에서 아무래도 뇌졸중이 아닌 것 같다고 해서 다시 다른 병원에서 진료를 해봤더니 췌장암이 몸 전체에 다 번졌다는 거예요. 그런데 놀랍게도 엄마는 통증이 전혀 없었어요. "내가 그냥 벌떡 일어나기만 하면 그냥 일어날 것 같은데 말이야" 이랬거든요. 그러니까 더더욱 췌장암이라고는 전혀 생각을 못한 거죠. 그리고 마지막에 호흡 때문에(의식은 있는데도 말도 못하고 숨을 쉬는 게 너무 힘드니까) 호스피스 병동에서 모르핀 투여를 받았습니다. 원래 사람은 대부분 마지막 사인(死因)이 폐렴이잖아요. 숨 못 쉬고 폐에 염증이 생겨서 죽는 것 아닙니까? 그리고 호스피스 병동이라는 게, 저도 경험해보니까, 달라는 대로 모르핀을 투여하는 곳이 호스피스 병동이더라고요. 사실 모르핀을 계속 투여하면 돌아가신다는 걸 전 몰랐어요. 하지만 어찌 보면 저희 어머니는 굉장히 편하게 돌아가신 거죠. 손을 안 댔기 때문에. 그래서 나중에 제 형제들이 병원에 항의해야 한다고 했을 때도 저는, 좋게 생각하라고, 그렇게 오진을 해줬기 때문에 엄마가 아프지 않고 통증 없이 편안하게 돌아갔으니 엄마 복이라고 생각하라고 그랬거든요.

이런 경험을 봐도 곤도 마코토라는 의사의 말이 맞지 않나 싶습니다. 곤도 마코토의 책에 또 이런 얘기도 나옵니다. 교통사고로 죽은 무연고자들의 시신을 해부해보면 남자들의 상당수가 전립선암을 갖고 있더래요. 그러니까 암은 굉장히 자연스러운 질병이라는 거죠. 그래서 곤도 마코토에 따르면, 의사들은 암 수술을 잘 안 한다고 합니다. 거의 다 시스템에 의해서 그렇게 돌아갈 뿐이지, 자기네 의사들은 암 수술을 쉽게 하지 않는다는 얘기를 하더라고요.

그리고 이 얘기를 하나 더 해드릴게요. 이반 일리치와 가장 친한 친구인 리 호이나키라는 사람이 있습니다. 이분은 가톨릭 수사였는데 결혼을 하면서 그 길을 포기했죠. 우리나라에도 이분의 《정의의 길로 비틀거리며 가다》라는 책이 번역돼 나와 있는데 아주 좋은 책입니다. 이 책에 저자의 두 친구 얘기가 나옵니다. 이 두 친구가 거의 비슷한 시기에 암 진단을 받았대요. 그랬더니 한 사람은 자기가 늘 가고 싶었던 스코틀랜드에 가서, 몸을 쓰는 노동을 하고 농사를 짓고 책을 읽고 쓰면서 굉장히 편안하게 살았어요. 암을 가진 상태에서 그 책을 쓸 때까지 살아 있었다고 합니다. 그런데 또 한 친구는 작은 혹이 있다고 해서 그걸 제거하면 되겠다 하고 가벼운 마음으로 의사의 지시에 따라 수술을 받은 거예요. 그런데 일단 의사에게 몸을 맡기면 어때요? 의사라는 전문가의 명령에 복종해야겠죠. 병원에 가면 자유가 있나요? 전혀 없습니다. 의사가 하라는 대로 해야 해요. 그래서 이 친구는 수술을 했는데 수술이 좀 잘못됐다고 하면서 또 다른 수술을 하자고 그러더래요. 그래서 또 수술을 했어요. 그렇게 몇 차례 수술을 하다가 결국 마지막에는 병원에서 거의 1년 동안 고생을 하다가 무균실에서(유리창을 통해서야 가족이나 친구를 보는 상태로) 몇 달 동안 살다가 돌아가셨다고 합니다.

근대의 과학과 기술의 발전은 언제나 자본주의의 발전과 함께 가죠. 그리고 사실 의료 시스템도 단순히 누군가 아파서 병을 고쳐주는 데 그치는 것이 아니라 의료산업이라는 거대한 산업체계 속에 들어가 있습니다. 그래서 현대 사회의 시스템이 돌아가는 것이고, 이 시스템이 돌아가는 한 그 안의 하나의 부속품인 우리는 선택권 없이 그 기계바퀴 안에서 돌아가는 거예요. 이반 일리치가 거부했던 것은 사람들이 당연하다고 생각하는 그 시스템 속에서 그 시스템의 일부로 삼켜져 자신의 선택권이 소멸되는 것이었습니다.

이 두 개의 방식, 두 가지 길 가운데 어느 게 옳다고 말할 수는 없습니다. 스코틀랜드에 간 친구와 같은 선택을 했다고 해서 꼭 그런 결과가 된다는 보장은 없으니까요. 그런 선택을 해서 죽을 수도 있겠죠. 또 반대로 다른 친구처럼 수술을 선택했다고 해서 꼭 그렇게 비참하게 죽는 건 아닙니다. 그러니까 어떤 선택을 하든 결과는 알 수 없습니다. 결과는 열려 있는 거죠. 그런데 뭐가 다를까요? 두 사람의 선택이, 두 사람의 삶의 방식이 뭐가 다를까요? 그렇죠. '자유' 입니다. 자기가 자기 삶의 주인이 되는 자유를 위해 어떤 우연이랄까 하는 것을 받아들이는 것입니다.

그런데 이게 왜 중요할까요? 전통사회에서는, 그러니까 오늘날처럼 기계화되고 과학기술이 고도로 발달하기 전에는 사람들이 이런 선택 앞에 있지 않았습니다. 이런 선택을 할 필요가 없었어요. 그런데 오늘날에는 문제가 좀 다릅니다. 근대의 과학과 기술의 발전은 언제나 자본주의의 발전과 함께 가죠. 사람들은 과학의 발견이라고 하면 그게 무슨 신통한 과학자의 열정인 줄 알지만 절대 그렇지 않습니다. 현대 과학기술은 언제나 돈과 결부돼 있어요. 그리고 과학 자들도 특허권과 연결돼 있기 때문에 실험실도 운영하고 연구도 하는 겁니다.

그만큼 오늘날 과학에는 엄청난 자본이 투여돼 있는 거예요. 그리고 사실 의료 시스템도 단순히 누군가 아파서 병을 고쳐주는 데 그치는 것이 아니라 의료산업이라는 거대한 산업체계 속에 들어가 있고, 거기에는 분명히 자본이 개입돼 있습니다. 그래서 현대 사회의 시스템이 돌아가는 것이고, 이 시스템이 돌아가는 한 그 안의 하나의 부속품인 우리는 선택권 없이 그 기계바퀴 안에서 돌아가는 거예요. 이반 일리치가 거부했던 것은 사람들이 당연하다고 생각하는 그 시스템 속에서 그 시스템의 일부로 삼겨져 자신의 선택권이 소멸되는 것이었습니다.

시스템의 노예로 살게 만드는 현대 사회

제가 노년의 저항, 노년의 불복종이라고 했습니다만, 저는 이반 일리치의 삶이야말로 진정한 불복종이라고 생각합니다. 물론 현대 사회에서 그와 같은 선택을 한다는 것은 굉장히 어려운 일이죠. 또 비합리적이다, 과거로의 회귀다 이렇게 비난받을 소지도 충분히 있습니다. 하지만 저는 생각하면 생각할수록 이반 일리치의 말에 굉장히 마음이 끌립니다. 그리고 그분이 얘기하는 그런 삶을 따라가고 싶어요.

그런데 아까 말씀드렸듯이 이반 일리치의 저작이 굉장히 많은데, 30~40대 그리고 50대 초반까지 쓴 책들은 대개 주제가 거의 비슷해서, 현대인을 노예화하는 것이 무엇인가를 밝히는 것이었습니다. 현대인을 노예로 살게 만드는 이 시대의 시스템이 무엇인지, 그래서 교통·통신·의료·교육 등 현대인의 삶의 가장 기본적인 영역에서 어떤 일들이 벌어지고 있는지를 사회과학적인 방법으로 굉장히 예리하게 분석했죠. 특히 과학사·기술사를 연구하는 레오폴드 코르 (Leopold Kohr)라는 학자의 이론을 많이 끌어들였는데, 어떤 문명의 이기나 기술이라고 할지라도 어느 한계선에 도달하면 그건 인간을 이롭거나 편하게 하는 것이 아니라 불편하게 하고 결국 인간을 노예화한다는 것입니다. 그래서 이반 일리치는 제도화(시스템)라는 것이 인간을 노예화한다는 가정을 갖고 그 제도화를 철저하게 거부하거든요. 결국 현대 사회에서 자기 자신의 주인으로 사는 것이야말로 이반 일리치의 최대 관심사였습니다.

제가 박사 과정 공부할 때 정말 돈이 없었어요. 남편도 저도 직장이 없이 공부할 때니까, 그때 둘이 번역을 해서 생계비를 벌었으니까 굉장히 가난했죠. 그런데 그때 막 개인용 컴퓨터가 나올 때였어요. 그래서 그때 소원이 뭐였냐면, 컴퓨터 한 대 갖는 게 꿈이었습니다. 박사 과정 할 때는 페이퍼를 많이 써야 하잖아요. 쓰다 보면 틀릴 때가 많이 있죠. 그러면 종이를 오려서 붙이고 풀칠하고 막 이렇게 하면서 썼는데, 그러면 팔도 아프고 너무나 힘들어요. 그래서 그때는 '컴퓨터만 한 대 있으면 얼마나 편할까? 내가 이 고생 안 해도 되는데' 하면서 컴퓨터 가진 친구들이 너무너무 부러웠습니다. 그랬는데 이제는 어때요? 그때는 컴퓨터가 386, 486, 586 하다가 이제는 펄펄 날잖아요. 제가 이화여대에서 일한 지 이제 20년이 좀 넘었는데, 처음에 들어갈 때만 해도 서류 같은 건 직접 써서 들고 다녔습니다. 그러다가 들어온 지 2~3년쯤 돼서 모든 것을 전산화하면 인력도 줄이고 모든 게 편하고 빨라진다고 해서 그렇게 한 거예요. 그랬는데 생각해보면, 지금 내가 그렇게 편한가요? 처음에 몇몇 사람들이 그걸 쓸 때는 그 사람들은 편합니다. 그런데 모든 사람들이 그걸 쓰게 되면 어떻게 됩니까? 그게 시스템이 되잖아요. 그게 사회의 시스템이 되니까 사람들의 속도가 이제 그 시스템의 속도를 따라가야 합니다.

저는 가끔 이런 생각을 합니다. 저희 시어머니가 97세시거든요. 저는 책을 옆에 끼고 사는 사람이고 저희 시어머니는 초등학교도 못 나오셨습니다(그런데 총명하셔서 어깨너머로 한글을 배우셨어요). 어머님은 책을 안 읽으세요. 그런데 책을 읽지 않는 어머님의 세계와 나의 세계, 이게 얼마나 다른가? 이런 생각을 가끔 하거든요. 그리고 지금은 관공서든 어디든 무슨 신청을 하거나 할 때 다 어떻게 돼 있습니까? 온라인으로 신청하게 돼 있잖아요. 그러면 저는 저희 어머님을 떠올려요. 이 자리에 계신 많은 분들 가운데도 사실 그게 안 되는 분들 있을 거예요. 그러면 이 사회의 시스템에서 어쩔 수 없이 뒤처지게 되는 거죠.

시스템이라는 게 바로 그런 것입니다. 컴퓨터가 처음에 몇 사람 소수가 쓸 때는 편리할 수 있었어요. 하지만 지금은 누구나 컴퓨터를 갖고 있으니까, 사실 그 컴퓨터의 속도 때문에 얼마나 바빠졌습니까? 그리고 처음에 그 무전기 같은 핸드폰 들고 다니면 굉장히 부러워 보이고 그랬잖아요. 그런데 지금은 어때요? 모든 사람이 핸드폰을 가져야 되잖아요. 핸드폰이 없으면 특히 직장생활 하는 사람들은 남한테 민폐 끼치는 거죠. 필요할 때 연락이 안 되니까요. 결국 핸드폰이 있으면 24시간 대기 상태가 되는 겁니다. 일터에서 일하는 시간뿐만 아니라 집에서도, 친구나 애인 만나는 시간에도 언제나 직장을 위해 대기 상태가 돼야 한다는 거죠. 그게 하나의 시스템으로 정착되면 사람을 굉장히 불편하게 하는 측면이 있는 거예요. 그래서 우리가 이른바 과학기술이라는 게 우리 삶을 편리하게 한다고 생각하는데 정말로 그런가를 다시 한 번 생각해봐야 합니다. 그리고 모든 사람에게 편리한가? 이것도 생각해봐야 해요.

앞서 말씀드린 레오폴드 코르라는 사람은 이걸 구분합니다. 인간이 동물과 다른 게 뭐죠? 도구를 쓰는 거죠. 도구를 사용하는 것은 인간의 본성에 속합니다. 그래서 구석기 시대니 신석기 시대니(요즘은 정보화 시대라고 얘기하죠) 이런 식으로 인간의 도구 사용의 발전사에 따라서 크게 시대 구분을 하지 않습니까? 사실 도구라는 것은(예를 들어 석기든 해머든) 인간 자신의 연장(延長)이라고 볼 수 있습니다. 그런데 어떤 특정 도구가 극도로 발달하게 되면 그게 바로 시스템이에요. 그리고 일단 시스템이 돼버리면 인간이 그 시스템을 활용하는 것이 아니라, 그 시스템 속에 인간이 플러그로 꽂혀서 선택의 가능성을 잃고 시스템의 노예가 되는 거예요. 이게 레오폴드 코르의 주장입니다.

한번 잘 생각해보세요. 우리는 자동차를 당연하게 타고 다니면서 그것의 편리함과 유익한 점들을 생각하지만, 자동차 때문에 안 좋은 것도 있습니다. 뭐가 있을까요? 우선 교통사고가 있죠. 말 타고 다니면 그렇게까지 사람이 다치진 않잖아요. 또 공해 문제, 도로 유지 비용 등이 있겠죠(자동차 만드는 회사는 참 좋겠어요. 국가가 그 자동차를 팔아먹을 수 있게 도로 같은 것을 다 만들어주잖아요). 그런데 그런 점들만이 아니라 이반 일리치의 관심사는 더 미묘한 데까지 향합니다. 자동차가 많아지면 도로가 확대되잖아요. 그러면 뭘 할 수 없을까요? 여러분들 어릴 때 어땠어요? 길에서 놀았죠. 저는 서울 토박이인데, 동네 길에서 놀고 있으면 엄마들이 어둑어둑해질 무렵 "밥 먹어라!" 하고 소리 지르잖아요. 그렇게 한 명, 두 명 집으로 들어가서 밥 먹고 그랬던 기억이 나거든요. 그런데 이제 자동차가 길을 다 덮으면서 아이들이 놀 수 있는 공간이 없어졌습니다. 그러니까 우리에게 사라진 경험, 길에서 놀 수 있었는데 놀 수 없게 된 그 경험을 어떻게 측정할 거예요? 그뿐 아니죠. 지금 도시에서 자전거 탈 수 있나요? 없죠. 자동차가 길을 다 뒤덮으면 자전거를 타지 못하게 되는 거예요.

제가 몇 년 전에 우즈베키스탄을 여행한 적이 있습니다. 제가 유럽도 못 가보고 여행을 많이 하지는 못했지만 제게 가장 인상에 남는 여행지는 우즈베키스탄이에요. 그때 시내에 차를 타고 가는데 갑자기 자동차들이 다 멈추기에 왜 그런가 했더니 대통령 출근 시간이래요. 매일 아침저녁으로 대통령 출근 시간과 퇴근 시간에는 자동차가 다 멈춘다고 하더라고요. 그런 기막힌 독재국가였지만 아직 근대화가 안 된 전통사회이기도 합니다. 그래서 길을 가다 보면 도로가 제대로 관리가 안 돼서 길이 엉망인데, 그 길을 어린아이가 당나귀를 몰고 가요. 저는 그때까지 나귀를 본 적이 없었어요. 성경에서 예수님이 예루살렘에 입성할 때 나귀 타고 가는 장면에서 나귀가 평화를 상징한다고 나오는데, 제가 그때 나귀를 보고 '아, 이래서 그렇구나' 싶었어요. 진짜 어수룩하게 생겼어요. (웃음) 어딘지 어수룩하고 착하게 생겼는데, 그 나귀를 끌고 소년이 지나가면 차들이 다 멈춰섭니다.

그리고 또 우즈베키스탄은 초원이잖아요. 아직 개발이 안 됐으니까 탁 트인 제대로 된 하늘을 볼 수 있는 거예요. 가다가 보니 길가에 허름한 카페가 하나 있었는데, 거기서 사람들이 차를 마시고 있었어요(우즈베키스탄 사람들은 차를 많이 마시는데, 납작한 빵과 양고기를 곁들여 차를 마셔요). 붉은 노을이 기가 막히게 아름답게 하늘을 물들이는 석양 속에서, 덩치 크고 순박해 보이는 시끌벅적한 우즈베키스탄 남자들이 차를 마시고 음식을 먹으며 떠들어대던 그 모습을 잊을 수가 없습니다. 저는 어렸을 때 노을을 본 기억이 있거든요. 지금도 가슴이 두근거리는, 잊을 수 없는 기억이죠. 석양 무렵 라디오에서 어린이 방송 시간이 되면 실로폰 소리가 울렸는데, 그 노을을 바라보면서 방송을 들었던 기억이 납니다.

그리고 그때 또 이런 일화가 있었습니다. 우리 일행이 티코 택시를 타고 가다가 보니 길가에서 수박이니 참외니 이런 걸 놓고 파는 거예요. 덥고 목도 마르고 해서 어느 노점상에서 수박을 하나 샀습니다. 그랬는데 그 가게 주인하고 운전기사가 막 떠들기에 왜 그러나 했더니 군대 동기래요. 그런데 이 친구가 우리를 모두 자기 집으로 초대하고 싶다는 거예요. 그래서 우리는 재밌겠다 싶어서 따라갔습니다. 그 집은 아주 전통적인 우즈베키스탄 가옥인데, 소파 같은 건 없고 하얗게 회칠한 벽에 카펫이 걸려 있었어요. 그 사람들은 카펫을 바닥에도 깔지만 벽에도 쳐놓거든요. 그리고 바닥에 천을 깔고 음식을 놓더라고요. 차와 빵을 먹다가 우리는 이제 일어났으면 좋겠는데 이 두 남자가 얘기가 끝이 없는 거예요. 그러더니 드디어 우리한테, 저기 닭을 잡아서 닭이랑 토마토로 식사를 하고 가라는 겁니다. 바로 닭을 잡겠다고요. 그래서 우리가 절대 그러지 말라고 했어요. 그리고 우리끼리는 "저 사람들 이상한 거 아냐? 우리가 이상한 사람들한테 걸린 거 아닐까? 나중에 돈 달라고 그러거나, 우리를 어떻게 하려고 그러는 거 아냐?" 그랬었는데, 어쨌든 우리도 거기 앉아서 닭고기까지 먹었다니까요. 그리고 일어나려는데 아무래도 돈을 줘야 할 것 같은 거예요. 그래서 돈을 줬더니 펄쩍 뛰면서 절대 안 받겠다고 해요. 진짜로 안 받더라고요. 그래서 마침 제 친구가 값싼 전자시계를 차고 있었는데 그걸 주니까 그나마 그건 우정의 표시로 생각하고 받더라고요. 아무튼 저는 이런 경험들 때문에 우즈베키스탄이라는 나라를 잊을 수가 없습니다.

제가 왜 이 얘기를 길게 하느냐면, 길 이야기를 하고 싶어서예요. 자동차로 인해 우리가 잃어버린 게 바로 그런 거라는 겁니다. 아이들이 과거에는 길에서 놀 수 있었는데 이제는 놀 수 없게 됐어요. 그리고 우즈베키스탄 사람들처럼 마을 사람들이 길가에 나와서 평상에 앉아 차도 마시고 막걸리도 한잔 하면서 서로 얘기를 할 수 있었는데 이제 할 수 없게 된 거잖아요. 그리고 자전거를 탈 수 있었는데 탈 수 없게 된 거예요. 그런데 그런 것들은 오늘날의 경제학이나 사회학을 가지고는 특정한 가치로 환산해낼 수가 없습니다. 돈이나 어떤 수치만으로는 그런 잃어버린 경험을 환산해낼 수 없는데, 사실 그런 경험도 굉장히 중요하잖아요. 또 진정으로 우리를 평화롭고 행복하게 하는 것들 중 하나 아닙니까?

우리의 삶을 노예의 삶으로 만드는 것이 무엇인가

아까도 저희 시어머니 말씀을 드렸는데, 저는 시어머니와 같이 산 시간이 이제 친정부모님과 같이 살았던 시간보다 훨씬 깁니다. 그런데 그렇게 오래 같이 살 수 있는 비결이 뭐냐면 솔직함이에요. 제 경험으로는 그렇더라고요. 참지 말고 솔직하게 대하니까 되더라고요. 요새 노인분들은 흔히 이렇게 생각하죠. 이제 나이 먹어서 본인 스스로가 거동을 못하면 자식한테 짐이 되지 않고 요양원으로 가겠다고요. 그런데 저희 시어머니는 차라리 짐이 되시겠대요. 요양원에 가시는 게 싫은 겁니다. 아주 솔직하게, 당신은 요양원에 가느니 차라리 그냥 죽겠다 하세요. 그래서 제가 뭐라고 했느냐면, "어머님이 똑똑하게 정신이 살아 있을 때는 제가 안 보낼 거예요. 그런데 어머님이 정신이 오락가락할 때는, 어머님 모르시잖아요, 그때는 제가 어떻게 해도 모르시잖아요" 그랬습니다. 그랬더니 그래도 싫으시대요. 그리고 절대 병원에는 가지 않겠다고 하세요. 물론 일상적으로 나이 들어 어디가 아프고 그러면 동네 병원은 가도, 위급하게 돼서 어디 응급실에 실려 가고 그런 건 절대 안 하시겠대요. 그 얘길 저한테 신신당부하시는데 그건 들어드리려고 합니다.

그런데 솔직히 저희 어머님이 저한테는 부담이 됩니다. 지금은 장기요양보험제도가 굉장히 좋잖아요. 저희 어머님이 진짜 연세가 많으셔서 요양보호사가 매일 와서 그 덕을 많이 보고 있는데, 그래도 부담은 돼요. 하지만 가족으로 몇 십 년을 함께 살아왔기 때문에 그분을 걱정하고 이렇게 같이 있고 싶은 것, 그게 사랑이죠. 사람은 같이 살아야 하는 거고, 이게 사는 맛이 있는 거잖아요. 그러니까 한편으론 가족에게 부담으로 존재하기도 하지만 또 가족의 평화와 행복의 원인이 될 수도 있는 거죠.

흔히 노인분들을 사회복지 정책의 대상으로 해서 몇 등급 이상 되면 요양원으로 보내잖아요. 그런데 요양원에 가면 그때부터는 어떻게 돼요? 예를 들면 어느 할머니에게 간호사나 간병인이 몇 시간 붙어 있을 수 있고, 간호사 한 명이 몇 사람을 돌보고, 이런 식의 수치화된 처리 대상이 될 뿐이죠. 그렇게 존재하게 되는 거예요. 그러면 거기에서 이 할머니가 잃어버리는 건 뭘까요? 설사 자기가 가족에게 부담만 주는 짐 같은 존재라고 하더라도, 가족과 함께 있을 때의 경험과는 너무나 다르죠. 아무리 돈이 많아서 좋은 병실에 좋은 의사에 고급 처우를 받는다고 하더라도, 이 할머니가 잃어버리는 것이 있는 거예요. 그건 측정할 수 없어요. 자본주의 사회에서는 측정할 수 없습니다. 측정할 수 있는 건 단지 그 할머니가 2인실에 있는가 4인실에 있는가, 가격이 얼마인가 이런 것뿐이죠. 하지만 사실은 측정 불가능한 그 무엇이 삶의 질과 사람의 행복을 결정하는 데 대단히 중요한 요소라는 거예요.

그러니까 현대의 시스템이라는 것은, 교통을 비롯해서 의료, 교육 등도 다 마찬가지입니다. 지금 아이들은 너무 불쌍해요. 어린 시절부터 놀지 못하니까요. 또 삶 속에서 스스로 배울 기회가 없어졌으니까요. 아까《학교 없는 사회》라는 책 말씀도 드렸지만, 우리는 7~8살에 초등학교를 들어가기도 전에 유치원·유아원부터 보내잖아요. 그리고 엄마가 열의가 있으면 있을수록 더 가르치려고 들죠. 그러니까 아이들이 어릴 적부터 프로그램화돼서 스스로 뭔가를 배우는 방법을 모릅니다. 길에서 어떤 꽃을 보고 그 아름다움에 반해 한참 바라보다가 그 꽃이 어떻게 생겼는지 기억하게 되는, 그런 식의 배움이 진짜 스스로 배우는 거잖아요. 또 사람과 사람 사이의 관계라든가, 어른에게는 어떤 말을 써야 하고 또 인간이 인간을 어떻게 대해야 하고 이런 것들 말이에요. 저는 어린 시절에 집에서 키우는 개나 들판의 개구리, 도마뱀 이런 거 많이 갖고 놀았거든요. 그런 경험들이 스스로 배우는 거예요. 그런데 요즘 아이들은 놀면서 스스로 배울 수 있는 기회를 박탈당합니다. 그리고 끝없이 뭔가를 배워야 하죠.

의료도 마찬가지예요. 병원에 가면 의사가 내 몸의 주인이지 내가 내 몸의 주인이 아닙니다. 그리고 의사는 통증에 대해 큰 관심을 갖지 않죠. 왜냐하면 통증을 느낀다는 건 어떤 면에서는 건강하다는 증거일 수 있거든요. 또 예를 들면 의료의 끝이 장례인데, 죽음조차도 병원이 독점했잖아요? 제가 이제까지 살면서 아주 가까운 사람이 돌아가신 경험은 저희 엄마가 처음이었어요. 저희 엄마를 화장을 했는데, 이게 이루 말할 수 없는 기계적 과정입니다. 두시간 정도 걸렸던 것 같은데, 들어갔다 나오니까 한 무더기의 뼈로 나오고, 그걸 그냥 큰 믹서에다 갈더라고요. 참, 이걸 뭐라고 표현할 수가 없습니다. 그다음에 뭐가 또 싫었냐면, 전 세계에서 시신을 냉동실에 넣는 나라는 우리나라밖에 없대요. 그리고 전 세계에서 병원에서 장례식을 치르는 나라도 우리나라가 거의 유일하대요. 참 이상한 거예요.

그래서 저는 앞으로 장례는 집에서 치러야겠다고 생각했습니다. 옛날에는 아무리 집이 좁아도 집에서 장례를 치렀잖아요. 아파트에서도 했죠. 그래서 제가 아는 분이 하시는 두레상조라는 상조협동조합에 가입했는데, 가입할 때 제가 내건 조건이 그거였어요. 집에서도 해주냐고요. 그랬더니 그분이 모범 케이스로 해서 자기가 특별히 기록까지 하겠다고 하더라고요. 그래서 거기 가입했습니다. 저희 집이 빌라 1층이라서 그 앞의 마당이 꽤 넓거든요. 그래서 천막 같은 것 쳐놓고 집에서 하려고 합니다. 그게 제 꿈인데 제대로 될지 모르겠어요. 어쩌면 가족이나 다른 친척들이 반대를 하겠죠. 왜냐하면 뿌린 걸 거둬야 하는데 (웃음) 집에서 하면 아무래도 거두는 데 한계가 있잖아요.

죽는다는 건 사람의 인생에서 가장 중요한 것입니다. 사람의 인생을 몇 단계의 통과의례라고 본다면, 어린아이였다가 어른이 될 때, 또 결혼을 한다든가 첫 아이를 갖는다든가, 요즘 같은 경우에는 대학 입시를 치른다든가 직장을 얻는다든가 처음으로 내 집을 장만한다든가, 이런 것이 인생에서 아주 중요한 단계죠. 그런데 그중에서 사람 개인의 인생에서 보면 가장 중요한 통과의례가 장례인데, 그 장례라는 것을 결국은 의료 시스템이라는 '시스템'에 맡기는 거잖아요. 지금은 사실 선택권이 없습니다. 장례를 집에서 치르면 민폐가 되니까요. "왜 이 사람들은 병원에서 안 하고 집에서 해?" 그러죠. 그리고 병원에서 장례를 지내면서, 돌아가신 분을 냉동 안 시킬수 있나요? 사실 왜 그렇게 냉동을 하게 됐냐면, 병원에서 장례를 지내면서 그렇게 된 겁니다. 그런데 전 그게 참 싫더라고요. 엄마 돌아가셨는데 냉동실에다 넣는 게 아주 견딜 수가 없더라고요. 그런데 지금 우리에겐 그렇게 하지 않을 자유가 없습니다.

이런 현대의 여러 가지 시스템들이 우리의 자율성을 약탈하면서, 어떻게 보면 근대적 노예의 삶을 살게 만든 것입니다. 노예의 삶이란 게 뭘까요? 내가 나의 삶을 결정하는 게 아니라 각 분야의 전문가들이 결정하는 겁니다. 고대 사회에서는 지금의 회계사가 하는 일을 노예가 했어요. 의사 일도 노예가 했습니다. 힘들거든요. 그래서 그걸 노예에게 시킨 거예요(물론 그게 좋다는 뜻은 아닙니다). 그런데 지금은 우리가 그런 전문가들의 노예가 돼서, 언제나 그들의 판단을 기다리고 그들에게 스스로 복종할 마음의 준비가 돼 있는 것입니다. 그러니까 어떻게 보면 현대 사회의 이 전문가 시스템이라는 게 사람의 삶을 불구로 만드는 거죠. 그렇기 때문에 우리는 나이 들어가면서 '우리의 삶을 노예의 삶으로 만드는 것이 무엇인가'를 아주 깊이, 그리고 반복적으로, 자기가 만나는 곳곳에서 생각하면서 사는 게 굉장히 중요한 것 같습니다.

자유, 오래된 미래, 그리고 노년의 저항에 대하여

그런데 여러분, 이런 얘기가 다 받아들여지세요? 잘 안 받아들여지실 것 같아요. 젊은 사람들한테 강의할 때 이런 얘기를 하면 잘 못 받아들이더라고요. 그리고 지금 이 시간에는 고개를 *끄덕끄덕*해도 실제로 여러분이 삶 속에서 어떤 선택을 할 때는 지금 얘기와는 다른 선택을 하실 거잖아요. 그만큼 이반 일리치는 현대 사회의 도도한 물결과는 전혀 다른 형태의 삶을 얘기하고 있거든요. 그런데 이런 그의 사상이 당시 1970~80년대의 서구사회에서는 아주 선풍적인 인기를 끌었습니다. 아주 탁월한 사상가였죠.

그러다가 1980년대 이후로, 이분이 나이 50대쯤 되면서는 방향이 굉장히 바뀝니다. 이제까지 이런 책을 쓸 때는 이분도 세상이 바뀔 수 있다고 생각했어요. 그랬는데 1980년대 이후로는 절망을 합니다. 왜냐면 핵무기와 핵발전소가 보편화되고, 또 유전공학이 발달해요. 그런 걸 보면서 너무나 깊은 모멸감과, 자기가 살아온 시대와 문명에 대한 어떤 깊은 절망감에 빠집니다. 하지만 자기가 어느 시대에 살 것인가를 선택할 수는 없잖아요. 그래서 이제 세계의 개선에 대한 노력을 중단합니다. 그리고 어떻게 하느냐면, 친구들과 대화하면서 12세기의 유럽을 연구해요. 이분이 제일 좋아하던 시대가 유럽의 12세기입니다. 자기가 선택할 수 있다면 딱 가서 살고 싶은 시대가 12세기예요. 이분이 만약 분배의 문제라든가 기술의 위험성 등에 대해 경고하는 정도로 끝냈으면 오히려 사람들의 박수를 받는 것으로 끝날 수 있었을 텐데, 어떻게 보면 이반 일리치는 진보와 보수를 막론하고 이 근대 세계가 뿌리박고 있는 기본적인 토대를 뒤집는다고 할까요, 그런 시도를 한 거예요. 그리고 그것이 안 될 거라는 자각을 한 50대 후반쯤부터는 절망을 하고 더 이상 그런 책을 안 씁니다.

그리고 그때부터 무슨 책을 썼냐면 12세기의 삶에 대한 책들, 아까 말씀드린《텍스트의 포도밭》도 이때 쓴 책입니다. 당시 수도사들이 수도원에서 독서와 글쓰기를 어떻게 했을까 이런 거예요. 이때부터 이반 일리치는 남을 계몽하는 책이 아니라 자기 스스로에게 재미있는 책을 씁니다. 세계와 인간에 대해 절망한 그는 희망을 친구들과의 우정에서 찾죠. 그리고 여성노동을 연구하는 여성 학자와 친구가 돼서 한 집에 살아요. 그 관계가 어떤 관계인지는 아무도 모르지만, 서로 독립적이면서도 함께 우정을 나누며 삽니다. 그리고 어느 날 오후에 조용히 의자에 앉아서 돌아가셨습니다.

이게 제가 나이듦의 불복종이라고 하는 것입니다. 그런데 어쩌면 젊은 사람들은 이렇게 못 해볼지도 몰라요. 아직 살 날이 많기 때문에, 이 긴 나날을 시대와 거슬러 사는 건 너무나 큰 모험심이 필요할지도 모릅니다. 하지만 나이 들어서는 이런 생각을 해볼 수도 있지 않을까요? 나이 들어서 할 수 있는 저항은 이런 저항, 내가 내 몸의 주인이 된다든가 그런 것 아닐까 생각합니다.

제가 쓴 논문 중 〈근대의 공리(公理)와 '우연'의 상실〉이란 글이 있는데, 부제가 '이반 일리치의 비(非)근대 사상'입니다. 요즘 '탈근대'라고는 얘기해도 '비근대'라는 말은 낯설 텐데, 제가 왜 '탈근대'라는 말을 안 썼을까요? 남들이 너무 써서 더럽혀놨기 때문입니다. 사실 제가 보기에는 진정한 '탈근대'가 아니라 근대의 연속 또는 근대가 더 극단화된 것일 뿐인데도 '탈근대'라고 하는 것 같아요. 어떻게 보면 '하이(High)-모더니즘'이라고 부를 만한 것을 '포스트-모더니즘'이라고 부르는 사람이 많아요.

저는 어떤 의미에서는 이반 일리치의 사상이야말로 진정한 '탈근대' 사상이라고 생각합니다. 인간이 자기가 살고 있는 장소에 자연스럽게 뿌리 내리고 거기 있는 사물들과 사람들과 친밀성을 가지면서, 사람을 어떻게 대하는가, 어떻게 살아가는가를 스스로 배워가면서 사는 삶이 바로 토착적 삶이고 전통사회의 삶인데 이반 일리치는 그 얘기를 하는 거거든요. 흔히 '오래된 미래'라고 그러잖아요. 진정한 미래는 어디 있을까요? 오래된 삶의 방식, 전통적인 삶의 방식에 있다고 생각합니다. 그렇기 때문에 이반 일리치가 말하는 것이 진정한 의미에서 '탈근대'인데, 남들이 그 말을 다른 의미로 써버렸

이반 일리치의 사상이야말로 진정한 '탈근대' 사상이라고 생각합니다. 인간이 자기가 살고 있는 장소에 자연스럽게 뿌리 내리고 거기 있는 사물들과 사람들과 친밀성을 가지면서, 사람을 어떻게 대하는가, 어떻게 살아가는가를 스스로 배워가면서 사는 삶이 바로 토착적 삶이고 전통사회의 삶인데 이반 일리치는 그 얘기를 하는 거거든요. 흔히 '오래된 미래'라고 그러잖아요. 진정한 미래는 어디 있을까요? 오래된 삶의 방식, 전통적인 삶의 방식에 있다고 생각합니다.

기 때문에 저는 그냥 '비근대'라고 했습니다.

그리고 '근대의 공리'라고 했을 때 공리가 뭔가요? 예컨대 수학에서는 증명이 중요한데, 설명하거나 논증할 필요 없이 딱 정해져 있는 게 공리입니다. 예를 들면 '2는 1보다 크다', '삼각형의 세 각의 합은 180도다' 이런 거죠. 그러니까 쉽게 얘기하면 아주 뿌리 깊이 박혀 있는 것이 공리입니다. 제가 아까 우리가 너무나 당연하다고 생각하면서 사는 것들에 대해 얘기했잖아요. 과거로부터 타임머신을 타고 온 사람들이 본다면 너무나 이상한데 우리 현대인들은 굉장히 당연하다고 생각하는 그런 것들을 다시 곱씹어보자고 한 거거든요. 그러면 근대의 공리, 근대에서 당연하다고 생각하는 가정들은 뭘까요? 제 논문의 앞부분만 좀 읽어볼게요. 제목은 어렵지만 내용은 그리 어렵지 않습니다.

이반 일리치는 1984년 미국 댈러스의 인문문화연구소로부터 댈러스 시 중심부에 인공호수를 만드는 것이 바람직한가에 대한 강연을 청탁받고 〈H_2O와 망각의 강〉이라는 글을 썼다. 이 글에서 그는 댈러스 시가 호수를 만들 물로 이용하자고 제안한 재활용된 화장실 배출수가 역사적으로 물이 지니던 상상력 풍부한 반향을 잃어버리고 더 이상 꿈의 물을 반영하지 못하므로 이제 H_2O라는 이름이 더 어울리는 것이 되지 않았는가 하는 질문을 던진다. 호수의 물과 변기 물 사이의 차이가 H_2O라는 이름으로 균질화되어버린 것이다.

일리치는 바슐라르의 《물과 꿈》을 인용하면서 한 문화가 자신의 깊은 상상력 속에서 물질에 특정한 형태를 부여하는 과정을 이야기했다. 세례의 물은 거룩한 축복을 가져오고, 망각의 강, 레테의 물은 죽은 자들의 발에서 기억을 씻어내 기억의 여신 므네모시네의 물로 운반해가고, 그곳에서는 방랑시인이 그들의 기억을 건져낸다. 그러나 일리치는 근대적 관리와 조작의 강도가 일정 한도를 넘어서면 이러한 연관성이 끊어진다고 했다. 그는 이렇게 결론지었다.

"20세기는 물을 변화시켜 원형의 물과는 섞을 수 없는 액체로 만들어버렸다."

이게 근대 문명의 특징이라는 것입니다.

그리고 그는 고대에 공간이 만들어지는 독특한 방식에 대해서도 말했다. 고대에는 도시를 만들 때 정교한 예식을 거행했는데, 이 예식은 거룩한 고랑을 파 경계를 정하는 행위에서 정점에 달했다. 이렇게 함으로써 공간에 둘레가 쳐지고 지평이 부여되면서 그 안에 실체가 생겨났다. 사람들은 그렇게 분리된 공간 내에 거주하면서 자신의 흔적을 남길 수 있었다. 근대 산업사회 이전의 인간들은 균질한 공간 속에서는 존재할 수 없었다. 그들에게는 신체의 안과 밖, 도시의 안과 밖, 원의 안과 밖을 나누는 구별이 모든 경험의 본질적 요소였다. 이와 대조적으로 현대의 도시 공간은 균질하고 연속적이며 동일성이 전 세계에 걸쳐 끝없이 이어진다. 이에 어울리는 표상은 일리치에 따르면 불도저이다.

이건 조금 설명을 해드리겠습니다. 원래 고대는 도시화가 안 되어 있었잖아요. 다 마을에서 살았죠. 그런데 도시를 건설하게 되면 사람들이 이주를 하면서 자기가 살던 마을의 흙을 한줌씩 갖고 옵니다. 그리고 새로 건설하는 도시에 구덩이를 파고 거기에다 자기네가 가져온 흙을 던져 넣어요. 그 구덩이를 라틴어로 '문두스'라고 했어요. 프랑스어로 '세계'라는 뜻의 '몽드(Monde)'라는 말이 바로 이 '문두스'에서 나온 말입니다. 각자 고향에서 갖고 온 흙을 담은 구덩이가 '세계'인 거예요. 재밌지 않아요?

그리고 현대의 아파트라는 공간과 옛날 전통가옥의 구조를 한번 생각해보세요. 공간의 구성 방식이 다릅니다. 아파트는 그냥 납작하고 균질화된 공간이죠. 그런데 전통가옥에는 곳곳에 숨은 공간들이 있고, 그 공간마다 어떤 규정들이 있습니다.

결국 사물 안에 고유하게 내장되어 있는 경계, 그리고 고대인들이 그토록 강렬하게 의식하고 있었던 "성과 속"이라는 근원적 경계를 잃어버린 근대 문명은 모든 차이를 불도저로 밀어버렸다. 그 결과 화장실 배출수와 호수의 물 사이의 차이도, 유유히 흐르는 강물과 거대한 콘크리트 어항에 담긴 물 사이에 존재하는 차이도, 자연의 불과 핵분열의 끌 수 없는 불 사이의 차이도 인식하지 못하게 되었고, 남자와 여자, 안과 밖 사이의 차이와 경계도 무너뜨려버렸다. 그리고 근본적으로는 하느님과 피조물 사이의 차이와 경계가 무너져버렸다.

일리치는 이러한 균질화가 내포하는 폭력성에 주목한다. 그에 따르면 근대 문명의 폭력성은 모든 차이를 밀어 없애버리는 균질화의 폭력에 근거한다. 모든 것을 균질화시켜 오로지 숫자만이 지배하고, 인간은 결코 그 숫자의 주인이 될 수 없다는 사실, 이것이 우리 시대의 폭력성의 근저에 깔려 있다. 그리고 이처럼 모든 차이와 경계가 무너져버렸을 때 성서적 신앙, 곧 성육한 하느님의 사랑을 빈 말이 아니라 그 말이 의미하는 바대로 제대로 말하는 것은 더 이상 가능하지 않다. 그 사랑은 하느님과 피조물 사이의 차이와 경계 위에서만 가능하기 때문이다.

'거대한 콘크리트 어항에 담긴 물'이란 표현이 나오는데, 이게 바로 청계천 같은 것입니다. 청계천 좋아하세요? 저는 별로예요. 물론 예전의 너무 처참했던 청계천도 문제가 있지만 지금의 청계천은 사실 청계천이 아니죠. 또 우리가 어릴 때는 한강 백사장에 가서 물놀이도 하고 그랬는데, 지금은 다 준설해서 백사장이 없어졌잖아요. 다 시멘트로 발라놨죠. 그러면 유유히 흐르는 강물과 거대한 콘크리트 어항에 담긴 물 사이에 존재하는 차이가 뭘까요?

예를 들어서 흔히 '길일'이니 '흉일'이니 하고 말하죠? 그런데 사실 현대 사회에서 이게 가능합니까? 가능하지 않아요. 오늘날 우리의 시간은 어떻게 돼 있습니까? 예를 들어 오늘 흉일이니 학교 안 가고 집에 있어야지, 이럴 수 있나요? 현대 사회는 그런 걸 허락하지 않습니다. 오늘날의 시간은 과거에서 미래로 끝없이 이어지는 균질적인 시간이고, 모든 시간은 개념적으로 다 똑같은 거예요. 그러나 옛날에는 길일이 있고 흉일이 있고 하는 식으로, 시간이 균질하지 않았습니다.

그런가 하면 장소도 마찬가지입니다. 예를 들면 옛날에는 방의 문턱 위에 올라서면 어른들이 뭐라고 했습니까? 재수 없다고, 올라서지 말라고 했잖아요. 왜 그랬을까요? 경계는 언제나 위험하니까 그렇습니다. 국가와 국가 간의 경계인 국경, 위험하잖아요. 그리고 한 사람의 삶에서도 경계는 어떤가요? 불안하고 위험하죠. 그러니까 사춘기 애들이 불안하잖아요. 그런 인간의 오랜 경험 때문에 문지방 위에 서 있으면 재수 없다, 이런 관념이 생기는 것입니다. 그리고 전통사회에서는 어느 지역은 신들이 있는 지역이고, 어느 지역은 이를테면 '흉가'다 이런 말이 있잖아요. 그건 뭐예요? 결국은 시간이나 공간이 균질적이지 않다는 거죠.

그러니까 어떻게 보면 전통사회는 자기에게 주어진 장소와 문화와 공동체, 같이 사는 사람들 안에서 나의 세계를 닫는 측면이 있습니다. 그런데 지금 현대 사회는 그 닫았던 문들을 다 열고 벽을 허물어버렸죠. 그렇게 하는 이유는 뭐겠어요? 그렇게 해야 시스템이 투과하기 쉽고 지배하기 쉬우니까 그렇겠죠. 현대 문명이라는 게 바로 그런 것입니다. 이제 노년의 저항이라는 것은 설사 협소하다 하더라도 자기가 속해 있는 구체적인 장소에 깊이 뿌리를 내리고, 삶이든 죽음이든 최대한 나 자신이 선택하려고 노력하는 것 아닐까요?

이반 일리치는 병원 치료를 거부하고 집에서 조용히 죽음을 맞이했다고 하셨는데요, 저는 목숨만 붙어 있고 도저히 삶이라고 볼 수 없을 지경이 되면 안락사가 필요하다고 생각해요. 교수님께서는 혹시 존엄사에 대해 어떻게 생각하시나요? 존엄사를 찬성하시나요? 그렇다면 어디까지 허용해야 할까요?

이게 참 복잡한 문제입니다. 존엄사에 대해 접근하는 층위가 여러 가지가 있는데, 예를 들면 법적·사회정책 차원에서 문제제기를 할 수 있습니다. 아무리 선의에 의한 것이라 하더라도 악용될 가능성이 굉장히 많잖아요. 어떤 특정한 것이 허락됨으로 인해서 생겨나는 사회적 파급 효과도 있기 때문에 '나의 결정'이라는 차원을 떠나서 발생하는 문제가 있습니다. 그 부분에 대한 논의는 일단 여기서는 논외로 하고, 순전히 제 개인적인 견해만 말씀드릴게요.

네덜란드나 캐나다 등에서 안락사가 허용되는 걸로 알고 있는데,

제가 언젠가 그 장면을 동영상으로 본 적이 있습니다. 마치 축제를 하듯이 친구들과 친척들을 불러 파티를 한 다음에 가장 가까운 가족 몇 사람과 의사와 함께 들어가서 약물을 투여해 바로 죽음을 맞는 그런 거였어요. 그런데 저는 이런 얘기를 하나 해드리고 싶습니다. 제가 아는 몇몇 목사님들(저한테는 어르신들이시죠) 모임에 갔다가 그분들끼리 말씀하시는 걸 들은 적이 있어요. 무슨 대화냐면 '아무개가 곡기를 끊었대', '누구누구도 곡기를 끊었대' 이런 얘기였죠. 생각해보면 옛날 분들 어떻게 돌아가셨나요? 안 먹었죠.

제가 고양이를 좋아해서 저희 집에 고양이가 여섯 마리가 있어요. 그런데 고양이가 죽는 걸 보면, 이 현대화된 의료 시스템 사회에서 우리 인간이 죽는 것보다 훨씬 더 존엄하게 죽습니다. 보통 아플 때는 그냥 있다가, 죽을 때가 되면 구석에 들어가서 조용히 있어요. 그리고 죽어요. 그럼 이런 의문 안 드세요? 저 많은 길고양이들이 다 어디에 가서 죽나? 동물들이 사람보다 나은 거예요. 세상에 생명으로 태어나서 나고 죽는 걸 우리보다 더 잘 아는 거죠. 그런데 안락사라는 건, 우리가 스스로 죽는 방법까지도 의사에게 의지해야 하는 거잖아요. 전 그게 싫어요. 저 같으면 옛날 어른들은 어떻게 돌아가셨는지를 좀 더 연구해서 내가 할 수 있는 방법을 택할 것 같습니다.

지금 한국 사회가 빈부격차나 비정규직 문제, 청년실업, 노인빈곤 등으로 인해 대단히 혼란스럽지 않습니까? 이반 일리치처럼 자기 개인의 삶 속에서 학교나 병원, 교통 등의 현대적인 시스템을 거부하는 저항의 방식도 있

겠지만, 사회 참여적인 저항 또는 불복종의 방식도 있을 것 같은데요, 구체적으로 노년기에 어떤 저항이나 불복종을 실천하면 좋을까요?

저는 지금까지 제가 얘기한 것도 사회 참여적인 저항이라고 생각합니다만, 질문하신 뜻도 무슨 뜻인지 알겠습니다. 아마 좀 더 씩씩하고 열정적인 사회 참여, 저항을 원하시는 듯합니다. 그리고 각 개인이나 생각이 비슷한 몇몇 사람들이 각자 자기 삶에서 실천하는 것도 좋겠지만, 보다 집단적인 역량을 모아서 한 방향으로 우리 사회를 이끌어가는 것은 대단히 중요합니다. 아마 이런 것을 일컬어 '정치'라고 할 수 있을 텐데요. 국회나 국가 정책 차원에서, 사회경제체제 차원에서 바른 방향으로 바꿔가는 것은 각 개인이 노력하는 것보다 훨씬 광범위하고 빠른 효과를 가져옵니다. 그래서 '정치'는 우리 삶에서 대단히 중요하고, 넓은 의미에서 '정치' 아닌 것이 없지요. 저는 아주 구체적으로 말씀드리겠습니다. '녹색당'이라는 정당이 있습니다. 두 차례 총선에 참여했지만, 아직 국회의원을 의회에 내보내지 못했습니다. 녹색당의 정강·정책을 이 자리에서 말씀드릴 수는 없습니다만, 적어도 제가 오늘 이야기한 이반 일리치의 사상과 가장 가까운 정당이라고 단언할 수 있습니다. 녹색당이 국회에 의원을 한 명이라도 보낼 수 있게 된다면, 한국 정치사에서 아주 의미 있는 한걸음이 시작되리라고 생각합니다. 그래서 여러분께 말씀드리겠습니다. 녹색당에 가입하시고 적극적으로 배우고 활동하시면 그것이 가장 구체적인 사회 참여적 저항, 불복종의 방식이 될 것입니다.

놀이하는 노년,
쓸모없음의 즐거움에
눈뜨는 시간

김융희

미학자

1965년 출생. 서강대학교에서 철학을, 홍익대학교에서 미학을 공부했다. 7년간 서울예술대학 교수로 재직하면서 신화와 상상력, 예술철학 등을 가르쳤고, 지금은 학교 밖에서 인문학 강의를 하고 있다. 미학적 주제를 일상의 삶과 연결하는 작업에 몰두해온 그는 고대 신화에서 계절의 순환이 지니는 상징에 주목하면서, 오십 이후의 인생은 새로운 차원에서 다시 태어나는 부활과 재생의 시간이라고 말한다.

그러므로 이제 내면의 목소리와 직관에 귀 기울이면서 어린아이의 마음을 회복해야 할 시간이라는 것. 그리고 자유로운 창조와 놀이의 세계에 자신을 초대할 때 더 커다란 나를 만날 수 있다고 강조한다. "세상이 요구하는 나를 만들어나가는 과정이 인생의 전반부라면, 인생의 후반부에는 그런 나의 껍질을 깨고 저 안에 꼭꼭 숨어 있던 '진짜 나'를 끄집어내서 부활시켜야 해요. '진짜 나'는 인생의 저녁에 깨어납니다."

안녕하세요. 반갑습니다. 미학 공부를 하고 있는 김융희라고 합니다. "가을은 낙엽이 꽃이 되는 두 번째 봄이다"라고 알베르 카뮈도 말했지만, 오늘 아침에 비도 오고 오후부터는 날씨가 청명하게 개면서 낙엽도 아주 예쁘고 굉장히 아름다운 날인 것 같아요. '나이듦'이라는 이야기를 어떻게 할까 궁리를 하다 생각해보니 1년이 봄, 여름, 가을, 겨울로 이루어진 것처럼 우리 인생도 봄, 여름, 가을, 겨울로 이루어진 것이라는 생각이 들어서 계절 얘기로 시작해볼까 합니다.

지난 일요일이 절기로 상강(霜降)이더라고요. 서리가 내리는 날. 그런데 우리 머리가 희끗희끗해지는 것도 흔히 '서리 내린다'고 하죠? 머리카락에 서리가 내리는 시간이 나이듦의 시간입니다. 그런데 원래 서리는 뭐로 돼 있죠? 예, 물이죠. 그럼 서리로 내린 그 물은 어디로 갈까요? 예, 땅속으로 들어갑니다. 그리고 물이 땅속으로 들어가면 땅 위에는 물이 말라가요. 나무도 그 안에 있는 물이 점점 말라서 어디로 들어가느냐면 뿌리 아래로 깊이 내려가요. 눈에 확연히 보이게 물이 내려가는 이 시간이 상강입니다.

그런데 상강이 지나면 추워지죠. 그래서 지금이 단풍놀이하기 굉장히 좋은 때예요. 희한하게도 물이 나뭇가지로 올라가면 잎사귀가 파랗고 초록색으로 빛나는데, 그 물이 다시 안으로 들어가면 나뭇잎이 꽃처럼 울긋불긋해지죠. 저는 봄 꽃보다 가을 낙엽이 더 아름다운 것 같아요. 나이가 들어서 노년이 된다는 건 이런 시간을 맞이하는 일인 것 같습니다. 바깥에 있던 물이 안쪽으로 들어가는 시간, 즉 생명이 바깥에서 안으로 들어가는 시간이 바로 노년이라고 생각해요.

봄 꽃 가을 낙엽, 인생의
가을과 겨울에 대하여

저는 공부를 좀 이것저것 했어요. 처음에는 예술철학에서 출발했는데, 미학을 공부하다 보니까 관심사가 상상력으로 넘어가고, 상상력을 공부하다 보니까 신화까지 갔어요. 그래서 신화에서 오늘의 주제와 관련된 그림을 하나 골라봤습니다.

여러분, 그리스의 영웅 헤라클레스 아시죠? 헤라클레스가 무슨 뜻이냐면 '헤라의 영광'이라는 뜻입니다. 헤라 여신은 들어보셨죠? 화장품 이름도 있지만, 신들의 제왕인 제우스의 부인이 바로 헤라

태양의 배를 타고 밤바다를 여행하는 헤라클레스. 기원전 350년경.

예요. 그리고 헤라클레스는 제우스의 혼외자식이죠. 제우스가 바깥에서 아이를 낳았는데, 이 아이를 신으로 만들려고 몰래 헤라 여신의 젖을 먹였대요. 그래서인지 헤라클레스는 힘이 엄청 세요. 이 힘을 주체를 못해서 사자까지 때려잡았죠. 그런데 사자를 때려잡고 오만하게 지내다 보니까 눈에 뵈는 게 없어서, 어느 날 술에 취해 자기 아이들과 부인들을 다 죽여버린 거예요. 그래서 헤라클레스는 일생

동안 자기의 죄를 정죄하는 의식을 치르기 위해 신이 내준 12개의 숙제를 하다가 인생을 마칩니다.

지중해 사람들은 이 헤라클레스를 남성이 추구하는 전형적인 영웅의 이미지로 생각했어요. 우리가 어렸을 때는 영웅이 되기를 원하죠. 잘나가길 원하고, 유명해지길 원하고, 성공하기를 원하고, 승부에서 이기기를 원하고… 헤라클레스같이 사는 거예요. 그런데 이 그림을 자세히 보면, 헤라클레스가 항아리 같은 데 들어가 있습니다. 이게 뭐냐면 바로 '배'예요. 옛날 사람들은 태양이 하늘을, 이렇게 배를 타고 여행하는 것처럼 여행한다고 생각했어요. 그러니까 이 그림은 헤라클레스가 태양의 배를 타고 여행하는 그림입니다. 그런데 낮이 아니라 밤바다를 여행하는 거예요.

그림 하나 더 보시죠. 이집트인들이 그린 그림입니다. 이집트인들은 태양이 동쪽 하늘에서 떠서 서쪽 하늘로 지는 걸 어떻게 생각했느냐면, 태양이 저녁에는 하늘 여신의 입으로 들어갔다가 이튿날 아침이면 다시 태어나는 거라고 생각했어요. 그래서 태양이 하늘 여신의 뱃속을 통과하는 시간이 밤입니다. 동양에서는 흔히 하늘은 남자, 땅은 여자라고 생각하는데 저 동네에서는 거꾸로 생각했어요. 하늘이 여신이고 땅이 남신입니다. 그래서 이 그림에서 이렇게 엎드려뻗치고 있는 게 하늘 여신이에요. 아침이 되면 태양이 하늘 여신의 입에서 태어납니다. 그리고 낮 동안 이렇게 죽 여행을 하고는 밤이 되면 다시 이 하늘 여신이 태양을 먹어요. 그리고 태양이 밤새 여신의 몸을 통과해서 다음 날 아침에 다시 나오는 거죠.

여러분의 나이는 하루로 치면 몇 시쯤 될까요? 제 경우는 한 오후 5~6시쯤 된 것 같아요. 머리에 서리가 한참 내리면 6시, 7시, 8시, 9시…. 인생의 전반부에는 우리가 하늘 여신의 바깥에서 살다가, 후반부에는 하늘 여신의 뱃속에 들어가서 사는 거예요. 하지만 여기서 살다가 죽는 게 아니라, 다시 아침이 되면 나와요. 이게 죽음과 부활의 신화입니다. 모든 사라지는 것들은 완전히 사라지는 게 아니라, 때가 되면 부활한다는 거죠. 그래서 유명해지신 분 있죠? 예수님. 죽었다가 사흘 만에 다시 부활해서 2천 년 동안 스타가 됐어요.

그런데 이 죽음과 부활에 대한 이야기는 예수님만 있는 게 아니라, 옛날 지중해 지방에서는 많은 사람들이 모든 존재가 그렇게 부활한다고 생각했습니다. 왜냐하면 우리의 하루가 아침, 점심, 저녁, 밤이 지나면 또다시 아침이 되고, 또 한 해가 봄, 여름, 가을, 겨울이 지나면 다시 봄이 되는 것처럼, 모든 생명을 가진 존재는 그렇게 돌고 돈다고 생각한 거죠. 그러면 노년은 어떤 시간인가요? 저물어가는 시간이죠. 그런데 우리는 저물어가는 걸 너무 아쉬워만 하는 것 같습니다. 저는 저물어가는 시간이 하루 중 가장 아름다운 시간이라고 생각해요. 고등학교 다닐 때 저는 해가 지는 걸 보려고 매일 서울 성곽 산꼭대기에 올라가서 해 떨어지는 걸 구경했어요. 정말 예뻐요. 자연의 이치로 보면 노년은 그렇게 가장 아름다운 시간인데, 왜 그런지 오늘 제가 말씀드리려고 합니다.

상강이라는 절기가 지나면 동지가 오는데, 그날이 12월 22일이죠. 그런데 저쪽 지중해 지방에서는 그때 오는 신이 있어요. 바로 포도

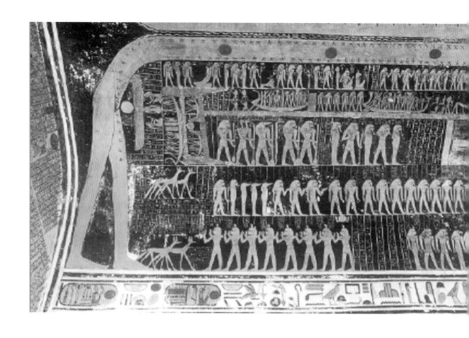

주의 신으로 알려진 디오니소스입니다. 로마 사람들은 이 디오니소스를 '바쿠스'라고 불렀죠. 그런데 디오니소스는 포도주의 신일 뿐만 아니라 '부활'의 신이기도 합니다. 그리고 '도취'를 관장하는 신이고, 또 연극의 신이기도 해요. 그런데 그리스를 비롯한 지중해 사람들은 햇빛이 쨍쨍 내리쬐는 봄과 여름에는 디오니소스가 사라졌다가, 동지 때가 돼서야 비로소 나타난다고 믿었답니다. 그러면 디오니소스가 없는 동안에는 어떤 신이 있을까요? 바로 태양신 아폴론입니다. 이 아폴론이 동지가 되면 쉬러 가고, 그 자리를 채우러 디오니소스가 나타나는 거죠.

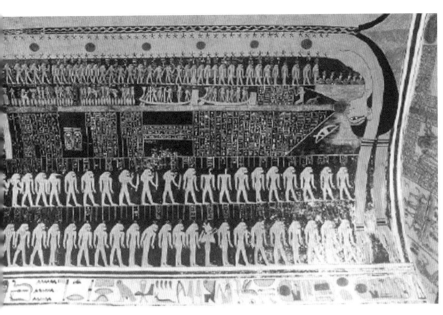

태양은 밤이면 하늘 여신의 입 속으로 들어가 아침이면 다시 태어난다. 람세스 4세 무덤 천장화. 기원전 1137년.

그런데 이 디오니소스는, 그림에서도 보다시피 표범을 타고 다녀요. 그래서 일단 이 신이 등장하면 모든 야생동물들이 줄줄이 따라다녔습니다. 뿐만 아니라 늘 막대기를 가지고 다니는데, 담쟁이덩굴 막대기예요. 그러니까 디오니소스는 문명을 관장하는 게 아니라 자연을 관장하는 신이에요. 그래서 디오니소스가 온다는 건 우리 안에 있는 자연성이 깨어나는 시간이라는 뜻도 됩니다. 그런데 이 신이 바로 동짓날에 오는 거예요.

봄과 여름에는 밤이 환하잖아요. 그런데 술과 도취와 연극과 또 광기의 신이라고도 부르는, 사람을 미치게 만드는 이 신이 오면 어디가 환해질까요? 술 마시면 어디가 환해져요? 뱃속이 환해져요! 이 신은 우리의 가슴과 뱃속을 뜨겁게 하는 신입니다. 그래서 이때 오는 거예요. 그러니까 불과 열기와 생명과 물 이런 것들이 봄·여름까지는 바깥에 있다가, 가을·겨울에는, 특히 겨울이 되면 우리 몸 안쪽으로 들어온대요. 그래서 디오니소스가 관장하는 게 '부활'입니다. 모든 살아 있는 존재는 저물어가지만 때가 되면 다시 태어난다는 부활의 신.

그런데 동지에 깨어나는 신이 또 있습니다. 바로 미트라 신이에요. 이 조각 작품은 3세기 때의 것으로 이탈리아 시칠리아에서 발견된 조각상이에요. 그런데 자세히 보면 이거 무슨 모양 같으세요? 미트라 신이 알 속에 들어 있네요. 그리고 알 바깥의 동그라미가 12칸으로 나뉘어 있는데 칸마다 그림이 그려져 있죠? 물고기도 있고, 소, 전갈, 사람 쌍둥이도 있고…. 이게 별자리입니다. 1년 동안 태양이 하늘을 한 바퀴 도는 별자리. 이걸 '천궁도(天宮圖)'라고 하는데 하늘의 궁전을 그린 거죠. 태양이 한 바퀴를 도는 1년이라는 시간을 나타내는 시계 같은 것입니다. 그런데 1년이라는 이 시간 속에서 누가 태어나는데, 알을 뚫고 이렇게 깨고 나온다는 거예요. 밑에도 위에도 알이 있죠. 그리고 아래쪽의 알 밑에서는 불길이 일어나고 있고, 밑에서부터 생명을 상징하는 뱀이 감고 올라갑니다.

이 신이 빛의 신, 미트라입니다. 그런데 이 신도 동짓날에 태어난다고 합니다. 희한하게도 빛이나 불과 관련된 신들은 다 이때 태어납니다. 그러고 보면 예수님 생일도 동지에서 3일 지난 때잖아요?

포도주와 부활과 도취와 연극의 신. 디오니소스는 한겨울에 귀환한다. 로마 시대 모자이크.

동지에 태어나는 빛의 신, 미트라. 3세기, 시칠리아.

그러니까 새롭게 태어나는 신들이 다 이때 태어나는 거예요. 이게 무슨 뜻일까요? 왜 빛의 신이 이때 태어나는 걸까요? 우리 인생에서도 이런 신들이 태어나는 시간이 인생의 동지입니다. 그러니까 우리는 한 번 태어나는 게 아니라 적어도 두 번 이상 태어난대요. 그런데 최종적으로 정말 우리 안에 있는 뭔가 신비스러운 빛이 알을 깨고 나오는 때는 인생에서 저물어가는 시간, 어두워지는 시간입니다. 동지는 빛이 줄어들고 밤이 긴 날이죠. 그러나 그날부터 다시 낮이 길어지기 시작하는 날이기도 하죠. 그러니까 부활의 날이에요.

마흔아홉 이후,
진짜 나를 발견하는 시간

카를 구스타프 융이라는 심리학자가 있습니다. 이분은 중년 이후의 삶을 굉장히 중시한 분이죠. 이분이 이런 말을 남겼습니다.

"49세 이후는 진짜 나를 발견하는 때다."

왜 하필 49세일까요? 우리나라 나이로는 50세죠. 여러분은 50세에 무슨 일을 경험하셨나요? 평탄하게 넘기셨나요? 우리가 흔히 '아홉수'라고 하는데, 아홉수의 최고 절정이 마흔아홉수입니다. 그리고 마흔아홉을 넘어가는 시간을 '중년의 위기'라고 불러요. 여성들은 그때 뭐가 찾아옵니까? 예, 갱년기. 얼굴이 막 빨개졌다 추워졌다 그러죠. 제가 얼마 전에 〈다가오는 것들〉이라는 프랑스 영화를 봤는데, 그 영화가 40대 후반 여성의 갱년기에 대한 얘기예요. 영화의 여자 주인공이 그런 말을 합니다. 여자가 마흔이 넘으면 아무도 거들떠보지 않는다고요. (웃음) 그러니 굉장히 우울해지는 시간이죠. 그래서 이 위기를 어떻게 보내나요? 이때가 되면 '이대로 삶을 마치기는 좀 속상하지 않나?' 하는 생각이 드는 것 같아요. '내가 여태까지는 이런 식으로 살았는데 앞으로도 계속 이런 식으로 살다 죽으면 태어난 게 좀 억울하지 않나?' 이런 생각이 듭니다.

우린 이 시간을 '사추기(思秋期)'라고 부르죠. 사춘기(思春期) 못지않게 사추기는 질풍노도의 시간입니다. 주변에 갱년기 맞으신 분들 어떠신가요? 일단 신경질을 많이 내고 (웃음) 밖에서는 참 그럴 듯해 보이는데 집에만 들어오면 이 사람이 정상적인 능력을 가지고 사는 사람인가 하는 생각이 들 때가 있어요. 불안정해지죠. 그리고 이때 사람들이 뭐하는지 아세요? 새로운 연애를 꿈꿉니다. (웃음) 왜 그럴까요? 사춘기에 못한 걸 사추기에 해야 하니까요. 우리 사춘기 때 사랑이 찾아오잖아요. 사랑에 눈뜰 때죠. 그런데 사춘기에 눈뜬 사랑은 이루어질 수 없는 사랑이에요. 그때는 성공도 해야 하고, 세상의 논리에 맞춰서 이 세상이 나한테 요구하는 대로 살아야 해요. 그래서 뭔가 마음속에서 갈등이 막 일어나다가 대부분 뭘 선택하느냐면 실리를 택해요. 그리고 많은 사람들이 그 이후로 어른으로 삽니다.

그런데 어른으로 산다는 건, 우리 삶에서 굉장히 많은 걸 희생하는 시간인 것 같습니다. 어렸을 적을 한번 생각해보세요. 뭐가 되고 싶으셨어요? 보통 그런 얘기 많이 하잖아요. "아, 꿈도 많았지. 그런데 살다 보니까 그게 아니더라고. 꿈은 이루어지는 게 아니라, 꾸기만 하는 거야. 적응해가면서." 그런데 적응을 한다는 건 내가 내 마음의 울림에 따라서 사는 것이 아니라, 내 밖에서 요구되는 것에 맞춰 사는 것입니다. 사춘기 때는 그 두 가지가 서로 싸우죠. 내 안에서 뭔가가 막 하고 싶은데 부모님은 하지 말라고 하고, 나는 기필코 그것이 하고 싶죠. 그래서 대부분 아들과 아버지가 많이 싸워요. 아버지가 갱년기가 되면 아들은 사춘기가 되는데, 그래서 많은 집에서 사추기 아버지와 사춘기 아들의 갈등이 있습니다. 사춘기 아들은 자기가 원하는 대로 살고 싶고, 사추기 아버지는 인생이 별거 없다는 걸 알아요. 그리고 원하는 대로 살다가는 딱 망하기 십상이라고 생각하죠. 우리는 자기 꿈을 추구하려고 하다가도 나이가 들면서는 '아, 인생은 그런 게 아니야. 내 꿈대로 갈 수 없어' 하면서 포기하는 법을 배우는 것 같습니다.

요즘은 더 살기가 힘들어졌죠. 제 친구 중에 학교 교사인 친구가 있는데 이런 얘기를 합니다. "요즘 아이들 장래 희망이 뭔지 알아?" 건물주래요, 건물주. 아니면 공무원. 저는 너무 슬펐어요. 왜 하필이면 건물주와 공무원을 꼽을까요? 불안이 뼛속 깊이 엄습해와서, 인생의 제1의 목적이 생존이 돼버린 것입니다. 그런데 돌이켜보면, 그 나이 때에는 어른들이 아무리 생존 걱정을 해도 뭔가 저 너머에 있는 다른 세계를 꿈꿨던 것 같아요. 그런데 요즘 아이들은 똑똑해진 건까요? 어른들이 많이 잘못한 것 같습니다. 생존에 위협이 되는 사회를 만들어놨으니까요.

이제까지 우리가 정상적으로 산다는 건 뭐였느냐면, 자기답게 사는 게 아니라 밖에서 주어진 어떤 모델에 맞춰서 사는 것이었습니다. 그리고 이렇게 살아가기 시작하면 사람들이 "아, 드디어 철이 들었구나. 이제 어른이 됐구나" 이렇게 얘기를 해요. 그리고 그렇게 계속 살면서 경력도 얻고, 어느 정도 지위에도 오르고, 돈도 벌고, 그렇게 우리 생존 문제를 해결해가면서 삽니다. 그러다가 49세쯤 되면 '뭔가 허전해. 뭔가 억울해. 뭐지? 빠진 게 뭐지? 도대체 뭐가 없는 걸까?' 이런 생각에 부닥칩니다. 이런 생각을 하다 보면 약간 우울해지죠. 뭘 찾고는 있는데 뭘 찾는지 잘 모르겠죠. 저는 사실 고백하자면, 오래된 우울증을 앓고 있어요. 해가 질 때만 되면 우울해지는데, 어느 정도냐면 막 죽고 싶을 정도예요. 이 세상에 딱 고아가 된 것 같은 느낌이랄까요. 실제로 의지할 데는 많죠. 부모님도 모두 잘 계시고, 자식도 있고, 형제자매도 다 있어요. 그런데도 어디 시베리아 벌판에 혼자 떨어져 있는 것만 같아요, 해가 질 때만 되면. 그런데 그 증상이 50세 이후에 고쳐졌는데, 어떻게 고쳐졌는지는 이따가 말씀드릴게요.

이렇게 뭔가가 빠져 있는 느낌, 삶에 커다란 구멍이 나 있는 듯한 느낌이 본격적으로 찾아오는 때가 49세예요. 인간의 마음은 7년 단위로 바뀐다고 합니다. 그러니까 0세에서 7세까지가 한 기간이에요. 그리고 초등학교에 들어가죠. 중학교 들어가면 14세고요. 그때부터 중2병이죠. 그다음에 일곱 살 더 먹으면 대학 가고, 또 일곱 살 더 먹으면 28세, 옛날 같으면 결혼 적령기입니다. 그다음에 또 일곱 살 더 먹으면 아이를 낳아요. 그리고 한 번 더 먹으면 42세, 직장에서는 어느 정도 지위에 오르고 엄마들은 이제 초보 엄마가 아니죠. 그다음에 찾아오는 게 49세입니다. 그러니까 49세는 7년을 일곱 번 곱하는 거예요. 그래서 이 49라는 숫자가 굉장히 중요합니다. 티베트에 살던 사람들은 사람이 죽으면 49일 만에 딴 세상에 간다고 믿었어요. 그래서 절에 가면 49일 동안 제사를 지내는 거예요. 왜냐하면 49일 동안은 저쪽 세상도 아니고 이쪽 세상도 아닌 중간 세상을 돌아다닌다고 합니다.

그런데 융이라는 심리학자가 이걸 딱 집어냈습니다. 49세라는 나이가 인생에서 굉장히 중요한 계기라는 것을요. 인생의 전반부가 완성되고 49세가 되면 우리는 어떤 의미에서는 완전체입니다. 50세부터는 다른 차원으로 다시 태어나는 시간인 거죠. 그런데 우리는 이때 자꾸 쇠퇴하는 것에만 주목하는 것 같아요. 반면에 옛날 사람들은 인생 또는 시간을 단순히 쇠퇴의 관점에서만 바라보지 않았어요. 모든 생명체들은 반대되는 것들을 같이 가지고 있다고 합니다. 그래서 제가 상강에 서리가 위에서 내리면 물이 어디로 간다고 했어요? 바깥에는 없지만 안에 있다고 했죠. 이렇게 사라지는 게 아니라 장소를 계속 바꾸는 거예요. 이쪽에서 저쪽으로.

한번 달을 생각해보세요. 달이 점점 부풀어 보름달이 됐다가 다시 줄어들어서 사라지면 며칠이죠? 짧게는 28일, 길게는 30일입니다. 그런데 달이 사라지고 나면 그다음에 새 달이 떠오를 때까지 며칠이 지나는지 아세요? 사흘 동안 달이 없습니다. 그리고 사흘 뒤에야 새 달이, 초승달이 고개를 내밀어요. 그래서 모든 죽은 것은 사흘이 되면 부활한다고 합니다. 우리 문화에서는 삼세번이 굉장히 중요하잖아요. 3일 지나면 새 날이에요. 사라지는 건 없어요. 그리고 3일 밤이 지나면 다시 태어나요. 그런데 달이 초승달에서 보름달이 될 때 우리한테 보이는 쪽과, 보름달에서 다시 초승달이 될 때 보이는 쪽은 반대 방향입니다. 그러니까 한 달 동안 우리는 달의 모든 모습을 조금씩 다 보면서 달 전체를 경험하는 거예요.

이걸 우리 인생에 빗대어보면, 초승달에서 보름달까지는 인생의 전반부입니다. 그리고 보름달이 환해져서 절정에 이르면 그다음에는 점점 기우는데 이때부터가 중년이에요. 그리고 노년이 되면 그믐이죠. 그런데 그믐달과 초승달은 반대 방향입니다. 환하게 비추는 부분과 어둠 속에 가려진 부분이 반대 방향이죠. 우리 삶도 그렇습니다. 인생의 전반부에 비추던 부분과 절정이 지난 후에 비추는 부분은 반대 방향이고, 인생의 오전에 경험하는 대상과 인생의 오후에 경험하는 대상은 반대 방향인 겁니다. 그럼 이제 우리는 어디를 비춰야 할까요?

이 조각상은 11세기 인도의 촐라 왕조 시대 때 만든 '아르다나리쉬바라'라는 신상입니다. 그런데 자세히 보면 좀 이상하게 생겼어요. 왼쪽은 여자고 오른쪽은 남자예요. 남성과 여성이 한 몸 안에 같이 있는 겁니다. 그런데 우리 인간의 영혼이 이렇다고 해요. 융은 또 이런 얘기를 했습니다. 인간은 겉이 남성이면 안에 여성적인 마음이 깃들어 있고, 겉이 여성이면 안에는 남성적인 마음이 깃들어 있다고요. 그래서 인간은 그 두 개의 차원을 모두 경험할 때 온전해진답니다.

그런데 묘하게도 우리의 호르몬도 그렇게 작용합니다. 인생의 전반부에 여성은 여성호르몬(에스트로겐)이 많이 나오고, 남성은 남성호르몬(테스토스테론, 안드로겐)이 많이 나와요. 그런데 갱년기가 되면 어떻게 돼요? 이때 여성은 여성호르몬 수치가 떨어지고 남성호르몬이 올라갑니다. 남성은 그 반대죠. 그래서 중년 이후가 되면

완전한 인간, 아르다나리쉬바라. 11세기, 인도, 촐라 왕조.

성격이 좀 바뀌어요. 여성은 엄청 씩씩해지면서 집에 있는 걸 싫어합니다. (웃음) 밖으로 막 나가야 돼요. 자기주장이 강해지고, 잘 싸우고, 그래서 제3의 성이 태어나죠. 아줌마.

그러면 남자들은 어떨까요? 잘 안 나가고, 집에서 드라마를 봐요. (웃음) 그러면서 눈시울을 붉히죠. 왜냐하면 호르몬이 바뀐 거예요. 그런데 남자들은 인생 전반부에 '남자다움은 이런 거다' 하는 교육을 받았어요. 그래서 안에서 감성이 막 솟아오르고 뭔가 좀 눈물이

인생의 전반부가 완성되고 49세가 되면 우리는 어떤 의미에서는 완전체입니다. 50세부터는 다른 차원으로 다시 태어나는 시간인 거죠. 그런데 우리는 이때 자꾸 쇠퇴하는 것에만 주목하는 것 같아요. 반면에 옛날 사람들은 인생 또는 시간을 단순히 쇠퇴의 관점에서만 바라보지 않았어요. 모든 생명체들은 반대되는 것들을 같이 가지고 있다고 합니다. 사라지는 게 아니라 장소를 계속 바꾸는 거예요. 이쪽에서 저쪽으로.

날 것 같고 하면 '내가 늙었나 보다. 왜 이렇게 약해졌지? 계집애처럼 왜 눈물을 찔찔 흘리고 그래?' 이렇게 자괴감 섞인 반응을 보이는 거예요. 그런데 이건 나쁜 게 아니라 엄청 좋은 소식입니다. 왜냐하면 이전에는 경험하지 못했던 신세계가 펼쳐진 거니까요. '남자는 이런 것이다'라는 어떤 틀을 넘어서서, 더 큰 인간성을 경험할 수 있는 기회가 주어진 것입니다.

반면 여성은 어떤가요? 이전에는 사회가 부여했던 여성성이라는 틀에 맞춰서 살았어요. 그래야 사랑받을 수 있으니까요. 그래서 사람들이 생각하는 전형적인 여성성에 안 맞는 부분은 다 가위질을 해버렸습니다. 그런데 그렇게 오려내서 묻어버린 부분이 언제 나오는지 아세요? 사랑받기를 포기하는 순간에 시작됩니다. (웃음) 이제 남들한테 사랑받는 게 중요하지 않아요. 여성이 아이를 낳으면 이제 사랑을 받는 존재에서 사랑을 주는 존재가 됩니다. 그렇기 때문에 누구한테 잘 보이는 게 그렇게 중요한 문제가 아니에요. 내가 사랑의 주인이니까요. 내가 주인인데 굳이 누구한테 잘 보이기 위해 나를 깎아내고 재단하고 억지로 맞출 필요를 잘 못 느끼게 되죠. 그런데 여전히 외부의 사회는 여성에게 젊은 여자가 가진 덕목을 계속 요구합니다. 사실 이건 자연에 어긋나는 겁니다. 우리는 물론 다 아름다움을 좋아하고 아름다움을 추구할 필요는 있어요. 그러나 내가 타고난 아름다움을 유지하는 것이지, 밖에 있는 아름다움을 흉내 내느라 원래 가지고 있는 걸 누르면서 노력해봤자 실제로는 전혀 아름답지 않게 돼요.

어쨌든 자연의 본능은 우리 인생의 전반부와 후반부에 서로 정반대되는 삶을 살도록 요구합니다. 그러니까 인생의 후반부에 남성은 여성적인 것들을 체험하고, 여성은 남성적인 것들을 체험하게 돼 있어요. 그래서 그 양쪽 성을 다 체험하면 어떻게 될까요? 이제 온전해져요. 어느 한쪽에 편향되는 것이 아니라, 전체적인 것을 이해할 수 있게 되죠. 이 과정을 다 거치면 우리는 비로소 지혜를 얻는다고 합니다.

인생의 저녁, 놀고 창조하고 휴식하는 시간

그런데 융이 또 이런 얘기를 했습니다. 인생의 전반부는 우리가 외부 사회가 요구하는 모습대로 사는 걸 배워나가는 시간이래요. 사회화되는 시간인 거죠. 사회에 적응하면서 사회에서 어떤 역할을 맡아야 하는지를 배우는 겁니다. 그런데 외부 사회의 기준이라는 건 이성적·논리적 법칙이고, 또 세상이 정해놓은 여러 규율들이 있죠. 이걸 익히는 게 전반부입니다.

그런데 외부에서 요구되는 이 규율들을 익히기 위해 인간이 자기 속에 눌러놓은 게 굉장히 많다고 합니다. 일차적으로, 자연스럽게 올라오는 본능과 감정을 눌렀어요. 예를 들어 사회생활에서 "나 오늘 기분이 안 좋아" 하면서 회사에서 툴툴거리고 돌아다니면 그건 인격적인 사람이 아니죠. 인격적으로 사회 속에서 잘 적응하는 사람은 자기 감정대로 사는 사람이 아니니까요. 그런데 이 어려운 걸 우리가 해낸 겁니다. 자기 감정을 저 밑바닥 속에 넣어두고는 안 꺼내고 있는 거예요. 돌보지 않는 거죠.

그다음에 또 뭘 눌렀느냐면, 직관력도 눌러버렸대요. 우린 자연 속에서 태어난 존재이기 때문에 개나 고양이, 새나 또는 다른 동물들처럼 자연 속에서 무슨 일이 일어나는 걸 바로바로 알아채는 직관이 있습니다. 그런데 사회가 우리에게 요구하는 이 기준들은 우리 직관을 사용하지 못하도록 막았어요. 직관대로 살려면 자기 몸의 컨디션을 잘 살펴야 해요. 직관은 몸에서 오거든요. '아, 어깨 쑤시는 거 보니까 비가 오려나 보다' 이런 게 직관이죠. 그런데 우리는 어깨가 쑤셔도 학교에 가야 하고, 배가 아파도 직장에 가야 하고, 이런 식으로 내가 내 몸에서 일어나는 걸 무시하도록 인생 전반부를 살았다는 겁니다.

그런데 이렇게 눌러놓은 것들이 49세 이후에는 다시 위로 올라오기 시작한대요. 일차적으로 감정이 올라옵니다. 그런데 이제까지 계속 눌러놨기 때문에 이것이 언제 올라와야 될지를 잘 몰라요. 그러다가 문득 긴장이 느슨해지면 아주 사소한 일에도 욱 하고 올라오는 거예요. 이성으로 꼭꼭 막아놨었는데 이제 더 이상 말을 안 듣는 거예요. 그다음에 감정만 올라오는 게 아니라 직관도 올라옵니다. 그런데 직관이 이상하게 올라오죠. 혼자 드라마를 써요. 정상적인 식관이 아니라, 뭔가 기분이 언짢으면 '네가 나한테 뭘 숨기고 있지?' 이런 식으로 남을 의심하거나, '나는 옳고 너는 틀렸다'는 식으로 올라오죠. 이런 것들이 쑥쑥 올라오는 시간이 바로 중년입니다. 이건 무슨 의미일까요? '날 좀 봐줘, 내 안에 이런 게 있는데 이건 그렇게 무시돼도 좋은 게 아니야, 이런 것들을 돌봐야 네가 온전해 져', 이런 메시지가 우리 내면에서 올라오는 거예요.

그런데 이게 워낙 오랫동안 눌려 있었으니 어떻게 올라오겠어요? 요즘 거리의 땅을 보면 흙이 없죠. 시멘트로 다 막아놨잖아요. 우리 내면도 이 지경이에요. 시멘트 같은 걸로 막 막아놨어요. 그러니까 그걸 뚫고 나오려니 어떻게 나올까요? 이상하게 나옵니다. 오랫동안 막아놓은 것들이 나올 때는 예쁘게 안 나오죠. 무시무시한 괴물로 변해서 나오는 거예요. 그래서 이제 그 사람은 괴물이 되는 거예요. 자기 안에 괴물을 키우고 있었으니까요. 이 시간이 바로 49세입니다.

49세 이후에 이런 일들이 일어나는 이유는, 우리가 돌보지 않았던 우리 안의 또 다른 나(융은 이것을 '자기自己'라고 했어요)가 깨어났기 때문입니다. 저는 '자기'라는 개념이 무슨 뜻일까 곰곰이 생각해봤더니, 우리에게는 더 좋은 개념이 있더라고요. '진아(眞我)', 즉 '참나', '진짜 나'. 그러니까 세상이 요구하는 나를 만들어나가는 과정이 인생의 전반부라면, 인생의 후반부에는 그런 나의 껍질을 깨고 저 안에 꼭꼭 숨어 있던 '진짜 나'를 끄집어내서 부활시켜야 합니다. 나이가 들면서 내 안에서 이전에는 경험하지 못했던 새로운 감정이 막 올라오기 시작할 때, 약간 좀 불쾌하기도 하고 어떻게 다뤄야 할지 잘 모르겠지만 어떤 욕망들이 나를 막 건드리기 시작할 때, 그래서 내가 좀 불안정해질 때, 이때가 바로 새로운 뭔가가 태어나려고 하는 때인 거죠.

저녁에는 쉬고 놀아야 합니다. 저녁에까지 일을 하면 안 돼요. 우리 사회가 지금 야근하는 사회가 됐지만, 우리 삶이 일만 하기 위해서 태어난 건 아니잖아요. 우린 정말 왜 태어났을까요? 아주 오래된 질문이지만, 가물가물하게 답을 알 듯 말 듯합니다. 흔히 그런 얘기 하잖아요. 사람이 죽는 순간에는, 평생 동안 경험했던 일들이 몇 초 사이에 주마등처럼 확 지나간다고요. 물론 모든 일이 다 지나가는 건 아니고 기억에 남는 중요 사건만 지나가겠죠. 아마도 그때는 알 수 있을 것 같아요. '아, 이런 거였구나.' 그런데 그 시간은 '디 엔드 (The End)'로 딱 마침표를 찍는 시간이기 때문에, 그 시간이 되기까지는 이 연극이 어떻게 끝날지, 우리 삶의 드라마가 어디로 향할지 우리는 모릅니다.

그런데 어찌 보면 이 모름이 참 좋은 것 같아요. 두근두근할 수 있으니까요. '아, 내일 무슨 일이 벌어질까?' 살다 보니까 오늘과 내일이 똑같을 것 같은데 그렇지 않더라고요. 특히 고비는 계속 오더라고요. 한 고비를 넘으면 또 한 고비가 오죠. '아, 이제 나는 좀 편하게 살아도 되겠다' 생각하는 순간 더 큰 파도가 또 오고, 그걸 넘고 좀 평지를 가다가도 또 큰 산을 넘어야 되고…. 그래서 언제부턴가 사는 게 이렇게 계속 산이나 파도를 넘는 거구나 싶어졌어요. 우리는 앞으로의 삶이 우리에게 뭘 준비하고 있을지 알 수 없으니, 극장에서 연극을 바라보듯이 '아, 다음 장면에는 뭐가 펼쳐질까?' 하고 이제는 이렇게 팔을 벌리고 준비를 하는 것 같아요. '그래 와봐라, 이번엔 무슨 장면이 올까?'

인생의 오전에는 떠오르는 해를 바라보면서 해를 향해 걷는 시간입니다. 그런데 걷다 보면 이 해가 어디로 갈까요? 뒤로 가겠죠. 그러면 앞에 내 그림자가 있어요. 그러니까 이제야 비로소 내가 보이기 시작합니다. '아, 내가 이렇게 생겼구나.' 인생의 오후는 이렇게 내가 나를 바라보는 시간입니다. 주변을 바라보면서 끊임없이 비교하고 경쟁하며 앞서나가려 하는 것이 아니라, 이제 '아, 내가 이런 사람이구나. 내가 이런 사람이어서 다른 사람을 이렇게 보는구나' 하는 걸 알아채가는 시간이죠. 그런데 이건 또 하나의 축복이기도 해요. 그러니까 인생의 후반부에는 우리가 높이 올라가는 게 아니라 내려가는 법을 배워야 합니다. 서리도 내려오고, 물도 내려오고, 우리도 내려와요.

그런데 우리가 높이 오르는 것만 기준으로 생각하면 내려가는 건 몰락이나 쇠퇴, 추락이라고 생각하기 쉽죠. 그런데 산에 올라가 보셨으면 아시잖아요. 내려가는 게 얼마나 좋은지. 내려가는 건 올라가는 길보다 편합니다. 그리고 내려갈 때는 어디가 보일까요? 주변이 보이는데 다른 식으로 보이죠. 인생의 전반부에는 옆사람보다 빨리 올라가기 위해 주변을 보는 거지만, 인생의 후반부에는 이제 풍경이 보이기 시작합니다. 멀리 보죠. 마음도 좀 쉬게 되고요. 우리는 이제 낮은 세계로 내려갑니다. 그리고 밝은 세계가 아니라 어두운 세계로 내려가요. 우주는 밝은 쪽도 있고 어두운 쪽도 있죠. 만약 하루가 낮으로만 이루어졌으면 어떨까요? 우린 계속 일해야 되잖아요. 밤은 쉬는 시간입니다. 밤에 잠만 잘 자면 피로가 풀리죠. 밤은 내가 나서서 나를 먹여 살리는 시간이 아니라, 우주가 나를 먹여 살리는 시간입니다.

여러분, 치매 안 걸리는 방법 알려드릴까요? 밤에 푹 자는 거예요. 왜냐하면 자는 동안 뇌 안에 있는 부차적인 쓰레기들이 다 제거된대요. 자는 동안 부정적인 에너지들이 해소되는데, 만약 자는 동안에도 계속 머리를 굴리고 있으면 어떻게 될까요? 쓰레기 정리가 안 됩니다. 요새 말로 레지스트리 정리가 안 되는 거죠. 레지스트리 정리가 안 된 컴퓨터는 끽끽 소리를 내면서 제 역할을 못하게 돼 있어요. 그러니까 고민하지 마시고, 잘 때는 그냥 주무세요. 우리가 잘 살기 위해서는 생각을 좀 덜 하는 법을 배워야 합니다. 특히 걱정을 덜 하는 것. 옛날 이집트 사람들은 걱정을 죄악이라고 했습니다. 걱정하는 영혼은 삶에 대해 죄를 짓는 거라는 거예요. 밤은 내가 뭘 하지 않아도, 그냥 아무것도 안 하고 이렇게 조용히 긴장을 풀고 있으면 우주가 알아서 나를 다시 살아나게 하는 시간입니다. 아이들도 잘 자야 잘 크잖아요. 어른도 마찬가지예요. 어른도 키가 더 이상 안 자란다고 성장하지 않는 게 아니죠. 우리는 계속 성장 중이에요. 죽기 전까지는요.

물론 성장의 방향은 다릅니다. 인생의 오전에는 외피가 성장하죠. 키가 자라고 힘이 세지는 거예요. 반면 인생의 오후에는 성장이 안

쪽에서 일어납니다. 마음과 영혼이 성장하죠. 그런데 인생의 오후에
도 계속 오전의 기준을 자기한테 적용하면 우리는 반대로 가는 겁
니다. 인생의 오후는 곧 저녁을 맞아요. 저녁은 내가 나서서 뭘 하는
시간이 아니라 받아들이는 시간이고, 내려가면서 넓은 곳을 아우르
는 시간입니다. 저 높이 꼭짓점에 오르는 시간이 아니라, 널따랗게
펼쳐져 있는 아래를 들여다보는 시간이에요. 낙엽이 떨어지는 걸 보
면 슬프신가요? 낙엽이 떨어지면 요새는 다 치우는 거 같은데 치우
면 안 돼요. 거기 누가 살아요. 벌레들이 살죠. 그리고 이 낙엽들이
겨우내 썩어서 땅을 기름지게 만들죠. 그러니까 인생의 후반부는 나
보다 더 큰 나로 확장되면서 이 큰 나를 기름지게 하는 시간입니다.
낙엽이 그러는 것처럼요.

우울은 창조성을
품고 있다

인생의 전반부에서 후반부로 넘어갈 때, 해가 지는 시간에 찾아오
는 게 우울입니다. 우울이 왜 찾아올까요? 예전 같지 않아서예요. 그
런데 예전 같지 않다고 왜 우울해지죠? 예전 같아야 한다고 생각하
기 때문입니다. 여태까지 내가 살아오던 방식, 좋아하던 방식, 익숙
한 방식들이 더 이상 안 먹히니까, 그리고 이전에 추구했던 것들이
이제 더 이상 의미가 없어졌으니까요. 옛날에는 집 한 채만 있으면

했는데 청약통장 만들어서 아파트 살게 되니까 이제 별거 아니죠(참고로 저는 집이 없어요). 또 대학을 가느라고 어쩌고저쩌고 해서 갔는데 또 별거 아니에요. 뭐든지 그렇죠. 참 이상해요. 뭔가 열심히 노력해서 그걸 성취하고 나면 그다음엔 별게 아닌 게 돼버려요. 그러면 그때는 어떻게 해야 할까요? 그 너머로 가야 하는 시간입니다. 거기에 묶이는 게 아니라, 그 너머에 또 다른 게 있는 거죠. 그런데 내가 생고생을 해서 이거 얻었으니 여기에만 이렇게 묶여 있자고 하면 그때 우울해져요.

심리학자들은 이렇게 얘기합니다. 우울은 우리 안의 창조성이 고함을 지르는 거라고요. 창조성은 흔히 예술가들이 많이 가지고 있다고 하지만, 예술가들만 가지고 있는 건 아니에요. 정확히 말하면, 자연 속에 있는 모든 존재는 창조력, 즉 새로워지는 능력을 가지고 있습니다. 오늘의 여러분은 어제와는 다른 새로운 존재예요. 이게 넓은 의미에서 창조성입니다. 여러분, 저 밖의 낙엽이 얼마나 아름답습니까? 나무도 아름답고, 꽃도 아름답고, 이거 우주가 창조한 거예요. 주말에 등산 가면 산이 얼마나 아름답습니까? 자연이 창조한 거예요.

인간이 우리 시대에 잊어버리고 있는 건, 우리도 자연의 일부라는 사실입니다. 자연 속에서 일어나는 일들은 우리 안에서도 일어나요. 자식들 있으시죠? 여러분이 창조하신 거예요. 내 집에 뭔가 가구를 배치하고 요리를 하는 것도 다 창조하는 거예요. 창조성이 꼭 무슨 그림을 그리고 조각품을 만들고 음악을 만들고 하는 것만이 아니라, 매 순간순간 내가 공들여서 이전에 없던 걸 내놓는 건 다 창조하는 겁니다. 제가 오늘 이 발표 자료를 만들어서 여러분한테 강의를 하는 것도 창조하는 거죠. 그런데 제가 이거 만드느라고 어제 하루 종일 집 안에서 이리 갔다 저리 갔다 했거든요. 저는 강의를 앞두고 있으면 어떻게 강의를 해야 할지 궁리를 하느라고 뭔가 굉장히 불안해져요. '나는 능력이 없다. 난 아는 게 없다. 이래가지고 뭘 하겠나?' 하고 깊은 절망에 빠지기도 하고, '전화해서 못한다고 할까?' 이런 생각도 해요. 그런데 그다음 찰나에 '아, 이렇게 하면 되겠구나' 하는 거죠. 그런데 저만 그런 게 아니고 모든 창조적인 작업을 하는 사람들은 다 이 순간을 거친대요.

이렇게 창조적인 것들이 태어날 때는 늘 불안과 우울이 따라옵니다. 참 이상한 일이죠. 다른 사람이 뭘 하는 건 다 쉬워 보여요. 이렇게 힘들게 안 했을 것 같거든요. 모차르트처럼요. 모차르트는 머릿속에 곡이 그냥 둥둥 떠다녀서 막 베껴 썼대요. 그런데 나만 그렇게 못하는 것 같죠. 하지만 '나는 그런 거 해본 적이 없어' 하는 분들은 애초 자기에게 그런 능력이 없다고 잘못 생각하고 있는 거예요. 밥을 짓고 찌개를 끓이고 김치를 담글 때도 우린 창조적이에요. 우린 창조성을 다 쓰고 있어요. 다만 거기에 창조성이라는 이름이 안 붙은 것뿐이죠.

자연이 주는 능력이기 때문에 창조적인 겁니다. 그런데 이 능력을 생생하게 갖고 있는 때가 어릴 때예요. 일곱 살 이전 어린아이들은 사실 장난감이 필요 없죠. 모래밭에 그냥 데려다놓으면 거기서 마음껏 놀아요. 그렇게 우리는 창조성을 타고났는데, 그 창조성이 언제 사라지는지 아세요? 학교 교육이 시작되고 나서, 글자를 배우면서부터입니다. 창조성은 자유로부터 나오는 것이니까요. 내 안의 본능이 뭔가를 하고 싶게 만드는 게 창조성인데, '이건 이렇게 하는 게 맞아'라는 교육을 받으면 원래 하고 싶은 걸 못하게 돼 있죠. 그러면서 창조성이 가로막히는 겁니다. 그래서 정상적인 어른으로 성장하게 되면 창조적이지 못하게 되죠.

이렇게 우리가 잘 적응해서 사느라고 막아버린 것들이 사라진 게 아니라, 저 아스팔트 밑 땅속처럼 우리 안에 생명을 숨기면서 계속 묻혀 있어요. 그런데 위에 있는 아스팔트가 오래돼서 틈이 갈라지기 시작하면 어떻게 될까요? 여러분, 장마 지나면 보도블록 틈 사이로 삐죽삐죽 풀이 나오는 거 보셨죠? '나는 더 이상 이렇게 못 살아' 이럴 때 올라오기 시작해요. 특히 49세 이후에 왕창 올라옵니다. 물론 예쁘게는 안 올라오죠. 왜냐하면 내가 계속 미워했기 때문에, 계속 돌보지도 않고 좋아해주지도 않았기 때문에. 그런데 '나 여기 있는 거 알려야 해' 이럴 때 우리 안의 창조성이 올라와요. 그리고 그 직전의 증상이 우울이고 권태입니다. 또 삶에 아무것도 없는 것 같은 무의미함이에요. 이건 신호입니다. 여러분 중에 그런 감정이 드신다면 바로 그때가 창조성이 올라오는 때라고 생각하시면 됩니다.

저녁이 되면 이런 풍경이 펼쳐져요. 이 그림은 뭉크의 〈우울〉이라는 작품입니다. 뭉크는 노르웨이 화가죠. 그런데 노르웨이는 해가 짧습니다. 제가 북유럽에 가봤더니, 오후 3시쯤 되면 해가 져요. 그

뭉크, 〈우울〉, 1894.

리고 밤이 길죠. 저는 아마도 거기서 살았으면 우울증으로 자살했을 거예요. 그런데 이 시간, 해가 지는 이 시간은 하루 중 색깔이 가장 많은 시간입니다. 저녁노을이 지는 하늘은 굉장히 아름답죠. 색이 풍부해져서. 그런데 우리 마음에는 그때 우울이 움터요. 뭔가 다른 차원으로 바뀌려고 하는 거죠. 그러다 조금 더 지나 해가 완전히 지고 나면 우울이 사라지고, 이번에는 별이 뜨기 시작합니다. 달도 뜨고요.

옛날 프랑스 영화 중에 〈나의 밤은 당신의 낮보다 아름답다〉라는 영화가 있었는데, 저는 이렇게 얘기하고 싶어요. '나의 밤은 당신의 낮보다 환하다.' 우린 낮에 뭐가 잘 보이는 것 같지만, 사실 낮은 태양 때문에 별이 안 보이는 시간입니다. 그런데 태양이 지고 나서 밤이 되면 더 많은 것들이 드러나기 시작해요. 하늘이 더 넓어지죠. 이게 우리가 인생의 저녁에 맞이하는 시간입니다. 그때 창조성의 별이 뜨죠. 그리고 '진짜 나'를 발견하는 시간입니다.

요새는 밤에도 별이 잘 안 보이죠. 황사나 미세먼지 같은 것들 때문에 별이 사라졌어요. 그래서 우리가 자기를 발견하기가 더 힘든 것 같아요. 하늘의 별을 바라보면 아무리 일상에 찌든 사람이라 할지라도 자기 안의 영혼에 잠깐 귀를 기울이게 돼 있습니다. 별들이 반짝거리는 소리를 들어보셨나요? 별이 반짝거릴 때는 마음속에서도 소리가 들린다고 합니다. 내 안에 있는 별이 반짝이는 소리. 우리는 별로 만들어진 존재입니다. 이건 그냥 문학적인 미사여구가 아니라, 실제로 시구싱에 있는 모든 존재가 별을 구성하는 재료와 똑같은 재료로 만들어졌다고 해요. 그래서 저 하늘에 있는 별이나 여기 피는 꽃이나 같은 재료입니다.

우리도 마찬가지예요. 우리는 별로 만들어진 존재입니다. 하늘의 별이 반짝이는 것처럼 우리 안의 영혼도 반짝거려요. 별을 바라보는 순간 우리는 내 안에 깊이 숨어 있는 영혼을 감지해요. 또렷하게 보이진 않지만요. 그러니까 인생의 저녁이 되면 별이 보이고, 영혼이 느껴지고, '진짜 나'가 누구인지 탐색해나가야 하는 시간이 와요. 그게 인생의 저녁입니다. 하늘 저 멀리 가면 너무나 아름다운 수많은 성운이 있어요. 정말 신기하지 않아요? 저는 별 조각들로 이루어진 우주의 사진들을 보고 있으면 시간 가는 줄 모르겠어요. 자연은 매일 이렇게 아름다운 그림을 그립니다. 그래서 창조성은 특별한 천재의 전유물이 아니라, 자연 속의 모든 존재가 가지고 있는 영혼의 능력이고 영혼의 본성이에요.

말하는 나, 어린 나, 깊은 나

그런데 왜 우리는 창조성을 발휘하면서 살지 못하는 걸까요? 아까 제가 말씀드린 것처럼, 일곱 살 넘어 학교 들어가면서부터는 어떻게 하면 창조성을 누를까를 배웁니다. 참 애석하죠. 그래서 우리는 어린 시절 우리가 지녔던, 자유롭게 놀이하고 창조적으로 뭔가를 만들어내는 능력을 묻어버렸어요. 그리고 그다음부터 '말하는 나(talking self)'가 점점 성장하기 시작합니다.

어른들은 늘 뭔가를 판단하죠. '아, 이건 잘하는 것 못하는 것, 좋은 것 나쁜 것.' 그리고 그 판단 기준을 가지고 늘 다른 사람을 평가합니다. '아, 저 사람 옷 입은 거 보니까…, 저 사람 말하는 걸 보니까….' 그런데 이 평가를 외부의 다른 사람들에게만 하는 게 아니라 자기 자신에게도 해요. 우리 안에서, 또 외부에서 자꾸 그런 태클이 들어옵니다. 이게 우리가 어려서부터 배운 거예요. 늘 누가누가 잘하나 점수를 매기죠. 그리고 그 점수는 누가 매겨요? 선생님이 매겨요. 그러니까 선생님 취향에 맞아야 해요. 또 선생님은 뭘 기준으로 해요? 교과서를 기준으로 해요. 그래서 우리는 교과서나, 나보다 더 힘이 센 사람들의 기준에 맞춰서 사는 걸 배워왔어요. 그리고 그 배움이 내 안에 들어와서 끊임없이 뭐라고 속삭이는데, 좋은 말을 속삭이는 게 아니라 늘 평가를 하고 판단을 합니다.

저도 글을 쓰려고 딱 책상 앞에 앉으면 안에서 그런 소리가 들려와요. 철학자들이 막 뭐라고 그래요. '아, 글이 논리적이지 않아.' 한쪽에서는 또 시인들이 '너무 딱딱한 거 아니야?' 그러죠. 그러면서 둘이 막 싸웁니다. 그럼 어떻게 될까요? 아무것도 못 써요. 그러고 보면 우린 항상 어떤 식으로 평가를 하느냐면, 안에서 뭔가가 올라올 때 거기에 대해 꼭 '너무'라는 말을 붙입니다. '너무 튀지 않을까? 너무 늙어 보이지 않을까? 너무 없어 보이지 않을까?' 그리고 대부분 '보인다'라는 말이 꼭 뒤에 붙죠. 우리는 남들에게 어떻게 보이느냐가 중요한 사람들이기 때문이에요. 그래서 내가 정말 좋아하는 걸 잊어버렸어요. 내가 좋아하는 것보다는 남들이 좋아하는 것, 남들에게 좋은 평가를 받을 만한 것, 그 비판적 잣대를 계속 들이대는 거죠.

이게 우리가 성장시킨 '말하는 나'입니다. '말하는 나'는 이렇게 끊임없이 내게 말을 해요. 뭘 해야 하고, 뭘 하지 말아야 하고, 뭘 걱정해야 한다고 계속 나에게 요구하죠. 이 '말하는 나'는 밤에 자려고 누워도 계속 말을 해요. 그런데 이 '말하는 나' 때문에 뭐가 조용히 있느냐면, 저기 있는 '깊은 나(deep Self)', '진짜 나'예요. '말하는 나'의 잔소리 등쌀에 눌려서 못 나오고 있는 거죠. '내가 뭘 원하는지 모르겠어, 나는 지금 우울한데 이게 무엇 때문인지 잘 모르겠어.' 그렇다면 이건 내 안의 영혼('진짜 나')이 계속 메시지를 보내는 겁니다. 그러니 '진짜 나'가 무엇을 원하는지 알고 싶으면, 내 안에서 떠들어대는 '말하는 나'를 조용히 시켜야 해요.

그리고 내 안의 '깊은 나'와 '말하는 나' 사이에는 '어린 나(young Self)'가 있습니다. 어린아이 같은 나. 그런데 이 '어린 나'를 통해야만 우리는 영혼의 목소리를 들을 수 있다고 합니다. 왜냐하면 '어린 나'는 영혼과 아주 친하기 때문이죠. 어린아이들을 한번 생각해보세요. 아이들이 가지고 있는 아름다움 중 하나는 바로 자유로움이에요. 자유로움에서 오는 생기죠. 그리고 거기에서 오는 솔직함입니다. 아이가 어른들한테 자기를 막 숨기고 그러면 '애늙은이'라고 하잖아요. 있는 그대로 자기한테 솔직하고 성실한 그 아름다움은 보는 사람을 굉장히 행복하게 만듭니다. 왜냐하면 거기에는 생명력이 넘치기 때문이에요. 그런데 그 '어린 나'가 사라진 게 아니라, 상처받은 채 내 안에 계속 있대요. 그러니 이 '어린 나'를 다시 끄집어내면 그다음엔 '어린 나'가 우리를 '진짜 나'로 인도해준다고 합니다.

그런데 '어린 나'는 뭘 좋아하는지 아세요? 어린아이들이 뭘 좋아하는지 생각해보세요. 신기한 것, 노는 것, 재미있는 것. 이것들은 다 별로 쓸모가 없는 것들이에요. 반면 '말하는 나'는 쓸모에만 집중하죠. 이걸 해서 돈이 될까? 지위가 높아질까? 사람들이 알아줄까? 그런데 '어린 나'가 하고 싶은 건 이런 것과 아무 상관이 없어요. 나이가 들어서 우리가 다시 접속해야 하는 나는 이런 나입니다. 어떤 효용성이나 목적을 위해서 뭔가를 하는 게 아니라, 아무 목적 없이 그냥 하는 것. 땅바닥에 그림 그리는 게 무슨 목적이 있겠어요? 내가 꽃을 좋아하는 건 그냥 꽃이기 때문입니다. 이 꽃을 많이 재배해서 팔면, 이건 다른 데 목적이 있는 거예요. 그런데 그 목적이 딱 떠오르는 순간, 원래 그냥 좋던 마음도 싹 달아나 버립니다. 내가 아무리 좋아하는 일도 '이제부터는 일이다, 이거 가지고 돈벌이를 해야 해' 그러면 더 이상 재미가 없어져요. '어린 나'가 하는 건 목적 없는 일입니다.

바로 '놀이'가 목적 없이 하는 일이죠. 물론 놀이도 거기에 목적을 갖다놓으면 일이 됩니다. 목적을 갖고 노는 사람들 있죠? 연예인, 스포츠인. 이게 다 노는 게 목적입니다. 승부가 목적이 되고, 시청률이 목적이 되죠. 그러면 원래 가지고 있었던 그 재미난 생명력이 줄어들어요. 그런데 목적 없이 뭔가를 하는 것에 대해서 우리는 굉장히 둔해졌습니다. 그런 걸 중시하지 않는 사회 속에서 살았으니까요. 우리가 하는 모든 일에는 목적이 있어야 하고, 효용가치가 있어야 하고, 어디에 쓸모가 있어야 하고 그렇죠. 그래서 이런 욕도 하잖아요. "쓸모없는 놈."

그런데 쓸모없는 사람이 때로는 훌륭한 사람일 수도 있습니다. 쓸모 있는 것만 좋은 게 아니죠. 그리고 우리가 쓸모 있다, 쓸모없다 하는 건 어떤 측면에서만 그런 거예요. 우리가 어떤 측면에서 쓸모없다고 하는 게 실제로는 어마어마한 쓸모를 가지고 있어요. 하늘의 별은 무슨 쓸모가 있을까요? 최근에 생텍쥐페리의 《어린 왕자》를 새로 개작한 애니메이션을 봤는데, 별이 쓸모가 없다고 별을 다 긁어모아 어디다 가둬놓는 사람이 나옵니다. 별을 바라보는 일은 쓸모없는 일이라는 거죠. 하지만 우리는 쓸모 있기 위해 사는 게 아니라, 존재를 느끼고 살아 있음을 경험하는 게 우리 삶의 (목적 아닌) 목적인 것 같습니다. 그리고 여기에 눈뜰 때 우리는 비로소 아름다움에 눈을 뜨게 되죠. 아름다움이라는 건 쓸모가 생기는 순간 사라지는 신기루 같은 것이에요.

그래서 인생의 후반부는 쓸모없음에 눈뜨는 시간입니다. 쓸모없음의 아름다움, 쓸모없는 가치. 역설이죠. 가치가 있는데 딱히 쓸모는 없는 가치. 그런데 그 쓸모없고 목적 없는 뭔가를 할 때 이상한 일이 생깁니다. 막 신이 나요. 신이 난다는 건 생기가 올라온다는 거예요. 그리고 기분이 막 좋아져요. 스타호크라는 생태운동가가 《소용돌이 춤》이라는 책에서 이런 얘기를 했습니다.

"우리는 '어린 나'를 통해서만 진정한 자기에 도달할 수 있다."

'어린 나'를 통한다는 것은 쓸모없는 놀이에 골몰하는 거예요. 목적이나 유용성이나 효용가치를 벗어난 어떤 놀이에 몰입하는 거죠. 어떻게 몰입할 수 있을까요? 그게 좋기 때문입니다. 그리고 내가 그것을 사랑하기 때문이죠. '어떤 것이 내 마음을 끌어당기는가, 내가 뭘 할 때 즐거운가?' 이게 내 영혼의 메시지를 듣는 첫 번째 경로입니다. 융도 이런 얘기를 했습니다.

"새로운 것을 창조해내는 것은 지성이 아니다. 오직 자유롭게 놀이하는 본능만이 새로운 것을 만들어낸다. 창조적인 마음은 자신이 사랑하는 것과 함께 놀이할 뿐이다."

자기가 사랑하는 대상과 놀 때 자연이 우리 안의 창조성을 활짝 꽃피게 만든다는 겁니다. 그리고 어떤 목적을 위해서가 아니라 그냥 그걸 즐기다 보면 또 다른 역설이 발생해요. 원래 내가 성공하는 게 목적이 아니었는데도 그렇게 하면 성공이 찾아와요. 실제로 융은 굉장히 오래 살았는데, 그분이 우리에게 남긴 그 수많은 훌륭한 저작들은 대부분 인생의 50대, 60대, 70대에 쓴 책들입니다. 이 나이가 창조성이 가장 활발하게 피어나는 나이예요. 우리가 가지고 있는 창조성이 완전 개화하는 순간은 인생의 오전이 아니라 저녁입니다.

융만 그런 게 아닙니다. 괴테도 마찬가지였어요. 괴테는 여든 넘어 그리스어를 배웠대요. 왜 그랬을까요? 다음 생애에 쓰려고? 계속 뭔가 새로운 걸 자기 안에서 발견하는, 그런 열정이 솟아오르는 거

쓸모없는 사람이 때로는 훌륭한 사람일 수도 있습니다. 쓸모 있는 것만 좋은 게 아니죠. 그리고 우리가 쓸모 있다, 쓸모없다 하는 건 어떤 측면에서만 그런 거예요. 하늘의 별은 무슨 쓸모가 있을까요? 우리는 쓸모 있기 위해 사는 게 아니라, 존재를 느끼고 살아 있음을 경험하는 게 우리 삶의 (목적 아닌) 목적인 것 같습니다. 그리고 여기에 눈뜰 때 우리는 비로소 아름다움에 눈을 뜨게 되죠. 아름다움이라는 건 쓸모가 생기는 순간 사라지는 신기루 같은 것이에요.

예요. 왜? 자기가 좋아하는 걸 찾아냈기 때문이죠. 다만 인생의 오전에 가지고 있던 근육의 힘이라든지 경쟁에서 이기는 힘이라든지 이런 오기는 점점 줄어들고, 이제 내 안에서 세상을 더 넓고 깊게 바라보는 능력은 더 자라요. 그래서 '진짜 나'는 인생의 저녁에 깨어납니다. 그리고 놀이는 뭘 위한 게 아니라 노는 것 자체가 목적이에요.

놀이와 창조, 쓸모없음에 눈뜨는 시간

애너 핼프린이라는 미국의 무용가가 있습니다. 아흔이 넘으셨는데 지금도 계속 춤을 추세요. 이분이 춤을 추시면서 이렇게 말씀하셨어요.

"옛사람들은 자연 속의 정령을 불러내기 위해 춤을 췄습니다. 우리 역시 우리 안에 오랫동안 묻어두어 잠들어 있던 영혼을 찾기 위해 춤을 춥니다."

이분은 중년에 암에 걸려서 치료를 받았는데, 그때 자기 안의 또 다른 나를 발견하기 시작했다고 합니다. 우리에게 중년의 위기는 어떻게 찾아오나요? 건강 이상으로 찾아오기도 하고, 사랑하는 사람이 떠나는 상실의 위기로 찾아오기도 하죠. 또 내가 평생 동안 몸담았던 직장에서 나와야 하는 위기, 자식들이 다 커서 떠나가는 위기로 찾아오기도 합니다. 그런데 이 위기를 통해 우리는 크게 성장하는 것 같아요. 크게 성장한다는 건, 그 위기를 통해 더 큰 나를 발견한다는 거죠.

이분은 영혼을 우리의 몸에서 찾았습니다. 우리 몸 구석구석에는 내가 오랫동안 살아온 기억들이 다 들어 있다는 거예요. 그래서 춤을 추면서 이 기억들을 다 끄집어내는 작업을 했습니다. '어깨가 쑤셔' 그러면 어깨를 쑤시게 하는 어떤 기억이 있는 거예요. 내 어깨에 부담을 주는 무슨 일을 경험한 거죠. 어깨는 언제 쑤실까요? 뭔가를 짊어지거나 긴장하고 있으면 어깨가 올라가죠. 그리고 계속 그 자세로 있으면 어깨가 아파요. 또 어깨가 올라가면 어깨만이 아니라 등도 아프고 목도 아파요. 그리고 잘난 척하는 사람들은 어때요? 뒷목을 젖히고 배를 내밀고 다니죠. 그러면 어떻게 될까요? 허리가 아프고 뒷목이 뻐근해져요. 이게 몸에 쌓인 나의 기억들입니다. 그런데 이런 데만이 아니라 우리 내장에도 기억이 있고, 뼈에도 기억이 있고, 뇌에도 기억이 있고, 내가 살아온 수많은 기억들이 내 몸에 묻어 있다고 합니다. 그리고 그 기억들 중에 다시 불러내서 보살펴줘야 하는 기억들이 있대요. 그게 아픈 거예요. '날 좀 봐줘, 날 너무 안 봐줬어.' 그래서 이분은 그걸 그냥 보는 게 아니라, 몸이 좋아하는 춤추기로 풀어내신 겁니다.

우리 사회는 오랫동안 춤추기를 좀 불경시했던 것 같아요. 춤은 저 어두컴컴한 댄스홀에서만 추는 거라고 생각하죠. 그런데 어린아이들은 그냥 내버려두면 다 춤춰요. 우리 몸은 기계처럼 움직이도록 돼 있는 게 아니라 춤추도록 만들어졌어요. 그래서 저는 인생의 오후에 춤추기를 권합니다. 춤을 추세요. 무슨 댄스를 배워서 추는 게 아니라, 그냥 안에서 올라오는 대로 추세요. 막춤이 최고예요. (웃음) 춤을 출 때 우린 자유로워집니다. 그리고 춤은 생각이 없을 때 잘 춰요. 춤을 못 추는 사람은 '이렇게 안무를 짜서 이렇게 움직여야지' 생각하는데, 그러면 못 춥니다. 춤은 우주와 자연에 순간순간 내가 반응하는 거예요. 그리고 우리는 다 춤추는 능력이 있어요.

이게 놀이하는 능력, 창조하는 능력입니다. 꼭 뭘 만들어야 창조하는 게 아니고, 주어진 방식대로 하는 게 아니라 원래 내가 가지고 있던 자유를 되찾는 거예요. 앉는 방식도 좀 이상하게 앉아 있으면 어때요? 걸을 때도 갈지자로 걸어다녀도 돼요. 내 몸의 자유를 되찾고, 그래서 내 마음과 영혼의 자유를 되찾는 것. 이게 우리가 인생의 오후뿐만 아니라 인생 전체에 걸쳐서 찾아야 하고 나아가야 하는 방향인 것 같습니다.

마지막으로 제가 시 한 편 읽어드릴게요. D. H. 로렌스의 〈나는 내가 아니다〉라는 시입니다.

'내가 아니라 바람이 나를 통과하는 것이다! 여린 바람이 시간의 방향을 바꾼다. 그 바람에 나를 맡겨 나를 데려가게 할 수만 있다면! 내가 그렇게 가볍고 섬세하며 예민한, 날개 달린 존재이기만 했다면! 이 세상의 혼돈을 뚫고 지나가는 그 바람에 온전히 나를 맡길 수 있다면!'

나는 내가 아니고 누굴까요? 날개 달리고 바람 같은 내 영혼, 그리고 이 영혼과 내가 연결될 때, '진짜 나'와 연결될 때, 우리는 한없이 가벼워집니다. 겨울나무를 보면 물기가 안으로 싹 들어가서 바스라질 것 같죠? 아주 가벼워져요. 옛날 이집트 사람들은, 누군가 죽으면 그 사람의 심장과 깃털을 저울에 달았다고 해요. 양팔저울 있잖아요. 그래서 깃털보다 무거운 심장은 지옥으로 보냈답니다. 이게 무슨 얘길까요? 심장이 깃털 무게와 같아야 한다는 거예요. 깃털 무게와 같은 심장은 가벼운 마음입니다. 번뇌가 없는 마음, 나를 비운 마음. 내가 더 큰 나와 하나가 돼서, 나의 이기적이고 자기중심적인 것들을 놓아버렸을 때, 내 마음은 깃털 같아지죠. 저는 노년에 배워야 하는 지혜가 바로 이런 것이 아닌가 싶습니다.

노년을 보람되게 보내는 방법, 그리고 진정한 내 삶을 사는 방법을 한마디로 이야기한다면 어떤 방법이 있을까요?

한마디로, 나를 포함해서 내 주변을 돌보는 것. 우리가 어릴 적에는 내 의식과 시선이 나한테만 머물잖아요. '내가 어떻게 보일까, 내가 훌륭해야 할 텐데, 내가 인정받아야 하는데' 그렇게 생각하죠. 그런데 나이가 들고 지혜로워진다는 건 제가 아까 말씀드렸던 것처럼 내가 커지는 것, 나의 범위가 커지는 거예요. 그래서 내가 이전에는 이렇게 협소했다면 나이가 들수록 넓어져서, 내 자식도 '나'이고, 남편도 '나'이고, 조금 더 넓히면 우리 마을도, 이 한반도도 '나'인 거죠. '나'의 범위가 이렇게 점점 넓어지는 게 영혼이 깨어나는 것 아닐까 싶습니다.

내가 자기중심성에서 벗어나 '나'를 커다랗게 확대하고, 이 세상 밖으로까지 '나'를 넓혀 이 넓은 세상을 돌보는 것이 노년의 특권이 아닐까 하는 생각이 들어요. 왜냐하면 젊어서는 그게 안 보이거든요. 내가 올라서기만을 원하기 때문에 그게 뭔지를 몰라요. 인생의 후반부에 우리는 왜 허리가 굽을까요? 자세가 안 좋아서가 아니라, 자꾸 아래를 보게 돼 있어서예요. 눈은 왜 나빠질까요? 자꾸 새로운 걸 보라는 게 아니라, 눈이 아닌 다른 감각으로 느껴보라는 거죠. 현대인은 눈에 너무 많은 에너지를 씁니다. 인류가 왜 눈의 감각을 발달시켰냐면, 멀리 있는 걸 사냥하면서부터예요. 눈은 무언가를 내 것으로 만들기 위해서 쓰는 감각이에요. 잡아먹을 듯이 보는 거죠. 그런데 눈의 감각에 에너지가 많이 쏠리면서 쇠퇴한 감각이 있어요. 가장 먼저 쇠퇴한 감각이 후각이고, 그다음이 촉각이죠. 그리고 남의 말도 잘 안 들어요. 그다음에 제6의 감각이라고 하는 직관이 있어요. 그냥 아는 감각, 직관. 이건 신비나 초현실, 초자연 그런 게 아니에요. 우린 모두 직관을 가지고 있어요. 그래서 우리가 몸의 어떤 부분이 쇠퇴해간다면 그것 말고 다른 부분을 펼치라는 뜻입니다.

저는 그래서 나이가 들면서 새롭게 찾아오는 현실에 숨은 의미를 한 번 더 들여다보는 시간을 가졌으면 좋겠어요. 이전에 하던 방식, 이전에 쓰던 감각, 이전에 쓰던 마음은 일단 충분히 한 거죠. 졸업한 거예요. 그런데 이걸 뺀다고 해서 세상이 다 없어지는 게 아니라 나머지가 있잖아요. 우리가 좁은 한계 속에서 이제까지 중요하다고 여겼던 것 너머의 것을 경험하는 시기가 인생의 오후인 것 같습니다.

50세에 우울증을 극복한 이야기를 듣고 싶어요.

제가 학교 강의를 좀 일찍 시작했습니다. 스물여덟 살부터 대학 강단에 섰거든요. 운이 굉장히 좋았던 거죠. 그래서 시간 강사를 약 10년 이상 하다가 마흔에 정식으로 임용이 됐어요. 그때는 날아가는 줄 알았죠. 저희 어머니는 제가 태어난 날보다 더 좋아하시더라고요. 그런데 아까 제가 말씀드렸듯이, 뭘 성취하고 나니까 이젠 이게 아니다 싶은 게 너무 많았어요. 물론 보람된 일들도 아주 많았지만, 뭔가를 잃어가고 있다는 느낌이 드는 거예요. 보다 중요한 뭔가를 제가 잃고 있는 느낌이 들었고, 그래서 계속 이렇게 살 수는 없다 하고 나왔어요. 마흔일곱에 나왔죠.

나와서 너무 행복했어요. 왜냐하면 뭐든지 그만두는 건 시작하는 것보다 행복하거든요. 뭔가 끝장내는 건 정말 즐거운 일입니다. (웃음) 직장을 나오거나, 이혼을 하거나, 이거 다 기분 좋은 일이에요. 그런데 그때뿐인 거예요. '그다음에는 어떻게 살아야 되지?' 난 내면의 뭔가를 찾기 위해서 나왔는데 그게 뭔지 잘 모르겠고, 또 생계도 걱정이고, 그리고 지금 5년이라는 시간이 흘렀습니다. 지금은 어떤 일을 하느냐면, 역시 공부하고 강의하는 일을 해요. 학교 바깥에서요. 학교에서는 할 수 없었던 것들을 주로 하죠. 외부의 요구에 의해서가 아니라 내 마음이 요구하는 것들 위주로요.

그런데 그때부터 우울증이 사라졌습니다. 그러니까 우울증은, 내 안에서 막 올라오는 어떤 요구들이 해소되지 못해서 생기는 거예요. 영혼은 '내기 뭘 하고 싶어, 자유를 원해' 그렇게 외치는데 우리는 먹고살기 위해 직업을 가져야 하고, 또 외부 사회가 우리에게 요구하는 바를 완전히 무시할 수는 없잖아요. 그래서 거기에 맞춰서 살려고 애쓰는데 제 안에서는 계속 뭔가 투정을 부리고 있었던 것 같아요.

그런데 내가 '진짜 나'와 접속하는 순간 우울증은 사라집니다. 그리고 그러기 위해서 첫 번째로 해야 하는 것은, 아무리 작고 사소한 일이라도 내가 좋아하는 일을 하는 거예요. 물론 저처럼 대책 없이 직장을 그만두고 나와서 그걸 하는 것만이 능사는 아니지만요. 아주 작은 짬을 내서라도, 내가 먹고사는 일이나 나의 의무와는 관계없는, 오로지 나만을 위한 일을 시작해보세요. 오로지 내 안에서 원하는 어떤 것을 할 시간, 오로지 나와 만나는 시간을 조금씩 마련해나가는 것이 '진짜 나'를 찾는 방법이 될 것 같습니다. 그리고 이 시간이 조금씩 늘어나면 우울증은 사라지게 돼 있어요. 우울증은 영혼의 병입니다. 그래서 우리가 극단적인 경우에는 약으로 컨디션을 바꾸기도 하지만, 더 근본적으로는 내가 내 삶의 의미와 목적을 스스로 느끼게 될 때 극복이 돼요. 입으로 뭐라고 말하진 않아도 내 몸은 알아요. '아, 좋다' 이런 느낌. 그럴 때 우울증이 사라지는 것 같아요. 답이 되셨기를 바랍니다.

노년의 삶에서는 목적 없이 즐겁게 사는 삶이, 목표를 설정해서 매일 매일 실천해나가는 삶보다 더 의미가 있는 삶일까요?

어떻게 생각하세요? 사실 정확하게 얘기하면, 우리는 목표 없이 살기가 힘들어요. 그런데 그 목표가 무슨 목표인가의 차이겠죠. 그러니까 우리가 예전에는 외부의 시선으로 봐서 성공한 사람이 목표였다면, 이제 다른 목표는 어떨까요? '내가 오늘 하루 즐거웠을까? 나는 오늘 새로운 걸 배웠을까?' 이런 목표 있잖아요. '나는 오늘 행복했나? 나는 오늘 아름다운 것 하나 봤나?' 이런 것도 목표라면 목표겠죠. 이런 걸 실천해보면 어떨까 하는 생각이 듭니다.

연대하는 노년, 어른의 대안문화를 꿈꾸다

심보선

시인/사회학자

1970년 출생. 서울대학교 사회학과와 같은 학교 대학원 석사 과정을 졸업하고 컬럼비아대학교 대학원 사회학과에서 박사 학위를 받았다. 현재 경희사이버대학교 문화예술경영학과 교수이며, 인문예술잡지 《F》 편집위원으로 활동하고 있다.
그는 문화 생산 주체로서 노년의 다양한 삶의 결에 주목하면서, 그것이 어떻게 공론장으로 이어져 사회 참여로 확장되는가를 탐색한다.

민주주의의 기초가 되는 공론장은 개인의 이야기가 여러 사람의 이야기로 연결될 때 형성되는 공간이며, 공론장에서의 세대 간 만남을 통해 공통의 문제를 논의하고 의사결정이 이뤄질 때 다음 세대와 사회에 기여할 수 있다는 것이다. "사실 사회 참여란 것이 그렇게 거창한 것이 아닙니다. 나의 말과 행동으로써 타인과 관계를 맺는 것, 그리고 그것이 공동체 속에서 일어나는 것 아닐까요?"

안녕하세요. 심보선이라고 합니다. 글을 업으로 하는 사람인데, 전공은 사회학을 했으면서도 또 시를 쓰고 있습니다. 공부도 하고 시도 쓰면서 살고 있습니다.

오늘이 이 강좌의 마지막 수업이라고 해서 많이 부담이 됐습니다. 일단 제가 인생의 선배님들, 어르신들 앞에서 감히 노년에 대해 이야기한다는 게 스스로에게 낯설고요. 또 제 전공이 아니거든요. 더구나 오늘이 마지막 수업이라고 하니까, 여러분에게 제가 좋은 기억을 남겨드릴지 나쁜 기억을 남겨드릴지 이것도 걱정이 됩니다. 원래 기억이라는 게, 다 안 좋다가도 마지막에 좋으면 전체가 좋은 기억이 되고, 다 좋다가 마지막이 안 좋으면 전체가 안 좋게 기억이 되잖아요. 아무튼 그런 우려를 가지고 이야기를 시작해보겠습니다.

제가 도표를 하나 가지고 왔는데 이것부터 한번 보여드릴게요. 통계청에 가면 '생활시간조사'라고 하는 게 있습니다. 하루 24시간을 사람들이 어떻게 보내는지 통계를 낸 겁니다. 통계청에서 오래 전부터 조사를 해왔는데, 사회학자들이 이 생활시간 데이터를 가지고 많은 연구를 진행하고 있습니다. 이 생활시간조사 표를 보면 지역별, 성별, 연령별 등의 여러 변수 혹은 집단별로 24시간을 어떻게 할애해서 어떤 활동을 하면서 살고 있는지를 수치로 확인할 수 있습니다. 그중 노년 관련해서는 〈노인의 경제활동과 사회 참여에 대한 시간 연구〉라는 논문이 있습니다(현재은, 권혁주, 《한국정책학회보》, 2012).

(표) 55~64세 성인의 시간 배분 변화

(단위: 분)

활동 분류	55~59세			60~64세		
	1999년	2004년	2009년	1999년	2004년	2009년
유급노동	295.5 (277.1)	257.5 (271.8)	252.4 (264.5)	260.4 (265.4)	237.1 (265.5)	207.5 (256.1)
참여봉사활동	5.4 (40.1)	4.6 (33.1)	2.4 (20.4)	5.7 (40.8)	4.5 (31.3)	1.9 (15.4)
사교활동	61.5 (85.6)	57.9 (73)	50.9 (59.5)	62.5 (87.1)	56.6 (75)	49.9 (61.4)
학습	1.8 (22.1)	3 (26.3)	3 (21)	0.6 (9)	2.7 (30.8)	3 (23)
종교활동	12 (49)	14.7 (53.4)	19.5 (61.8)	13.9 (53.9)	16 (57.6)	19.6 (62.8)
문화/스포츠/레저	42.4 (82.4)	58.4 (88)	62.5 (85)	48.7 (85.8)	57.4 (90.2)	67.9 (91.7)
수동적 여가	189.2 (138)	189.1 (130.3)	173.9 (116.7)	207.2 (142.2)	204.8 (136.1)	197 (128.9)
N	4917	3618	2348	4618	3154	2056

*주: 표 안의 값은 해당 연령 집단의 평균값을 나타내며, 괄호 안의 값은 표준편차를 나타낸다.

위의 표는 1999년부터 2009년까지 55~64세 성인들의 24시간 활동 시간을 분 단위로 보여주고 있습니다. 여기서 '수동적 여가'라고 하면 뭘까요? 예, 그냥 아무것도 안 하는 거예요. 낮잠 자고, 텔레비전 보고, 뭔가 기억에 안 남는 일종의 내용 없는 시간이라고 할 수 있겠죠. 1999년에 55~59세 사람들의 수동적 여가 시간이 189분입니다. 대략 3시간 정도를 아무것도 안 하고 지낸다는 거죠. 그리고 60~64세는 207분, 역시 나이가 좀 더 많을수록 시간이 늘어나네요. 어쨌든 이 수동적 여가 시간은 해마다 줄어들고 있습니다. 반면에 문화/스포츠/레저가 늘어나고 있어요. 55~59세는 42분에서 1시간 정도로 늘어났고, 60~64세는 더 늘어났죠. 약 68분. 지금 여러분들이 이 강의 자리에 앉아 계신 것도 아마 문화/스포츠/레저에 들어갈 테고, 또 등산이라든지 요가, 탁구, 수영, 걷기, 산책 등 즐겨하시는 운동들이 여기 해당되겠죠.

그런데 보시면 여전히 노동을 많이 합니다. 하루 중 가장 많은 시간을 차지하는 게 노동입니다. 그런데 1999년에서 2009년 사이에 그 시간이 현격히 줄어들고 있어요. 왜 줄어들었을까요? 실제로 고용 시장에서 노인분들에게 기회가 주어지지 않는 이유도 있을 수 있고, 좋게 해석하면 노인분들이 은퇴를 한 뒤 일하기보다는 여가생활에 좀 더 시간을 할애하는 것으로도 볼 수 있겠습니다.

그런데 제가 여기서 주목하고 싶은 부분이 있는데요, 참여봉사활동이 55~59세의 경우 2009년에 하루 평균 2.4분이에요. 24분이 아니고 2.4분입니다. (웃음) 1999년에 5.4분이던 것이 더 줄어들어서

2.4분이 된 거죠. 그리고 60~64세는 1999년에 5.7분이었는데 2009년에는 1.9분입니다. 하루에 1.9분 동안 참여봉사활동을 하신 거예요. 그리고 학습 부분을 한번 볼까요? 55세에서 64세의 모든 분들이 2009년에 학습, 즉 공부하는 데 보낸 시간이 하루 24시간 중 3분입니다. 책을 읽는다면 하루 평균 3분 읽은 거고, 만약 어떤 문화센터의 교양 인문 강좌에 갔다면 3분 듣고 나간 거죠. (웃음)

55세에서 64세 한국인들이 어떻게 24시간을 보내고 있는지를 표로 직접 보시니까 어떠세요? 본인과 한번 비교해볼 수도 있겠죠. 나는 하루에 몇 분 참여봉사활동을 하나? 하루에 몇 분 학습을 하나? 종교활동은 꽤 높은 비중을 차지하고 있네요. 이렇게 우리가 의식하지 못한 채 하루를 지내는데 그 시간을 숫자로 보니까 신선한 충격 같은 것을 받았습니다. 그런데 한국에서는 전반적으로 참여봉사활동의 비중이 다른 나라에 비해 낮습니다. 어느 정도 차이가 있겠지만 55세 미만도 시간의 비중은 비슷할 거라는 생각이 듭니다. 노동 시간이 줄어드는 건 제가 보기에는 좀 부정적인 측면인 것 같아요. 특히 우리가 고령화 사회에 들어가면서 경제활동이 오히려 더 늘어나야 하는데 노동 시간이 줄어들고 있다는 건 연령이 높으신 분들에게 고용의 기회가 없다는 거죠. 그만큼 노인 일자리가 줄어들고 있다는 걸 통계가 보여주고 있습니다. 그리고 문화/스포츠/레저 활동이 늘어나고 있는 건 긍정적인 측면과 부정적인 측면이 있겠지만, 어쨌든 우리가 즐겁게 보내는 시간이 늘어나는 건 좋은 일 같습니다.

'어떤' 시간인가

제가 오늘 말씀드릴 주제가 '참여', '연대' 이런 이야기인데, 어쩌면 여러분들은 이 주제를 너무 무겁고 낯설게 여기실지도 모르겠습니다. 그런데 제가 전공이 문화사회학, 예술사회학이고 또 시를 쓰는 사람이기 때문에 이 주제에 대해 좀 다른 방식으로 접근해보려고 합니다.

제가 오늘 '시간'에 대한 이야기로 시작했는데요. 우리에게 시간은 항상 부족하죠. 인생 전체로 봤을 때도 그렇고 하루를 봤을 때도 그렇습니다. 시간은 항상 제한되어 있죠. 그래서 이 제한된 시간을 우리가 어떻게 보낼 것인가 하는 것은 모든 인간에게 아주 중요한, 본질적인 고민입니다. 사회학에서는 '시간'을 어떻게 보느냐면, 시간에는 '텅 빈 시간'이 있고 '꽉 찬 시간'이 있어요. 그래서 우리가 뭘 하느냐? 누구와 함께하느냐? 혼자 있느냐? 함께 있느냐? 혹은 수동적으로 보내느냐? 능동적으로 보내느냐? 이런 것들에 많은 관심을 갖고 있습니다.

예를 들어서 시간은 많은데 할 수 있는 게 없을 때가 있습니다. 선택권이 없는 경우죠. 이를테면 공항에 갔는데 갑자기 비행기가 지연이 돼서 게이트 앞에서 꼼짝없이 5~6시간을 기다려야 하는 거예요. 더구나 공항이니까 어디 나가지도 못하고 아는 사람도 없으니, 그 시간이 얼마나 지루하고 짜증이 납니까? 그냥 가만히 앉아서 시간 낭비만 하는 거죠. 반면에 내가 누군가와 함께 1시간을 보내는데 너무 할 것도 많고 선택권이 많다면, 이 시간은 앞의 시간과 어떻게 다를까요? 그래서 사회학에서 시간은 단순히 양적인 시간이 아니라, 누구와 어디서 무엇을 하는가 등 질적인 시간에 의해서 그 성격이 결정됩니다.

이와 관련해서 역사적인 사례가 하나 있습니다. 20세기 초에 러시아에서 노동자들이 혁명을 일으켜 공산주의 사회가 도래했죠. 그때 레닌이 노동자를 위한 새로운 공산주의 사회를 건설하겠다는 기치를 내걸고 소련을 세웠습니다. 그런데 소련은 노동자를 위한 나라이면서 동시에 미국과 경쟁을 하고 있었기 때문에, 자기네도 미국 못지않게 생산성을 높여야겠다고 생각했습니다. 두 가지 과제가 동시에 주어진 거죠. 그래서 사람들이 고민을 했습니다. 노동자들도 행복하면서 동시에 어떻게 생산성을 높일 수 있을까? 고민하다가 달력을 새로 만들었어요. 그 달력 이름이 '붉은 달력'인데, 일주일을 7일이 아니라 5일로 만든 겁니다. 그리고 노동자들이 번갈아가면서 5일에 한 번씩 쉬는 대신 공장이 쉬는 날은 없습니다. 항상 가동되는 공장에서 20퍼센트 정도의 인력은 쉬고, 80퍼센트 정도의 인력은 일하게 돼 있는 거죠. 그러면 개인에게 돌아오는 1년의 휴일은 늘어나면서도 공장은 계속 돌아가니 생산성이 높아지겠죠.

아무튼 어떻게 머리를 쓰고 수학적인 계산을 해서 이런 달력을 만들었습니다. 그리고 이 달력이야말로 노동자들도 행복하고 자본주의 못지않은 생산성을 확보할 수 있는 좋은 방법이라고 했는데, 1년이 지나자 노동자들이 이거 하기 싫다고, 다시 7일 달력으로 돌아가

자고 했습니다. 왜 그랬을까요? 노는 날이 늘어났는데 말이에요. (청중: 혼자 놀아야 하니까요.) 예, 맞습니다. 내가 노는 날 친구는 일하고, 내가 노는 날 아내가 일을 하니 나는 할 게 없는 거예요. 아무리 휴일이 많아도 할 게 없으니 의미가 없는 거죠. 그래서 결국 '붉은 달력'은 완전히 실패했다고 인정하고 옛날 달력으로 돌아갔습니다. 어떤 사회학자는 이런 얘기를 했습니다. 시간은 '관계적인 것'이다, '내가 누구와 무엇을 하며 지낼 것인가를 항상 조정·조율하는 노력으로 채워진 것'이라고요. 이게 사회학에서 말하는 '시간' 개념입니다.

그럼 이제 우리가 그 시간을 무엇으로 채울 것인가 하는 이야기를 해보겠습니다. 일단 좀 쑥스럽지만 제 개인적인 이야기부터 말씀드릴게요. 저는 서울 망원동에서 태어났는데, 부모님이 맞벌이인 데다 연년생으로 3남매여서 저는 거의 할머니가 맡아 키우셨습니다. 그래서 저는 할머니와 계속 살았어요. 사실 제가 할머니한테 영향받은 부분이 매우 큽니다. 특히 할머니한테 제가 배운 게 있다면 인자함, 그러다가 가끔 버럭도 하시는데 그것도 제가 배운 것 같아요. (웃음) 그리고 할머니와 보낸 그 긴 시간들….

아직도 기억나는 장면들이 있습니다. 겨울에 방에 석유곤로가 있었는데, 곤로 건너편에는 할머니가 앉아서 불경을 외고 계셨고 이쪽편에는 제가 앉아서 책을 읽고 있는 장면. 할머니가 불경을 읽는 게 약간 노래 같기도 하고 주문 같기도 한 그런 특별한 시간이었습니다. 또 제가 초등학교에 들어갔을 때 할머니가 입학 선물로 '반야심경'이 새겨신 책받침 10장 정도를 제게 주셨어요. 저는 초등학교

1학년 때 반야심경을 외웠죠. (웃음) 할머니 선물이니까요. 이 얘기는 제가 시에도 썼습니다.

또 저는 늘 할머니와 같이 잤는데, 할머니가 라디오를 좋아하셔서 자기 전에 항상 듣던 라디오 프로그램이 있었습니다. 코미디언 구봉서 씨인지 배삼룡 씨인지 또는 그 두 분이 같이 했던 프로그램인지 잘 기억은 안 납니다만, 항상 그걸 들었죠. 그리고 그때는 코미디가 주로 만담이었잖아요. 주거니 받거니, 그냥 뭔가를 계속 이야기합니다. 그럼 할머니가 배꼽을 잡고 웃으세요. 그러면 저도 배꼽을 잡고 웃어요. 깔깔깔깔. 사실 아이는 본능적으로 어른을 따라하게 돼 있잖아요. 뭐가 그렇게 웃겼는지는 모르겠는데, 하여튼 자기 전에 라디오 코미디를 들으면서 깔깔 웃고 그렇게 잠이 들었어요. 그래서 제게는 할머니와 보낸 시간이 굉장히 오래 기억에 남는 시간들입니다. 할머니는 제게 항상 뭔가를 이야기해주셨고, 저는 늘 할머니와 뭔가를 같이 했던 적이 많았던 것 같아요. 다시 말씀드리면 우리는 매우 활동적이었다는 거죠. 할머니와 어린 저하고 같이 적극적인 시간을 보낸 겁니다.

어른의 말 ▬

저는 이 강의를 준비하면서 할머니가 제게 항상 하셨던 말씀이 떠올랐어요. 저는 그 말을 잊지를 못합니다. 하루 한 번씩은 이 말을 들은 것 같아요. "어른 말을 들으면 자다가도 떡이 생긴다." 저는 이 말을 할머니한테만 들은 것 같은데, 참 재미있는 말입니다. 실제로 내가 어른 말을 들었다고 해서 떡이 생기지는 않겠지만, 그만큼 '좋은 일이 생긴다', '너한테 이롭다'는 의미의 비유겠죠. 그런데 오늘 저는 이 말을 떠올리면서 '어른의 말이 뭘까? 요즘 우리 한국 사회에서 어떤 말들이 어른의 말인가? 그리고 우리는 어른의 말을 어디서 듣나? 과연 듣기는 하는가?' 하는 생각을 하게 됐습니다.

제가 글을 쓰는 사람이라서 그런지 몰라도, 제게는 '말'이 매우 중요합니다. '말'과 관련해서 '말 한마디에 천 냥 빚도 갚는다', '아 다르고 어 다르다' 등등의 표현이 있지만, 저는 '말'이야말로 사람과 사람이 인연을 맺고 함께 살아가는 데 가장 중요한 것이라고 생각합니다. 저는 세상이 '말'들의 만남으로 이루어져 있고, 그것이 행동으로 또 삶으로 이어진다고 생각해요. 그런데 정말 우리는 '어른의 말'을 어디서 들을 수 있을까요?

2006년에 할머니가 돌아가시고 나서 바로 아버지가 돌아가셨습니다. 그래서 이제 어머니가 집에 혼자 계시게 돼서 어머니와 살았는데, 저도 나이가 들어가다 보니 어머니와 같이 텔레비전 보면서 수다 떠는 친구처럼 지내게 됐습니다. 그러다가 어머니랑 간혹 진지한 얘기를 하죠. 그런데 저희 어머니도 저한테 '삶은 이런 것이다, 이렇게 살아라, 이렇게 사회생활을 해라' 그런 말씀을 별로 안 하세요. 저한테 어떤 교훈적인 말씀을 하시는 게 익숙지가 않아서 많이 어색해하시는 것 같아요. 그래서 어머니와는 주로 수다를 떠는데,

그러다 제가 한번은 어머니랑 꼭 하고 싶은 걸 생각해본 적이 있습니다. 같이 철학책을 읽고 토론을 하고 싶은 거예요. 그중에서도 진짜 어려운 책, 예를 들어서 하이데거의 《존재와 시간》을 어머니랑 한 장 한 장 같이 읽고 토론을 해봐야지, 이런 생각을 하고 제가 어머니한테 말씀을 드렸습니다.

"어머니, 저와 하이데거의 《존재와 시간》을 같이 읽고 한번 토론을 해보실래요?"

"하이데거가 누군데? 너무 어렵잖아?"

그래서 제가 설득을 했습니다.

"저도 안 읽어봤어요. 저도 처음 읽어요. 그러니까 제가 쉽게 설명을 해드리면서 같이 책을 읽어보면 어떨까요?"

그랬더니 어머니가 "좋다" 하셔서 책도 샀어요. 그런데 사는 게 바쁘다 보니 아직 실행은 못하고 있습니다. 늘 염두에 두고 있긴 합니다만. 그런데 전 가끔 그런 생각을 합니다. 저도 누구에게서 배움이 되는 말, 인생에 대한 이야기, 세상에 대한 이야기를 저보다 선배한테, 저보다 연륜이 있는 분한테 듣고 싶다는 그런 생각을요. 이게 '어른의 말'이죠. 하지만 어떻게 보면 이 사회에 어른의 말은 넘쳐나는 것 같기도 합니다.

제가 공론장(公論場, public sphere)이라는 개념을 소개해드리고 싶은데, 잘 아시겠죠. 공론, 즉 공적인 이야기가 유통되는(또는 논의되는) 공간을 공론장이라고 하는데, 사회학자인 위르겐 하버마스는 "공론장이야말로 민주주의의 기초다"라고 이야기했습니다. 그래서 공론장에는 공통의 문제에 대해서 평등하게, 모든 사람의 말이 똑같은 자격을 가지고 참여합니다. 이 공론장에서는 의견과 취향의 차이에도 불구하고 우리는 소통할 수 있고, 또 우리가 상대방의 말을 존중하고 그 차이를 인정하면서 동등한 자격으로 서로의 말을 나눈다면 합의에 이를 수도 있겠죠. 그리고 이 공론장이야말로 제가 앞서 보여드린 표에서 나타나는 사회 참여라든지 또 공적인 활동과 연결됩니다. 공론장에서는 항상 나의 문제와 공통의 문제가 연결이 되고, 정치·경제·문화 그리고 우리가 함께 나누는 이 사회의 갖가지 문제들이 이야기가 되죠.

얼핏 보면 어르신들의 공론장에서는 국가에 대해 많이 얘기하는 것 같습니다. 대한민국이라는 이 나라의 미래에 대해서, 또 과거에 대해서. 그렇다면 어른의 말이 발언되는 공론장이 존재한다고 생각할 수 있겠죠. 흔히 공론장이라고 하면 굉장히 큰 주제, 즉 국가와 민족 같은 개념을 떠올리게 되는데, 실제로 그런 것 같기도 합니다. 더구나 우리나라는 지금 노년을 통과하고 계신 분들이 역사적으로 많은 비극을 겪었어요. 전쟁이 있었고, 또 1980년대도 있었고, 수많은 비극들이 있었죠. 가끔 한국이라는 사회가 어떻게 보면 정말 수많은 전쟁의 연속이었구나 하는 생각이 들기도 합니다.

얼마 전에 호주에서 시인들이 와서 한국의 시인들과 함께 워크숍을 했습니다. 그때 호주 시인들을 데리고 망원동에도 가고, 비원에도 가고, 재래시장과 광화문 광장에도 갔어요. 그런데 이상하게, 갈 때마다 자꾸 전쟁 얘기를 하게 되는 겁니다. 망원동에 갔을 때는 홍

수 얘기를 했는데, 그 얘기를 너무 귀를 쫑긋하고 듣는 거예요. 혹시 아시는 분도 계실지 모르겠지만, 망원동에 홍수가 1971년, 1984년, 1987년에 크게 났잖아요. 그런데 왜 홍수 얘기에 전쟁 얘기가 나올까요? 홍수와 전쟁이 무슨 관계가 있을까요? 사실 1984년에 처음으로 남북 간의 민간 교류가 이루어진 계기가 홍수였습니다. 그때 북한에서 쌀과 옷감을 줬거든요. 기억나세요? 텔레비전에서 구호품이 트럭으로 실려오는 장면? 그 쌀과 옷감을 제가 받았습니다. (웃음) 그게 첫 번째 민간 교류였던 걸 그땐 몰랐지만 나중에 알게 됐죠.

그렇게 홍수 얘기를 하다가 남북관계 얘기가 나오니까 호주 시인들이 깜짝 놀라요. 그때 제가 그 쌀을 받아서 먹었는데 너무 맛이 없어서 떡을 해먹고, 또 그 옷감은 너무 질이 안 좋아서 이불보로 썼는데, 이런 얘기를 해줬더니 너무 신기해했습니다. 그래서 제가 호주 시인들에게 물어봤어요. 당신들한테 전쟁의 경험이 있느냐고, 같은 민족끼리 싸우고 같은 시민끼리 서로 죽이네 살리네 한 그런 비극적인 역사나 경험이 있느냐고요. 그랬더니 이런 얘기를 합니다. 원래 호주가 유럽, 특히 영국의 이주민들이 가서 만든 나라잖아요. 그때 원주민들에 대한 어마어마한 살육과 피의 역사가 있었지만, 그 역사는 아직도 묻혀 있고 충분히 이야기되거나 제대로 기록되지 않았다고 해요. 그리고 그 이후엔 그런 전쟁의 기억은 없다고 합니다.

이제 제가 생각해보면, 한국에는 항상 사람들이 다치고 죽고 한 기억들이 너무 많아요. 그러니 그 모든 것을 통과해서 지금 살고 계신 분들이 나라와 민족에 대해 얘기하는 건 어쩌면 너무나 당연할 수 있습니다. 그래서 저는 지금의 어르신들을 가끔 그런 말로 표현합니다. '생존자'들이라고요. 그들은 생존자일 수밖에 없습니다. 전쟁에서 살아남았으니까요. 저도 생존자의 후예죠. 전쟁에서 부모님이 살아남았으니까 제가 있는 거잖아요. 저희 어머니에게 전쟁 때 어떠셨냐고 여쭤보니까, 아주 어린 아이였던 그때 피난길에 포탄이 떨어졌는데 친척이 바로 옆에서 죽었다고 말씀하시더라고요. 그때 저희 어머니가 포탄에 맞았을 수도 있죠. 그럼 저도 없었겠죠.

결국엔 우린 다 생존자라는 생각이 듭니다. 그 생존자들이 공론장에서 나의 문제이자 우리의 문제에 대해 얘기할 때, 당연히 나라와 민족, 전쟁 이런 얘기를 할 수밖에 없겠죠. 그래서 우리 시대 '어른의 말'의 많은 부분이 나라와 민족, 전쟁, 죽음 이런 이야기일 수밖에 없겠다는 생각을 합니다. 그리고 그것이 어찌 보면 사회를 바라보는 관점의 토대가 되겠죠. 내가 이 나라를 위해서, 이 사회를 위해서, 혹은 타인을 위해서 뭔가를 한다고 할 때 그 전제에는 전쟁에서 살아남은 사람으로서 나의 책임을 행사한다, 이런 것이 숨어 있는 것입니다.

그런데 문제가 있죠. 어르신들의 국가관과 민족관이 지금 후세대의 국가관이나 민족관과 항상 일치하는 건 아닙니다. 오히려 반대되는 경우도 많죠. 그래서 제가 언젠가 〈한겨레 21〉에 짧은 칼럼을 썼는데, 저희 아버지와 저하고 관계된 얘기입니다.

저는 지금의 어르신들을 가끔 그런 말로 표현합니다. '생존자'들이라고요. 전쟁에서 살아남았으니까요. 저도 생존자의 후예죠. 전쟁에서 부모님이 살아남았으니까 제가 있는 거잖아요. 결국엔 우린 다 생존자라는 생각이 듭니다. 그 생존자들이 공론장에서 나의 문제이자 우리의 문제에 대해 얘기할 때, 당연히 나라와 민족, 전쟁 이런 얘기를 할 수밖에 없겠죠. 그래서 우리 시대 '어른의 말'의 많은 부분이 나라와 민족, 전쟁, 죽음 이런 이야기일 수밖에 없겠다는 생각을 합니다. 그리고 그것이 어찌 보면 사회를 바라보는 관점의 토대가 되겠죠. 내가 이 나라를 위해서, 이 사회를 위해서, 혹은 타인을 위해서 뭔가를 한다고 할 때 그 전제에는 전쟁에서 살아남은 사람으로서 나의 책임을 행사한다, 이런 것이 숨어 있는 것입니다.

아버지의 역사

돌아가신 아버지는 정치적으로 보수적 성향을 지니고 계셨다. 아버지는 노무현 전대통령이 당선됐을 때, 미국에서 유학 중인 나에게 전화로 말씀하셨다. "한국에 돌아오지 마라. 여기에는 이제 희망이 없다."

그렇다면 보수적인 아버지의 전쟁관은 어땠는가? 대학에 막 입학한 어느 날, 나는 미군의 양민 학살을 다룬 역사적 자료를 접한 뒤 충격을 받고 아버지에게 그런 일을 아시냐고 물었다. 아버지는 미군은 그런 적이 없다고 거의 확언을 하셨다. 나는 아버지에게 자료를 보여드렸다. 아버지는 그것은 날조된 것이라며 격분하셨고 나는 분명한 사실이라고 반발했다. 그날의 언쟁이 둘 사이에 남긴 감정적 골은 꽤 심각해서 한동안 쉽게 가시지 않았다.

그런데 앞의 이야기가 다가 아니다. 아버지는 언제부턴가 한국전쟁이라는 역사 속으로 파고드셨다. 아버지는 독학으로 한국전쟁에 대한 지식을 쌓아나갔다. 늘 보수정당에 투표를 했지만 한국전쟁에 관한 아버지의 입장은 단순치 않았다. 아버지는 한국전쟁은 북한의 남침으로 시작됐지만 당시의 국내외 정세를 언급하시며 폭넓은 맥락에서 전쟁의 원인을 따져봐야 한다고 강조하셨다.

나는 머리를 긁적이지 않을 수 없었다. 아버지가 지닌 전쟁에 관한 지식이 나보다 훨씬 해박했을뿐더러 아버지의 입에서 나오는 이야기가 보수정당을 지지하는 사람의 입에서 나올 법한 이야기가 아니었기 때문이다. 아버지는 돌아가실 때까지 보수파였지만 내가 신입생 때 언쟁을 벌였던 분과는 사뭇 거리가 있었다.

아버지는 역사책들을 두루 읽으며 어린 시절 겪은 전쟁을 역사로, 개인의 비극을 포함하면서 넘어서는 큰 이야기로 다시 이해하셨다. 사실 지금 내 방의 책장에 있는 한국전쟁과 근현대 한국사에 대한 책은 전부 아버지의 것들이다.

그중에 책 제목 하나가 눈에 띄어 꺼내보았다. 정병준이라는 역사학자가 저술한 《한국전쟁: 38선 충돌과 전쟁의 형성》이라는 책이다. 지금껏 한 번도 들춰보지 않은 책이라 내용을 훑어보니 38선에서의 잦은 남북 간 군사적 충돌이 남침의 도화선이 됐다고 주장한다. 실제로 저자는 김대중 정부 시절 국사편찬위원회에 몸을 담았다. 역사교과서 국정화를 지지하는 이들이 타깃으로 삼을 표본이라 해도 무방해 보였다.

나는 궁금해졌다. 노무현 정부에 치를 떨었던 아버지의 서재에 왜 '좌파'로 낙인찍힐 법한 역사학자의 책이 꽂혀 있는가? 머리말을 읽어보니 마치 하나의 힌트처럼 이런 구절이 눈에 들어왔다.

"마지막 장들을 완성하던 지난 몇 달 간… 한국인들이 겪었던 역사적 상황 속에서 덧없이 스러져간 수많은 사람들의 꿈과 열정이 생각나 불면의 밤을 지새워야 했다. 1950년에 형상화된 한국이라는 국가, 사회, 사람들의 비극을 통해 이 책이 21세기 우리들에게 이야기하는 바가 있으리라고 기대한다."

좌파이건 우파이건, 보수 아버지건 진보 자식이건, 전쟁에 관해서는 하나의 공통분모가 있다. 그것은 모두 전쟁이라는 비극의 생존자라는 사실이다. 아버지가 가까스로 살아남았으니 자식도 가까스로 태어난 셈이다.

이 비극을 일으킨 원인은 무엇인가? 타도해야 할 원수인가? 아니면 과거 속의 진실인가? 역사란 무엇인가? 원수에 대한 승리욕을 고취하고 승리의 전리품을 과시하는 것인가? 아니면 과거 속의 진실이 무엇인지, 나의 현존이 과거의 비극과 어떻게 연결되는지를 성찰하는 것인가?

보수적인 아버지조차 이 질문에 대한 답은 알고 계셨으리라. 그래서 나는 애틋하게 상상해본다. 아버지가 살아 계셨더라면 작금의 역사교과서 국정화 사태에 대해서 나와 아버지는 어쩌면 꽤 근사한 토론을 해볼 수 있었을 터이다.

이제 돌이켜 생각해보면, 아버지에게 전쟁은 단순히 원수들 간의 서로 죽고 죽이는 그런 전쟁이 아니라, 바로 '덧없이 스러져간 수많은 사람들의 비극'이었던 것입니다. 그래서 저는 이와 관련하여 아버지의 말을 듣고 싶다는 생각을 하게 됐습니다. 뒤늦게 '아버지의 말'이 궁금해진 거죠. 물론 이미 아버지가 돌아가셔서 그 말은 못 듣겠지만, 그래도 이런 말을 하는 어른을 만나보고 싶다는 생각이 드는 겁니다.

그런데 지금은 이런 말을 같이 나눌 수 있는 자리가 너무 없는 것 같습니다. 국가와 민족에 대해 열렬하게 말씀하시는 어른들은 우리가 어디서 만나냐면, 거리에서 시위하면서 만나요. 그런데 내가 시위하는 쪽의 반대쪽에 계시죠. 다가가서 "어르신, 어디 가서 커피 한 잔 하면서 얘기 좀 나누면 어떨까요?" 이러기에는 이미 벽이 너무 높습니다. 그런네 사실 정말 궁금해요. 제가 아버지와 그렇게 싸웠지만 어떤 부분에선 뒤늦게나마 만나는 부분, 이야기할 수 있는 여지들이 있었는데 그걸 못했잖아요. 그러니까 좀 비약적으로 이야기해보면, 아버지와 제가 역사를 통해서, 또는 역사에 대한 말을 통해서 연대할 수 있는 기회가 있었을 수도 있겠다는 생각을 아버지 책들을 보면서 했습니다. 아버지 책들 중에는 좋은 책들이 많아요. 그런데 아버지가 읽고 저한테 들려주신 말이 있었는가 생각해보니 그런 게 없었던 겁니다. 그래서 전 이런 생각을 합니다. 어르신들의 말과 젊은이들의 말이 서로 만나고 교류할 수 있는 장이 과연 우리에게 있는가? 그런 공론장에 대해서 우리가 한번 생각을 해보고, 그것을 어떻게 만들 것인가 함께 고민을 나눠봤으면 좋겠다는 생각이 듭니다.

공론장과 마을

그리고 또 저는 이런 생각도 했습니다. 나이가 들어간다는 것은 어떤 것일까? 여러 차원이 있지 않을까? 사실 어르신들은 인생 속에서 온갖 다양한 경험들을 하셨을 텐데, 전쟁이나 국가, 민족에 관한 것 말고도 온갖 이야기들이 있지 않을까? 사소한 이야기, 개인적인 이야기, 그런 것들이 우리의 이야기로 확장되는 어떤 결이 공론장에 있지 않을까?

제가 겪은 어떤 이야기를 해드릴게요. 국가와 민족에 대한 이야기는 아니고, 노인회·부녀회 얘기입니다. 최근 젊은이들이 귀촌·귀농을 많이 하는데, 제가 아는 어떤 분이 귀촌을 하셨습니다. 이분은 원래 농민운동을 하셨는데, 가족이 생기고 이제 뭘 할까 하다가 귀촌해서 작은 마을도서관을 만들자는 생각을 하셨죠. 그래서 죽 알아보시다가 어떤 마을을 보고 여기가 좋겠다 싶었대요. 그런데 산 중턱에 빈 집이 하나 있는 거예요. 그래서 거기 들어가서 살아야지 했는데, 보통 그 마을에 들어가서 살거나 어떤 활동을 하기 위해서는 그동네 어르신들의 허락을 받아야 합니다. 특히 중장년 모임에 가서 "제가 여기에 살아도 되겠습니까? 저는 어떤 일을 할 생각입니다"하는 얘기를 하는데, 그때 문제가 되는 게 있었어요. 이분이 아이가둘이었는데, 어르신들이 애들은 어느 학교에 보낼 거냐고 질문을 하셨어요. 그랬더니 이 양반이 뭐라고 했는 줄 아세요?

"저희는 학교 안 보낼 겁니다. 홈스쿨링 할 겁니다."

"홈스쿨링이 뭔데?"

"그냥 저희가 키우는 겁니다."

이게 그 동네 노인분들에게 어마어마한 분노를 일으켰습니다. 왜그랬을까요? 아니, 자기랑 상관없는 어떤 가족이 집에서 아이를 키운다는 게 그렇게 분개할 일이었을까요? 하지만 애들을 학교 안 보내고 집에서 키운다는 건, 이분들이 평생 동안 노력해왔던 자식농사를 부정하는 거였어요. '왜 내가 이렇게 뼈 빠지게 일하는데? 애들좋은 학교 보내고 도시에 보내서 좋은 직장 가고, 자기보다 나은 삶을 살게 하는 게 인생 목표였는데, 그래서 학교에 보내는 거였는데,

학교에 안 보낸다고? 뭐하자는 거냐고!' 이런 생각지도 않은 반응이 어르신들한테 나온 겁니다. 그렇게 어르신들 모임에서 난리가 났는데, 그때 제일 연장자이신 어떤 노인분께서 딱 이렇게 말씀하셨어요. 한번 기회를 줘보자고, 저 사람이 우리와 생각은 다르지만 말하는 품을 보아 괜찮은 사람 같으니 한번 기회를 주자고. 그래서 약간 조건부(?) 테스트 기간이 만들어진 겁니다.

그래서 그분이 그 마을에서 살게 됐는데, 동네 할머니들이 그렇게 그 집 아이들을 예뻐한 거예요. 그렇게 그 테스트 기간 동안 할머니들하고 애들하고 정이 들고 좋은 관계가 맺어져서, 결국 그 가족은 할머니들의 적극적인 지지 속에 그 마을에 살게 됐습니다. 또 아주 좋은 도서관이 만들어져서 그곳이 말하자면 마을 공론장 역할을 하게 됩니다. 작은 도서관이지만 지원금을 받아서 인문학 프로그램도 하게 되고, 아이들도 많이 오고, 이런 강연에 어르신들도 오고, 나중에는 거기가 좋아졌다는 이야기가 있어요. 그런데 그 어르신은 어떻게 '이 사람은 괜찮은 사람'이라는 것을 직관적으로 알 수 있었을까요? 그게 참 놀라운 능력 같아요. 그게 진짜 리더십 아닐까요? 저 사람은 기회를 줄 만한 사람이라는 걸 알아보는 식견, 사람에 대한 감식안을 갖고 계셨던 것입니다.

또 이런 사례도 있습니다. 어떤 할머니가 중풍에 걸려서 몸 반쪽을 못 쓰시게 됐는데, 도시에 사는 자식들이 아무리 모시겠다고 해도 할머니는 '나는 도시에서 못 살겠다, 시골에서 혼자 살겠다'고 하시는 겁니다. 하도 고집을 피우셔서 어쩔 수 없이 그 불편하신 몸에도 불구하고 시골 마을에서 혼자 살게 되셨어요. 언젠가 제가 그 할머니 댁에 갔는데, 몸 반쪽이 불편한데도 다른 반쪽으로 자꾸 손님 대접을 하시겠다고, 음료수를 주시겠다고 해서, 그러시지 말라고 해도 계속 고집을 피우시더라고요. 그런데 제가 그 집에서 할머니랑 이야기 나누는 동안에도 자꾸 누군가가 와요. 그리고 계속 이야기를 전해줍니다. 뭐 영식이네가 어쩌고, 이번 농사가 어쩌고, 이런 얘기를요. 한 분이 그러고 가시면, 잠시 후 다른 분이 또 뭐를 가지고 와요. "마늘 좀 드세요" 하면서 마늘 가지고 와서는, 또 앉아서 뭐라고 뭐라고 얘기를 해요. 그러면 할머니는 또 입이 좀 불편하시지만 막 이런저런 얘기를 해주세요.

그랬더니 저하고 같이 있던 동네 분이, 이 할머니는 방 안에서도 이 동네에 대해 다 아신다고 하시더라고요. 이 집에 이렇게 혼자 살고 계신데 어떻게 다 아시느냐고 했더니, 할머니가 옛날에 부녀회장을 하셔서 네트워크가 굉장히 좋으시대요. 몸이 불편하시니까 동네 분들이 도와주려고 마늘이며 과일이며 들고 와서 동네 이야기를 계속 해주니까 진짜 정보의 허브가 되신 거예요. 은퇴했지만 여전히 부녀회장으로서의 역할을 계속 하고 계신 거죠. 저는 그때 정말 놀랐습니다. '아, 이래서 여기 내려와서 혼자 살겠다고 하신 거구나.' 왜냐하면 계속 사람들이 찾아오니까요. 불편한 몸이지만 사람들과 관계를 맺고 또 그런 정보의 허브로서 센터 역할을 하시는 걸 보면서, 이런 식의 네트워크 혹은 만남의 방식들이 있구나 하는 생각이 들었습니다.

어쩌면 공론장이라는 건 이런 게 아닐까요? 공통의 문제에 대한 관심이 마을 사람들의 리더십을 통해 이런 식으로 정보가 오가고 의사결정이 이루어지는 거죠. 그런 장소들, 그런 만남들이 도시에는 정말 없습니다. 물론 도시에도 동네마다 노인복지회관 같은 어르신들이 모이는 공간들이 있긴 하죠. 가끔 가보면 일단 할아버지들은 별로 안 계시고, 할머니들이 큰 원으로 둘러앉아 있고 그 밖에도 작은 원들이 있습니다. 고스톱 치는 분들, 큰 원과 작은 원들…. (웃음) 저는 도시의 공간에서도 그런 작은 이야기들이 서로 만날 수 있지 않을까 싶기는 한데, 도시 자체가 워낙 파편화돼 있다 보니 공통의 이슈, 공통의 과제, 공통의 의사결정 과정 같은 것들이 별로 없는 것 같습니다. 지금은 지방에서도 그런 것들이 점점 사라지고 있는데 도시는 더하겠죠. 예를 들어 아파트나 빌라 같은 곳의 시스템은 오히려 너무 완벽해서 굳이 소통하지 않아도 관리비만 내면 다 해결되잖아요. 그러니까 참여의 여지가 없어지는 겁니다. 젊은 사람뿐만 아니라 노년층에서도, 공론장이 사라지면서 공론장을 통한 공통의 문제 해결, 공통의 사안에 대한 참여와 개입의 여지가 점점 사라지고 있는 것입니다.

노년의 대안문화는 없는가

제가 학교에서 수업하는 한 과목의 제목이 '인디문화론'입니다. 대안문화죠. 제 수업의 강의계획서가 어떻게 구성돼 있느냐면, 주로 청년 문화 얘기를 합니다. 이를테면 홍대 인디밴드나 독립영화 같은, 주류 문화와 좀 다른 대안적 문화를 만드는 주체들은 주로 청년들이니까요. 그런 인디문화의 기원은 1960~70년대인데, 최근 노벨문학상을 받은 밥 딜런 같은 포크 가수나, 한국으로 치면 송창식, 그리고 최근 〈세시봉〉이라는 영화에도 나오지만 그런 식의 청바지, 긴머리, 통기타 같은 청년 문화가 역사적으로는 대안문화의 기원이라고 학생들한테 이야기를 했어요. 그랬더니 어떤 학생이 질문을 던졌습니다.

"청년 문화와 인디문화의 연관성에 대한 강의를 들으면서, 그렇다면 기성세대를 대표할 만한 인디문화는 현재 어떤 것들이 있는지 궁금해졌습니다. 1960~70년대의 청년 문화가 아닌, 현재 어르신들의 문화 혹은 기성세대의 문화에도 인디문화라는 것이 존재할까요? 그렇다면 저희가 알 만한 것들이 있을지도 궁금합니다."

저는 이 질문이 굉장히 신선하고 충격적이었습니다. 과연 현재 어르신들 혹은 기성세대 문화에 대안문화라고 할 수 있는 게 있는가? 말하자면 '어르신들이 문화 생산의 주체인가? 주류 문화와도 다르고 또 젊은이들의 문화와도 다른, 그 세대 고유의 독특한 문화를 생산하는 주체로서 살고 있는가?' 하는 질문을 던진 거예요. 그래서 저도 그에 대한 생각을 좀 하게 되었습니다.

제가 2011년에 어르신들이 제작한 동영상 하나를 보여드리려고 하는데요, 최근에 '실버 영상'이라고 해서 어르신들이 직접 영화나

"1960~70년대의 청년 문화가 아 닌, 현재 어르신들의 문화 혹은 기 성세대의 문화에도 인디문화라는 것이 존재할까요?" 저는 이 질문이 굉장히 신선하고 충격적이었습니 다. 과연 현재 어르신들 혹은 기성 세대 문화에 대안문화라고 할 수 있 는 게 있는가? 말하자면 '어르신들 이 문화 생산의 주체인가? 주류 문 화와도 다르고 또 젊은이들의 문화 와도 다른, 그 세대 고유의 독특한 문화를 생산하는 주체로서 살고 있 는가?' 하는 질문을 던진 거예요.

다큐멘터리를 제작하는 워크숍 프로그램들이 있습니다. 처음에는 주로 어르신들이 손주들을 찍고 싶다고 말씀하세요. 하지만 이 동영상은 그런 이야기가 아니에요. 영화를 찍는 거고, 영화를 찍기 위해 회의를 하는 장면입니다. 감독, 배우, 리포터, 인터뷰어를 다 어르신들이 직접 맡아 하셨어요. 그리고 얼마 전에는 성남문화재단 산하의 성남미디어센터에서 실버영상제작단이 만든 다큐멘터리들을 감상할 기회가 있었는데, 지금 여러분이 보신 작품보다 더 뛰어납니다. 그리고 주제도 굉장히 다양해졌고요. 그중 제가 재밌게 본 작품 가운데 하나는 〈탄천의 역사〉라는 다큐멘터리였습니다. 분당에 있는 탄천의 역사와 현재를 담은 것이었죠.

저도 분당에 살지만, 탄천이 어디서부터 시작되는지, 얼마나 많은 지류들이 모여서 이루어졌는지를 몰랐습니다. 그런데 이 다큐멘터리를 보니까 12개인가 15개 지류들이 모여서 탄천이 만들어지고, 탄천의 바닥에 설치된 '보'가 물의 흐름을 지연시켜 토양이 썩는 등 여러 가지 문제를 일으킨다고 합니다. 분당이 과거에는 농지가 많아서 주변에 물을 대야 했기 때문에 그런 보를 인공적으로 만들었는데 지금은 그게 필요 없어진 거죠. 이런 얘기가 나오니까 갑자기 성남시청의 관계자가 나와서 마이크를 잡고 "이 문제를 어떻게 해결하시겠습니까?" 하시는 거예요. 그랬더니 "우리는 몇 년 전부터 이 문제를 알고 있었고 현재 몇 개의 보를 없앴다, 그리고 더 없애겠다" 하는 식으로, 앞으로의 해결책까지 제시하는 겁니다. 저는 그런 다큐멘터리가 만들어진 것이 놀라웠고, 그 프로그램을 운영하는 재단 관계자들도 점점 실력이 일취월장하신다는 얘기를 들었습니다. 탄천에 대해 그렇게 관심을 기울이고 접근할 수 있는 분들은 사실 분당이나 그 주변 지역에 오래 거주하신 분들, 탄천에 애정을 갖고 계신 분들입니다. 그래서 저는 이런 것이야말로 기성세대가 문화 생산의 주체로서 충분히 활동하고 계시는 걸 보여주는 사례라고 생각합니다. 탄천 문제 혹은 지역 문제에 대해 미디어를 통해 참여하는 것이죠.

그런데 저는 예술을 하는 사람으로서, '노년의 예술의 특징은 뭘까?' 이런 생각을 하게 됩니다. 저명한 문학비평이론가인 에드워드 사이드가《말년의 양식에 관하여》라는 책을 썼어요. 이분의 가장 유명한 책은《오리엔탈리즘》이라는 책인데, 죽기 직전에 써서 사실 미완성인 책이《말년의 양식에 관하여》입니다. '말년에 이른 예술가들이 어떤 작품을 하는가?'에 관한 얘기인데, 그중에 토마스 만의《파우스트 박사》에서 베토벤에 관한 이야기 한 대목을 인용한 부분이 있습니다.

"베토벤의 예술은 자신의 영역, 자아의 영역을 훌쩍 넘어버렸어. 전통이라는 그럭저럭 쓸 만한 틀을 벗어나 일반인들의 눈으로 보더라도 놀랍게도, 절대적 고독 속에 자리 잡은 완전한 개인적 자아의 영역으로 들어섰던 거지. 그는 청력 상실로 인해 감각적 세계로부터 완전히 고립되었어. 그는 영혼의 왕국의 고독한 군주였고, 그의 냉담한 입김은 그에게 가장 호의적인 동년배들조차 소스라치게 놀라며 기겁하게 만들었어. 동년배들은 이따금씩 예외적으로만 그의 음악이 말하려는 바를 겨우 이해할 수 있었지."

베토벤이 말년에 가까울수록, 죽음에 가까울수록 완전한 고독 속으로 들어갔다는 겁니다. 저는 이 이야기를 들으면서, '노년의 특권 중 하나는 누구를 향하여 얘기를 하는 것인 동시에 고독의 특권이 있지 않을까?' 그런 생각을 했습니다. '요즘 고독사니 뭐니 해서 심각한 문제가 많은데 그런 고독 속으로 들어가라고?' 이런 생각 하실 수 있죠. 그런데 이때의 고독은 좀 다른 의미의 고독입니다.

저는 외로움과 고독을 분리해서 생각하는데요, 한나 아렌트라는 정치철학자도 이 둘을 구분해서 정의했습니다. 외로움은 뭐냐면, 세상은 저기 있고 나는 여기 있는 거예요. 세상으로부터 분리돼서 나는 그냥 여기 혼자 있는 거죠. 아무 말 없이. 그런데 고독은 세상과 분리된 것처럼 보이지만 사실 그 안에는 대화가 있습니다. 그리고 그 대화는 자기 자신과의 대화예요. 그래서 저는 베토벤이 세계로부터 고립됐다고 하지만 그 고독 속에서 끊임없이 자기 자신과 대화를 했고, 그것이 작품으로 만들어져 세상에 선보인 거라고 생각합니다. 또 저는 이런 생각도 들었습니다. 말년의 '어른의 말'은 굉장히 수다스러운 말일 수도 있지만(우리가 몰랐던 것에 대해서, 세상만사에 대해서, 삶의 이모저모에 대해서), 또 한편으로는 반대로 침묵이 있을 수도 있겠다고요. 물론 그 침묵은 고독 속에서의 침묵이고, 자기 안에서 대화를 비밀스럽게 이어가는 침묵이죠. 그리고 베토벤의 경우에는 그것이 음악으로 나온 것입니다.

저도 마찬가지인데요, '내가 언제 고독하지? 언제 내가 나와 대화를 나누지?' 하고 생각해보니, 저도 글을 쓰고 공부를 하는 사람으로서 혼자 조용히 책 읽고 글 쓰는 시간이 점점 없어지는 것 같습니다. 그리고 혼자 있어도 조용히 생각을 하기보다는 자꾸 손이 스마트폰으로 가죠. (웃음) 외로움은 말하자면 제가 아까 말씀드린 수동적 여가입니다. 반면에 고독은 매우 능동적인 '혼자 있음'이고, 그 안에서 자기 자신과의 대화가 이루어지고 작품이 만들어집니다. 그래서 겉으로 보면 수동적으로 혼자 조용히 있는 것 같지만 사실 그렇지 않다는 거예요. 현대인들은 남녀노소를 불문하고 모두 고독의 시간이 점점 사라지고 있는 것 같아 안타깝습니다.

고독, 무식한 시인　　　━

제가 이런 강의를 할 때 항상 소개하는 시인이 있습니다. 마지막으로 그 시인의 이야기를 들려드릴 텐데요, 시를 한번 볼까요? 제목은 〈무식한 시인〉입니다.

시는 아무나 짓는 게 아니야
배운 사람이 시를 써 읊는 거지
가이 갸 뒷다리도 모르는 게
백지장 하나
연필 하나 들고

나서는 게 가소롭다

꽃밭에서도 벌과 나비가
모두 다 꿀을 따지 못하는 것과 같구나
벌들은 꿀을 한 보따리 따도
나비는 꿀도 따지 못하고
꽃에 입만 맞추고 허하게 날아갈 뿐

청용도 바다에서 하늘을 오르지
메마른 모래밭에선 오를 수 없듯
배우지 못한 게 죄구나

아무리 따라가려 해도
아무리 열심히 써도
나중엔
배운 사람만 못한
시, 시를 쓴단다.

　제가 강연을 하거나 책을 쓰면서 이 시와 시인에 대한 얘기를 많
이 하는데요, 이 시인의 이름은 한충자입니다. 충북 음성에 사시는
데, 거기서 평생 농사를 지으면서 자식들도 농사꾼으로 키우셨어요.
그런데 이분이 한글을 모르셨습니다. 그게 평생 부끄러우셨던 거죠.

그래서 일흔이 넘어서 한글을 배워야지 하고 회관에 나가 한글 수업을 듣기 시작하셨습니다. 그런데 어느 날 그 한글 수업이 폐강된 거예요. 계속 배우고 싶은데 수업이 폐강돼서 어떡하지 하다가, 옆에 시 창작 수업이 있으니까 거기를 한번 가보신 겁니다. 한글 수업은 아니지만 시 창작 수업을 하면 한글도 배울 수 있겠지 하고요. 그때부터 이분이 시 쓰기 재미에 흠뻑 빠지셔서, 200자 원고지에다 진짜 연필로 삐뚤빼뚤 그렇게 시를 쓰셨습니다. 연세가 있으셔도 계속 농사일을 하셨는데, 수업 듣고 밤에 와서 혼자서 소반 같은 데다 원고지 올려놓고 몰래 끼적이면서 시를 계속 쓰신 거예요. 그러다 보니 원고 뭉치가 이렇게 쌓였습니다.

그래서 할아버지한테 '내가 시집을 내겠다' 했더니, 할아버지의 첫 번째 반응은 어땠을 것 같아요? 다 아시네요. 예상한 그 반응이었습니다. 그래서 '그럼 원고를 한번 읽어봐라' 해서 할아버지가 읽으셨어요. 그다음에 반응은 어떠셨을까요? "이거 당신이 안 썼지?" (웃음) 이 말은, '괜찮네'를 굉장히 역설적으로 표현한 것 아닌가요? 못 믿겠는 거예요. 할아버지는 몰랐던 거죠. 밤에 한글 연습 하는 줄 알았더니 시를 쓰고 계셨던 거죠. 그래서 아무튼 시집이 출간됐고, 한충자 할머니는 지금도 시를 쓰고 계십니다. 그 지역에서는 아주 유명 인사이고 유명 시인이시죠.

시의 내용을 보면, "시는 아무나 짓는 게 아니야. 배운 사람이 시를 써 읊는 거지"라고 말씀하세요. 그럼 이 시는 뭐죠? 이건 할머니가 쓰신 건데요. 어떻게 보면 그게 역설적이죠? 그다음에 나오는 구절이 "가이 갸 뒷다리도 모르는 게 백지장 하나 연필 하나 들고 나서는 게 가소롭다", 자기보고 가소롭다는 겁니다. 그런데 '가이 갸 뒷다리도 모른다'는 말도 이 할머니가 발명하신 거예요. '가이 갸'는 '가갸거겨'일 텐데, 그럼 뒷다리는 뭘까요? 여러분들이 한글을 배울 때 제일 어려웠던 게 뭔가요? 뒷다리, 받침이죠. (웃음) '받침도 모른다'를 '뒷다리도 모른다'고 한 거예요. 글자를 살아 있는 생명으로 보는 거죠. 그런 상상력!

저는 그다음 구절도 좋습니다. "꽃밭에서도 벌과 나비가 모두 다 꿀을 따지 못하는 것과 같구나." 이건 사회학적으로 보면 불평등에 대한 얘기입니다. 누구는 꿀을 따고 누구는 꿀을 못 따는 거예요. 그리고 자신은 꿀을 못 따는 사람이죠. 그래서 그다음에 어떻게 하냐면, 그냥 날아가는 게 아니에요. 그냥 가는 게 아니라 꽃에 입을 맞추고 날아간대요. 꿀은 못 따지만 그냥 가지 않고 입 한번 맞추고 가는 거죠.

그다음에 "청용도 바다에서 하늘을 오르지", 청용(청룡)이 메마른 모래밭에서는 오를 수 없다는 거죠. 바다에 있어야 오르지 모래밭에 있으면 안 된다는 거예요. 이것도 제게는 매우 사회학적인 비평으로 들립니다. 아무리 재능이 뛰어나도 어떤 여건이 되어야 한다는 거죠. 사실 사람들의 재능, 글 쓰는 재능이나 노래하는 재능이나 이런 재능 자체에는 크게 차이가 없습니다. 특히 예술 쪽에서는 정말 그렇거든요. 그래서 예술사회학에서는 '왜 비슷한 재능인데 누구는 성공하고 누구는 실패하나?' 하는 데 대해서, 첫 번째 걸음이 중요하다고 말합니다. 첫걸음을 어떻게 떼서 어디다 딛느냐? 만약 첫걸음을 잘 딛으면 그때부턴 잘나가는 거예요. 그런데 첫발자국을 잘못떼면, 똑같은 재능인데도 결과가 달라지죠. 이 시에서도 그 얘기입니다. 똑같은 재능을 가졌는데 누구는 모래밭에서 출발하고 누구는 바다에서 출발하면, 누구는 하늘로 오르고 누구는 그냥 거기서 아등바등하는 거죠. 그래서 "아무리 따라가려 해도 아무리 열심히 써도 나중엔 배운 사람만 못한 시, 시를 쓴단다" 하고 말씀하시는 거예요.

이 시에 대한 여러분의 감상은 저마다 다르시겠지만, 저는 이 시의 통찰이 정말 놀라웠습니다. 제목이 '무식한 시인'이지만, 저한테는 이 시인이 아주 특별한 시인이에요. 무식한데 시를 쓰는 시인. 사실 요즘 시인들이 학력이 굉장히 높습니다. 웬만하면 대학원 석사·박사, 다 유식한 시인들이죠. 그런데 무식한 시인이 나타난 거예요. 새로운 시인이 나타난 겁니다. 그래서 이 학력 인플레 시대에 독보적인 시인이 등장했구나 하는 생각이 들었습니다.

이 시에는 제가 지금까지 말씀드린 모든 것들이 다 들어가 있습니다. 이 시를 쓰는 시간은 고독한 시간이었겠죠. 할아버지도 몰랐을 테고, 그냥 한글 연습 하나 보다 하고 인정도 안 해줬던 그 고독한 시간에 시를 썼고, 그것을 세상에 선보였고, 사람들에게 큰 울림을 줬죠. 저는 이 시가 할머니의 사회 참여이자 일종의 선언 같았습니다. '나는 무식한 시인이다!' 나중에 들은 얘긴데, 이 할머니가 시를 쓰면서 농사일을 잘 못하게 되셨대요. 왜냐하면 너무 시 생각에 빠져서요. (웃음) 그래서 그런 시도 하나 있습니다. 농사를 나갔는데 자꾸 시 생각이 나서, 그냥 노을만 바라보다 집에 왔다고요. 할머니가 파업을 하신 겁니다. 이 할머니는 평생 농사를 지으셨을 거 아니에요? 그것도 자기를 위해서가 아니라 자식을 위해서요. 평생 그러셨는데 왜 계속 그러셔야 하냐고요. 파업하실 만하지 않습니까? 그렇게 시가 좋다는데요. 그래서 저한테는 이 시가 정말 투쟁적이고 사회 참여적인 시입니다. 그리고 독보적인 시고요.

오늘 제가 처음에는 큰 이야기, 즉 국가와 민족, 공론장 이런 이야기로 시작했지만, 그 공론장의 다양한 결에 대해 다양한 사례들을 가지고 이야기를 했습니다. 저는 시인이니까, 마지막에는 할머니가 쓰신 시를 가지고 이야기했어요. 이 세상에서 나의 말로써 타인과 관계를 맺는다고 할 때, 전 그것이 기본적으로 공론장에서 이루어지는 것이라고 생각합니다. 사실 사회 참여란 것이 그렇게 거창한 것이 아닙니다. 나의 말과 행동으로써 타인과 관계를 맺는 것, 그리고 그것이 공동체 속에서 일어나는 것 아닐까요? 나의 말과 행동에는 여러 가지가 있을 수 있죠. 그것이 반드시 국가와 민족 같은 거창한 말일 필요는 없습니다. 동네 이야기가 될 수도 있죠. 또 그 방식에 있어서도, 미디어가 될 수도 있고 이런 글쓰기가 될 수도 있겠죠. 이런 것들이 노년의 사회 참여의 다양한 얼굴들이라는 생각이 듭니다. 보통 사회 참여라고 할 때 우리가 흔히 생각하게 되는 그런 무거움 같은 것에서 벗어나 여러 측면을 생각해보시면 어떨까, 감히 제안을 드려보면서 강의를 마치겠습니다. 감사합니다.

오랫동안 공직에 있었던 사람입니다. 격렬한 노동운동이나 노조 활동을 하거나, 어떤 일에 비판적인 사고를 가진 직원은 사회학을 전공한 직원들이 많았습니다. 사회학을 전공한 교수님은 그 이유가 뭐라고 생각하십니까?

제가 사회학과에서 항상 듣던 말이 첫 번째로 '비판'이었습니다. 그리고 또 하나는 '겉으로 드러난 것 이면의 것을 드러내라'는 말이었죠. 즉 겉으로 나타난 것 이면의 것을 보고 그것을 끄집어내라는 뜻인데, 이게 비판과 같은 맥락입니다. 좀 쉽게 얘기하면, 매사에 삐딱하게 보기? 그래서 사회학을 하는 사람들은 좀 비판적이고 삐딱한 경향이 있습니다. 저도 좀 그런 편이기도 하고요(물론 다 그런 건 아닙니다. 사회학 하는 사람들 중에서도 온건한 사람들 많고, 보수적인 사람들도 많습니다). 왜 그럴까요? 저는 일종의 학습이나 훈련이 된 것 같아요. 그래서 좋은 점은, 때로는 남들이 못 보는 걸 보기도 합니다. 하나하나의 현상 너머에 대해, 잘 나타나지 않기는 하지만 그 현상을 만들어가는 원인과 힘에 대해서 자꾸 생각하게 되고, 그것을 보게 되기도 하는 거죠.

그런데 그게 나쁜 점은 뭐냐면, 좀 짜증나죠. 그래서 좀 느립니다. 예를 들어서 뭘 해야 하는데 사회학 하는 사람은 자꾸 따져요. '당신은 그걸 얘기하고 있지만 사실은 당신의 이면에는 다른 동기가 있어. 그리고 심지어 당신은 그것이 뭔지도 몰라. 나는 알지만.' 이런 식의 거만함? 그런 태도들이 간혹 있죠. 자기 혼자 잘났고, 그런 측면이 좀 있습니다.

하지만 무엇보다 중요한 건 그 사람의 됨됨이잖아요. 좀 비판적이더라도 그 사람 됨됨이 속에서 다른 사람들을 설득시키고 다른 사람들과 함께하는 그런 사회학자들도 있고, 처음부터 끝까지 삐딱하고 냉소적이고 거만한 경우도 있는데, 저는 그래도 사회학이 재밌습니다. 항상 뭔가 다른 것에 대해서 생각하고, 자꾸 그 너머를 보려고 하는 게 재미있어요. 그게 제게는 글 쓰는 동력이 되기도 하죠. 답변이 됐는지 모르겠습니다.

이 강연들을 들으려고 광주에서 서울로, 평촌으로 달려옵니다. 열차를 타고 대부분 서서 오게 되는데 연세 지긋하신 분들이 넘쳐납니다. 이제 저도 곧 그 대열에 끼게 되는데요, 힘들게 서 있거나 앉아 있는 학생과 청춘들에게 미안한 마음이 듭니다. 암울한 미래 탓이지요. 여전히 경로석을 차지한 노인의 쩌렁쩌렁한 참전 얘기가 맴돕니다. 바르게 나이 드는 방법은 어떤 마음일까요?

이걸 왜 저한테 물어보시는지. (웃음) 바르게 나이 드는 방법, 진짜 어려운 것 같습니다. 저도 이제 조금 있으면 오십인데, 특히 학생들을 가르치기 때문에 더 어렵죠. 요즘 예술 하는 학생들은 정말 사는 게 힘듭니다. 예술은 밥 벌어먹고 살기가 힘들죠. 그래서 학생들 대부분은 여러 가지를 동시에 합니다. 작업도 해야 하고 돈도 벌어야 하니까요. 저는 학생들과 스터디나 모임을 자주 하면서(제가 온라인 대학교에 있다 보니 일부러 오프라인에서 자주 만납니다) 함께 책도 읽고 작품 감상도 하고 토론도 하고 이런 활동들을 많이 하는데, 언제부턴가 학생들이 잘 못 모이는 겁니다. 왜 그러냐고 했더니 너무 바쁘대요. 예술 쪽 일이다 보니까 주말에 일이 많은데 그 시간도 불규칙하고, 또 알바도 해야 하잖아요. 그러니까 누가 그러더라고요. '파트타임 학생'이라고. 요즘 대학생들은 다 파트타임으로 공부하는 겁니다. 그러다 보니 하다못해 저하고도 얘기할 시간이 없는 거예요. 그래도 어떻게든 포기하지 않고 짬짬이 학생들과 같이 이야기하는 시간을 가지려고 하는데 그게 정말 투쟁입니다. 시간 만들기, 그 시간에 학생들과 만나기, 그 시간에 좋은 얘기 하기, 이게 너무 힘들어요. 대학이라는 곳의 상황이 그렇습니다.

제 입장에서 올바르게 나이 든다는 건, 누군가와 이렇게 같이 이야기 나누는 시간을 많이 갖고 그 시간을 허투루 보내지 않는 것이 아닐까 싶습니다. 정말로 학생들과 만나면 시간이 너무 아까워서, 이 짧은 시간에 모든 에너지를 쏟아 부어야 한다는 생각을 합니다. 말씀하신 노인의 쩌렁쩌렁한 참전 얘기, 결국엔 그분도 외롭다는 것 아닐까요? 얘기를 하고 싶은데 사람들이 가장 많이 있는 곳이 지하철이잖아요? 그래서 거기서 얘기하는 거겠죠. 그리고 자신의 과거의 기억 중 가장 얘기할 만한 게 참전인 겁니다. 하지만 만약 정말 마주 앉아서 얘기를 한다면 얘기가 또 달라지지 않을까요? '사실 내가 이런 얘기 하는 건 내가 잘나서도 아니고 대단해서도 아니고 좀 허전해서 그런 거야, 외로워서 그런 거야' 이런 얘기도 나올 수 있지 않을까요? 그러니까 사실은 얘기를 할 사람이 없다는 것의 반증이 아닐까, 저는 그런 생각을 합니다. 그런 분들이 가끔 지하철에서 쩌렁쩌렁하게 참전 얘기로 독백을 하죠. 그건 굉장히 외로운 독백같이 느껴져요. 제가 생각하기에 나이가 잘 들어간다는 건 바로 이렇게 독백하지 않기, 대화하기가 아닐까 싶습니다.

요즘 듣기 어려운 '어른의 말'은 고전과 역사를 통해서 들을 수 있지 않을까요? 《논어》를 읽고 공자님의 말씀을 듣습니다. 그래서 인문학을 공부하는 것일까요?

네, 저도 책을 좋아하는 사람인데 요새 고전이 좋더라고요. 고전을 읽으면서 '아, 그때나 지금이나 똑같구나' 하는 생각을 하게 됩니다. 그때도 사람에 대해서, 세상에 대해서 고민하던 게 지금과 똑같은 것 같아요. 세상이 나아진다는 것, 진보한다는 건 뭘까? 사람이 변한다는 건 뭘까? 사실은 변하지 않는 게 아닐까? 우리는 계속 같은 문제를 가지고 여전히 씨름하고 있는 게 아닐까? 이런 생각을 고전을 통해서 하게 되고, 고전을 읽을 때마다 그 오래전의 지식인들과 작가들의 말이 생생하게 들려서 참 좋습니다. 그리고 그것도 대화인 것 같아요. 최근에는 저도 나이가 들어가면서 다른 사람과 같이 책 읽는 게 좋더라고요. 그래서 독서 모임 같은 걸 합니다. 공부하는 분야가 다른 사람들과 함께 이야기하다 보면 자극도 많이 받을 수 있고, 함께 책 읽는 경험이 굉장히 재밌습니다. 아까 생활시간 조사에 보면 하루 평균 학습 시간이 3분이었는데, 이런 공부 모임이나 독서 모임을 하시면 좋을 것 같습니다.

노인의 주거, 빈곤, 건강, 고독… 그런데 저는 100세 시대에 가장 힘든 일은 '무위'라고 생각합니다. 할 일이 없는 것, 할 일 없이 죽을 날만 기다리는 삶이죠. 노년의 사회 참여를 이끌 수 있도록 어르신들에 대한 동기부여 방법이 있다면 무엇이 있을까요?

사실 '고독', '무위' 저는 이런 말 좋아하거든요. 예를 들어 《도덕경》에 보면 '무위'에 대한 구절이 있는데, '爲無爲則無不治', 즉 '무위를 하면 다스리지 못할 것이 없다'는 말이 나옵니다. 사실 '무위를 함'은 매우 적극적인 것입니다. 물론 질문하신 분은 그런 뜻으로 말씀하신 게 아니라 외로움, 즉 아까 제가 말씀드린 적극적으로 나와 대화하는 고독의 시간이 아닌 정말 외로운 시간을 말씀하시는 거겠죠?

제가 오늘 말씀드린 다양한 활동들이 사실 좀 동기부여가 됐으면 좋겠다는 생각이 드는데, 그게 그렇게 쉽지는 않은 것 같습니다. 나이가 들수록 그런 자리에 나간다는 게 좀 쑥스럽고, 특히 젊은 사람들이 있는 자리에 나가시는 게 힘드시죠? 내가 괜히 불편하게 하고 부담 주는 것 아닌가, 괜히 나서서 또 꼰대 소리 들을 것 같고 그런 거 아닌가요? 아까 제가 말씀드렸던, '어른 말을 들으면 자다가도 떡이 생긴다'는 말이 지금 시대에는 얼마나 어울리지 않는지, 왜 어른들이 입을 떼면 일단 경계부터 하는 시대가 됐나 싶습니다. 그 얘기는 뭐냐면, 이제까지 그런 자리가 너무 없었다는 것, 그리고 서로 대화를 나누는 방법이 특히 지금의 젊은 세대에게는 학습이 안 됐다는 거죠.

저는 그걸 교육 현장에서 느낍니다. 학생들한테 얘기할 때 나 혼자 열심히 떠들고 있는 것 같을 때가 있어요. 그래서 '내가 지금 잘못하고 있나?' 싶기도 하죠. 수업인데 나 혼자 독백하고 있는 것 같을 때 제가 또 막 그러거든요. "얘기 좀 해봐. 이건 토론식 수업이야. 토론을 해야 해." 그럼 또 말하라는 것에 대해서 굉장히 부담을 가져요. 대화하기가 참 쉽지 않다는 생각이 듭니다. 그런데 사실 그것도 해봐야 하고, 하면서 배우는 거죠.

제가 참 좋아하는 말이 있습니다. '하면서 배우기'. 그 가장 좋은 사례가 예술입니다. 그리고 또 하나가 사람과 사람이 서로 만나서 관계를 맺는 것도 '하면서 배우기'인 것 같아요. 시행착오도 겪으면서요. 그런데 젊은 세대와 노인 세대 간에 관계 맺기는 정말 우리가 너무 안 해왔던 것 같습니다. '무위'라는 것은 젊은 세대나 노인 세대나 마찬가지일 텐데 자기 안에 갇힌다는 것 아닐까요? 그러니까 방 안에 콕 박혀서 아무것도 안 하는 거죠. 밖으로 나가서 사람들과 관계를 맺어야 하는데, 자기한테 편한 사람과만 관계를 맺을 때는 결국 무위로 흘러갈 수밖에 없겠죠. 같은 관심으로만 수렴이 되고 그것만 반복하게 되니까요. 사실 다른 사람들과 만나야 자극도 되고 새로운 활력과 에너지, 새로운 행동과 시도와 실천도 나오고 하는데, 그건 정말 일단 해봐야 한다고 생각합니다. 물론 그 첫발을 떼는 게 너무 어렵고 어색하긴 하겠지만요.